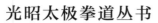

光昭太极拳道丛书

U0627008

功法篇

静出动势之

浑圆桩功

李光昭 著

华龄出版社
HUALING PRESS

总　序

　　我的父亲李树田先后师从京城太极拳名家白旭华和徐岱山。白旭华得到杨健侯和杨少侯两代宗师的亲传；徐岱山乃杨少侯、杨澄甫（杨氏太极拳第三代传人）的入室弟子。

　　在杨氏太极拳这一脉传承体系里，我先后得到两位师父的传授：一位是父亲李树田，另一位是父亲的师兄张策（徐岱山的入室弟子）。现今唯一存世的《杨氏徐门手抄太极拳谱》，就是张策亲手交给我，并由我保存下来的。《杨氏徐门手抄太极拳谱》记载着徐岱山受业于杨少侯门下的时间、地点，并盖有徐岱山的印章。这份不可多得的珍贵史料，说明这一脉的杨氏太极拳属于正宗正门的杨家传承体系。

　　我在继承杨氏太极拳衣钵、吸收先辈们的拳修精华、结合自身六十余载修为实践的基础上，传承发展了传统太极拳的理法、心法等理论体系及功法体系，形成了具有鲜明特点的"光昭太极拳道"修为体系，这是我从"以拳证道"的角度提出来的反映传统太极拳修为本质特征的新概念。

记得父亲曾讲过，杨健侯传授太极拳的特点是先站桩后练拳。当年，父亲李树田先后拜白旭华和徐岱山为师学习太极拳，都是先学习站桩功，后练拳架。我跟随父亲习拳，也是先从桩功开始。

现在，我对外传授太极拳，一直遵守本传承体系的老规矩，先教桩功，后授拳架。我认为，桩功是基础，是直奔主题的内功修为。桩与拳，分为二，合为一。桩为拳之体，拳为桩之用；桩为拳之主宰，拳为桩之外显；拳静即桩，桩动成拳；桩无拳无用，拳无桩无拳。可以说，在传承、传授传统太极拳的实践中，"光昭太极拳道"沿袭了杨氏太极拳先辈创立的先桩后拳之路，成为这一脉杨氏太极拳传承体系的一大特点。

"光昭太极拳道"忠实地继承杨氏太极拳先辈们传承下来的理法、心法和功法，在传承、传授太极拳的实践中，坚持以明理为主导，将理法讲透彻，将心法讲明白，将功法讲具体，并且突出了理法、心法、功法三法合一。三法合一的特点是以心法统领理法和功法，以理法体现心法、指导功法，以功法贯穿其理法和心法，使理法、心法、功法相互依存、互为一体。

我将自己研修理法、心法和功法的体悟心得，以及近十几年的授课资料整编成书，完善了"光昭太极拳道"之理法体系、心法体系和功法体系。

第一，理法体系。在太极拳领域首次提出了"拳知八纲"理论，对阴、阳、动、静、虚、实、刚、柔等八纲的内涵真义及相互关系做了辩证阐释，高度概括了"一须三要"这一理法纲领。一须：须知阴阳；三要：要明动静、要辨刚柔、要分虚实。我还对十七个拳修核心要素进行了系统化、理论化的解说，使玄妙深奥、晦涩难懂的拳经拳论变得通俗易懂。

理法体系强调以拳证道、以拳修道、拳炼自我、重塑新我为修为目标，以建立太极思维模式为拳修重点，继承发展了太极内功修为理论。

第二，心法体系。由"一个中心、三个基本点""一求三修"等心法纲领构成。

"一个中心、三个基本点"，一个中心：中正安舒；三个基本点：静心凝神、呼吸自然、周身松通。

"一求三修"，一求：处处求中。中即道，道即中，故而求中乃合道之举。三修：反向修义、借假修真、层层修分。

"凡此皆是意"，既体现了内功心法的本质特征，又是内功修习的根本所在。

第三，功法体系。由静桩功、动桩功、太极摸手、太极拳架、太极散手和太极器械等组成。

修习主旨是"一拨三能"。一拨：四两拨千；三能：以静制动、以柔克刚、后发先至。

功法体系的修习路径是先静后动，先桩后拳，先摸手，后散手，再器械，循序渐进，遵道而为。

我们特别强调"明理就是练功""练功先要明理""明理是核心功夫"。

综上所述，"光昭太极拳道"修为体系的特征是以武演文、以拳入道、由拳悟道。拳修的主旨是以拳炼我、改造自我、返璞归真。

"光昭太极拳道"修为体系的特点是始于桩功，先桩后拳。桩即拳，拳即桩，拳桩为一。

"光昭太极拳道"修为体系的特质是创立了独具特色的理法、心法、功法三法合一的实修实证的教学模式。

这套"太极拳道系列丛书"各自独立成册，而理一以贯之，乃太极拳道修为不可多得的宝贵资料。希望将来能为传承传播太极内功、丰富发展太极文化做出应有的贡献。

李光昭

2024年5月26日

目 录

第二章　为什么要站浑圆桩功/ 32

站浑圆桩功，要坚定不移地把有形身体实而虚。浑圆桩功的修为在意不在形，在内不在外。如果站浑圆桩功不能站出这种内在的变化，就没有真正把自己的有形身体有而回无、实而站虚、虚而站实，就无法体会到合出的那个浑圆的真实的味道和状态。

浑圆桩功就是要把阳我和阴我浑圆成一体，把阴我和阳我合成一个新的太极我。这个太极的新我是顶天立地的，能够和宇宙万物相统合。把这个我化掉以后，化到了宇宙天地的大我当中。

意的修为，就是由形当中寻求意，然后用意来找到那种实而虚的、把虚的变成实的真实的体悟。只有通过意的修为，才能在实当中求出那个虚，在有当中求出那个无。

下篇　功法篇

第五章　抱球势/ 103

浑圆桩功的第一个功法是抱球势。这是浑圆桩功功法的基本形态。浑圆桩功从抱球势开始，后面所有功法都在这一势的基础上开展。

第六章　三夹一顶/ 139

"三夹一顶"建立在浑圆桩功第一个功法抱球势的基础上，修为的主旨就是把有形的身体实而修虚、无形的意虚而修实。"三夹一顶"功法，形是静、外是静的，内里的意要动。意动的关键在于"夹"这个字。

第七章 竖开横散/ 172

浑圆桩功很重要的一个要求就是把有的分开了，合起来合到一个点上。合到什么点上？有而回无，无了。浑圆状况是空而不空，是有而回无，是浑圆一体、一气的状态。虚中线通合没有，唯一的检验标准，就是有没有合到"中"这一个点上。

第八章　内抱外撑/ 207

所有具体功法的修为就是围绕着这个成球来进行的。抱球的时候，这个球是假借的。不是抱一个真球去练，是把没有的要抱出有来。用意才能把没有的这个象修出来一个有的象。

第十章　三尖相照 / 288

三尖相照是浑圆桩功的一个重要功法，修为三尖相照，目的就是把我们打造成一个浑然一气、浑圆一体、阴阳相济的完整的我。

第十三章　五圈成球/ 393

　　我们所有的修为，其主旨就是完善自己，重新把自己打造成一个最自然、最完整、最圆满的我，一个合乎道的我。只有把自己修为成一个合乎自然法则的我，才能够在面对宇宙万物纷繁变化时，保持住自己的独立性、完整性，达到人生圆满的结果。

前　言

　　《浑圆桩功》是"光昭太极拳道丛书"其中之一。本书著述的浑圆桩功是光昭太极拳道功法体系重要的基础功法。

　　浑圆桩功是传统杨氏太极拳传承的静桩功。传统杨氏太极拳始于桩功。当年，我跟父亲学拳时，父亲再三告诫："桩功要站一辈子，浑圆桩功是修习内功重中之重的功法。"六十多年的拳修实践使我深深地体会到，浑圆桩功是内功功法的得意之功、得气之功、得沉之功、得劲之功。

　　浑圆桩功坚持以自己为核心进行修为，坚守在内不在外，将心法理法功法三法合一贯穿修为始终，力求将实形修虚、虚意修实，修出天地人合"一"的状态，为打造合道的真"我"而修为现实的我。

　　浑圆桩功内涵深厚，极具特色。书中著述浑圆桩功法，遵循并体现阴阳之理，突出强调意的修为，从弄懂浑圆之真义入手，系统阐释九大功法，以求得浑圆之气。

　　《浑圆桩功》一书揭示并阐述了本传承体系过去秘而不

宣的关键内容，曾被称为"难得之货"，或可对广大读者拳友有所启迪。

　　《浑圆桩功》书中内容主要包括两个方面。一方面是先辈们传承下来的浑圆桩功的精华，一方面是我六十多年习练浑圆桩功的感悟和体会。该书集合了本人多年来在国内外不同时间、不同场合讲授浑圆桩功的资料，其目的是将浑圆桩功的内涵真义表述得更详尽一些、更完整一些。书中定有不妥、不当之处，恳请广大读者批评指正。

上篇　理法篇

第一章 什么是浑圆桩

一、太极内功修为

浑圆桩功是太极桩功的重要组成部分，而太极桩功是修为太极内功的具体功法。

修为太极内功的目的就是通过太极拳，通过内功的修为打造出一个合乎太极的"我"。太极内功是修炼太极拳的重要的内涵。

1. 太极拳：修为太极的拳

这里需要强调一下，对于太极拳可以有各种各样的理解，但我是从我所传承的太极拳的角度来讲的。

众多太极拳爱好者经常会争论，哪一氏的太极拳好。其实在我看来太极拳就是太极拳，太极拳不分好坏，不管它是姓陈、姓杨、姓张、姓李，关键是它必须是一个能够修为太极的拳。

从我自己在传承和修为过程中对于太极拳的理解，我给它一个定义，能够修为太极的拳就是太极拳。反之，不是修为太极的拳，或者说不能修为太极的拳，就不是太极拳。

什么是修为太极的拳？简单说，就是用有为的拳术、拳法重新把既有的这个"我"打造成一个合太极的"我"。从这个角度来说，拳是修为太极的一个具体的载体和工具。如果把修为太极拳比作过河，此岸是我，太极的我在彼岸；怎么把现在的"我"重新打造成一个合太极的"我"？要用拳，拳是把我渡过河的筏子。

所以，太极拳就是用拳的有为方法对"我"进行重塑，重新打造一个合太极的新"我"。

2. 内功就是修我

在中国武术当中，太极拳属于内家拳。内家拳就是修为内功的拳。用有为的内功来修为我，把我打造成一个合太极的新我。

什么是内功之"内"？我就是内，内就是我。从太极阴阳学说、从道的角度去看待宇宙万物，无非分有三才：天—地—人，万物都在三才主宰之下。人居三才之中，在天地之内，人就是内。所谓内家拳、内功，归根结底，内在我，在于把我重新打造成一个符合太极的新我。

什么是内功之"功"呢？就是太极桩功，就是用桩功来完成修我，重新打造一个合太极的我。

3. 桩就是拳，拳就是桩

在桩功的修为过程当中，有人会问："我学的是太极拳，您现在让我们练桩功，拳和桩两者之间到底是什么关系呢？"这里需要特别强调，桩就是拳，拳就是桩。我所传承的太极内功修为就是以桩修拳。

为什么说桩就是拳？从太极阴阳角度来说，宇宙万物无非一个阴一个阳。阴阳在宇宙万物的变化当中，体现在两个方面：一个动、一个静。

动静跟我们所修为的桩和拳有什么关系呢？从我所传承的太极内功来讲，静为桩、动为拳。也就是说，桩只要一动起来就是拳，拳当中的静就是桩。这两个是一回事。

能动为拳。所有的拳表现出来的都是能够动，能动就是拳。不管是内家拳、外家拳，不管是少林拳、南拳、太极拳、形意拳，都体现为能动。能动是检验拳的标准。一个拳如果不能动，就不是拳了。

毫无疑问，能动是拳，是拳一定能动。在此我要强调的是：能动的拳不一定就是太极拳。

4. 什么是太极拳的拳

拳是看得见有形身体的动，这是外动——外在有形的身体在变化。太极内功修为的太极拳要体现的是把发生

5

转变的动融于看不见的内里，把外在变化融化到内里的变化。这个变化是肉眼看不见的，是存在于整个变化之内的。这才是太极拳的拳。

外动的拳之所以能动，是因为形体的变化产生了力量和速度的转化，它比的是手的快慢、力的大小。如果条件允许我变，我就能变；如果对方比我速度快，而且我的所变都在外形表现出来的话，对方会一目了然，知道我在变，他就有可能运用具体方法阻碍我的变。但是，当我们把这个转化的变隐藏于内，对手看不见摸不着，也就无法知道我会怎么变。这是太极拳的拳。

这种内变的拳怎么练出来的？我们就要通过太极内功，通过具体的功法，把所有动静变化隐藏于内。也就是说，要把所有变化变成视之不见、触之不得，真实存在于内的一种具体的功夫。

5. 外静内动

为什么内变以后，对手无论怎样用力都阻挡不住我的动、我的变化呢？因为我虽然内里产生了一个变化，但是始终在遵循着一个不变的本体。

如果内在没有一个桩作为主宰，那么，这些变化就是没有灵魂的，没有"根"的。我之所以能够形不变照样动起来，是因为看不见的内在产生了一个真实的内动。也就是说，在静当中要静出一个动——外要静、内要动。

外静内动是一种什么样的状态呢？就是桩功。桩功的修为就是要在静当中静出一个内动。也就是说，所有外在的动都是静出来的内动。外动是内动的结果。太极拳的太极桩功就是内动之功，是要静出一个真实的内在的动。

太极拳的修为为什么说静为桩、动为拳？拳和桩两者之间是密不可分的，拳就是桩，桩就是拳，桩能动起来就是拳。也就是说，动的是这个桩，始终不变的是这个桩。在变当中能够保持住一个不变的桩的话，动就是静出来的动，就是一个有根的动。桩功的真义就是要静出内在的动势。这是讲浑圆桩功首先想跟大家强调的。

浑圆桩功是太极内功一个重要的功法。我们修为的太极拳是修为太极内功的拳。太极内功实际上就是通过桩功实现桩动而成拳。离开桩就没有拳。如果说桩为拳之内在主宰，拳就是桩的外在之显。桩为拳体，拳为桩用。桩和拳是一体一用、一内一外，是密不可分的、合一的关系。

以桩修拳，是我所传承的太极内功的一条必由之路。只有这样，才能够通过有为的修为，把我打造成一个合乎太极的我。

要想通过桩功重新打造出一个合乎太极的我，就要对现在的我进行一个变革、一次革命，或者说是脱胎换骨的改变，而不是一个形式化动作的练习。也就是说，只有无了现在的我，并从无中生出一个新我，那才是合乎太极的我。

我所传承的太极桩功分两个部分，一个是静桩功，一个是动桩功。静桩功，包括无极桩功、浑圆桩功，是在静态下静出一个内动。动桩功，包括开合桩、抱三关、四动功，是形动起来，在动中检验动是不动之动。所以不管是动桩功还是静桩功，都是在检验动和静两者之间密不可分的关系。

二、浑圆的真义内涵

1. 圆的三个特征

浑圆桩功，是静桩功当中的一个重要的修为方法。要想了解什么是浑圆桩功，一个关键问题就是要知道什么是浑圆。

浑圆桩也叫抱球桩，形态就是双臂在胸前抱有一个球。但是浑圆桩功的"功"可不只是形态上的抱球，而是要通过这个形态抱出一个真正的"浑圆"。也就是说，通过有形的、外在的桩功之法，修出一个无形的、内在的浑圆之意。这是修为浑圆桩功的关键。

浑和圆是两个概念，"浑"和"圆"，合成了一个浑圆。因此首先要明白什么是圆，之后再解读什么是浑，最后才知道什么才是真正的浑圆。

什么是圆？圆是一种几何图形，在一个平面内，围绕一个点并以一定长度为距离旋转一周所形成的封闭曲线。可是，从太极内功的角度去理解，圆除了有几何性质之外，还包含太极阴阳的有无相生，既有又无，始终为一。

补充说明一下，什么是阴阳？对立的两个点就是阴阳。这两个点，一个是阴，一个是阳。什么是太极？对立的两个点合成一个点就是太极。

只有圆，才能够使两个点（阴和阳）合到一个点上。也就是说，圆上的任何一点，既是开始，又是最后的终止。当有两个点的时候，有始有终，它是有；当回到一个点上后，它是既有又无。这点是始——有始，这点也是终——有终，但是这一点既不是始也不是终，它是始终相合的一个点，是有和无合到了一个点上。

所以老子说："常无欲，以观其妙，常有欲，以观其徼。此两者，同出而异名，同谓之玄。"一个叫始，一个叫终，所有的变化都在于始终如一。对于太极内功的修为来说，就要做到始和终合到一个点上，合到"一"上。这是圆的第一个特征。

前人一直告诉我们"分阴阳合太极"。"分"不是阴和阳的分离，而是分清楚。阴阳是分不开的，离开了阴就没有阳，离开了阳就没有阴；离开了始就没有终，因为它是一个点。

如果任何动作和变化都能够始终合到一个点上，我们就能够以这一个点应对所有的变化。也就是说，以"一"应万变，以不变应万变，不变的是这个一。始终是这个一。这个一是由阴和阳、始和终相合而成。一的变化，会产生无穷的变化。所以要把自己打造成一个新的我，就要找到这个一。圆才是一。

圆的第二个特征是轴对称。这个对称的轴是一根直线。恰恰人就是轴对称。通过学习无极桩功，大家知道百会、膻中、会阴有一条无形的虚中线，人就是以这条虚中线分了左右——有左手有右手、有左脚有右脚、有左肩有右肩、有左胯有右胯。现在的问题是能不能把左和右两个部分，通过修为，合出来一个"一"。这是检验我们是不是能够做到始终如一，打造圆状态"新我"的标准。

常人往往合不到一起。始就是始、终就是终，左就是左、右就是右，不能做到合一。做不到合一，就做不到始终如一，就找不到"一"这个点，也就不能够形成一个圆。

以手为例，先要把右手合到左手这一点上再去动。这个时候的动是这一点的动，是"一"的动，在动的过程当中始终是一。也就是说，在左手这一点开始是始，动的时候，一直是它，一直是"一"的话，这个时候所有的动都是这一点的动。这就是圆。

浑圆桩功要求得圆，很重要的一步就是要找到始终如一的这个点。凡是对立的两个部分都要合到一个点上。圆的几何特征是一个平面，是在平面当中的一个圆周的闭环。从太极内功的角度上体会这个圆的特征，就是要做到始终如一。

2. 环中

圆的第三个重要特征是有一个中心。圆由两部分组成，一个是闭合的环，一个是环当中的中心。也就是说，圆分内和外，外是环，内是中。修为浑圆桩功就是要找到环和中、内和外相互之间的关系和相互的作用。只有环和中合起来，才能合出来一个可以无穷变化的圆。

圆不是一成不变的，而是能够随机应变、随势而变。但不管怎么变，都要围绕一个不变的中心去变。在太极内功修为当中，前辈有一句很重要的《太极拳论》："能得枢纽环中窍，自然动静互为根。"这是说，环和中是所有运用变化的枢纽，而动与静互为其根，动就是静，静就是动。只有得到了一个环、一个中，动和静才互为其根了。也就是说，环在所有变化和变动过程当中，总是围绕着一个相对定而不变的中。不变的是中，变的是环。

太极内功修为，就是要在变的时候，"因敌变化示神奇"，就是能够随势而变、随机而变，也就是该怎么变就怎么变，需要怎么变的时候就能怎么变。只要能够变就是拳。如果做到了该怎么变就怎么变——该快则快、该大则大、该小则小，这个拳就有用了。

所以，对拳的一个重要要求就是能变。什么变呢？圆的环变。变如果离开了中，就离开了根，这个变就会变成乱变，如同无根之木、无源之水。万变不离其宗，不管怎么变，都要围绕着这个不变的"中"去变。

环变中不变。所有的变是"中"不变主宰下的变，所有的不变是"环"能变而"中"的不变。也就是说，环——所有的外显部分——变的话，内在一定要有一个"一"定着它的中，中是在环之内的一个真实的主宰。因此，环和中两者同时存在，形成了一个环中的枢纽。这才是我们所说的圆。

在环和中当中，要把中定下来。有了中，就可以有无数的环。一个中可以有小的环、中的环、大的环，而各种各样的环都有一个不变的中来主宰。

3. 把"中"站出来

"中"是主宰。浑圆桩功是站中之功，就是要把"中"站出来。站出中，就可以有无数的环。"中"是

"一"，得到一就得到了无数。一即一切。

如果把有形身体看作是环，中一定要在环之内存在。我的身体（环）会舍己从人，随你而变，但是我一定有一个不变的"中"主宰着这个变。此时，环和中——变和不变——形成了一个完整作用。对方通过我的环（外在身体），无法拿住、干扰到我的中。

这个"中"在哪儿呢？就在环当中。它是一种滋味，是合出来的一种状态，并不是身体上的一个有形的位置。"中"是一种平衡的状态，只有在这种状态下，"中"和"环"才能实现互为其根。

两者分开是一个中、一个环，这个中是不是在那个地方就不用呢？不是，最后一定是以"中"运"环"。什么在动呢？比如，我动起来的时候，"环"这时候是不动之动，是随它动。我动的是中，因为中是我的主宰，所以说"能得枢纽环中窍，自然动静互为根"。

环和中两者之间的关系，实际上也是中华民族传统文化之魂。古人告诉我们，"得其环中，以应无穷"。也就是说，无论宇宙万物的变化多么复杂，无非就是一个中一个环，一个不变在主宰着一个变。把握住这两者之间的内在关系，就能够应付各种各样的变化。太极内功就是通过有为功法的修为，让我们体悟、实修实证到"得其环中，以应无穷"。所以，环和中是修为太极桩功的核心。

4. 浑的三个含义

（1）全体

我们知道中国汉字是形意声合一的文字，每个字通过形都必须有一个意。"浑"字左边是三点水，也就是说它离不开水，一定要体现出水的特性。"浑"字的本意就是大水源源不断发出的声音。

浑有一个重要含义，就是全。大家经常说，我最近不知道怎么搞的，浑身疼。浑身疼就是周身疼、全疼。所以浑是全，表现为全面、全体。

什么是全？它又如何体现呢？前面讲过，圆是一个平面，是由点到线到面。平面的几何特性是有长有宽，上下为长、左右为宽，所以圆分了上下左右。浑不只是有长和宽，还成体，所以浑是体。

作为体，除了有长、宽，还有厚，也就是有了前后。到了浑，由面成体，变成了立体。立体就有了六个面——上下、左右、前后。

太极内功所求的浑圆的浑，是不是就是一个六面体呢？还不是。浑除了有前后、左右、上下六面，还分出来一个内和外。也就是说，它形成了八个面——上下、左右、前后、内外。《十三势行工心解》上说："立身须中正安舒，支撑八面"。支撑八面才是浑出来的圆。八面形成了一个浑而圆的体，是一种什么形态呢？从有形的形态来说，就是由圆成了球。因此，浑圆是球，是一个球体。

这个球体除了具有圆的所有特性，还具有球的品质。从太极内功的角度，从我们所修为的浑圆桩功——"修成浑圆体"的内涵来说，球具有什么样的性质呢？凡是球都具有一个重要特征，即一点接触。浑圆成球以后，球在任何时候都是一点着地，始终是一。

接触了一，球就能够灵活转动。如果不是一点接触，球就不能触之即旋。《走架打手行工要言》讲"触之即旋"，就是说形成一个浑圆的球体以后，一点接触，才一接触随即旋转。《太极拳论》还讲"双重则滞"，如果不是一点，而是两点接触，就会滞、僵滞，就动不了了。

举例说明，如果我是两点，对方就可以把我这两点给分隔开。如果我是一点的话，一点接触，球就是活的。两点为死，一点为活。所以能不能把自己形成一个这样的球很关键。形成一个球以后就动起来了，如果是两点就僵滞了。浑圆成球是修为浑圆桩功的重要要求。

（2）浑沌

浑圆的"浑"除了表示为全，成为一个球体，还有一个内涵，就是不清楚、不明不白、浑沌。也就是说，这样浑圆出来的一个球体不是形体上看得见、清清楚楚、有形有象的。虽然它具有圆而成球的特质，但是无形无象、看不见，却真实存在。大家要理解，在站桩的过程当中，虽然是通过有形的身体来抱球，但是站出来的是一个无形的球的意。这是关键。

既然我们求的这个无形的球的意是浑圆、浑然、说不清的，为什么还要站这个有形的浑圆桩呢？很重要的一点，通过这个形来求其中的意。也就是说，站桩不是要站出一个有形的球来，而是通过有形的身体，在浑圆状态下，寻求出一个浑然一气、浑然一体的球的无形之意。所以站桩的一个重要意义在于，虽然抱的是一个球，但是这个球是在意不在形，是由形求出一个意上的真实。也就是一种滋味、一种味道。当通过浑圆桩功站出这个球的内在真义的时候，就实现了有而回无。由有形而有了一个无形的球的话，就处处都能够有浑圆之球。到那个时候，站是浑圆桩，坐是浑圆桩，走起来还是浑圆桩，因为我守住了球之意。因此，在内不在外，在意不在形，这才是浑圆桩功所求的浑圆的真意。

只有对浑圆的内涵有了一个清晰认知，才能在具体的功法修为当中遵循它的内涵，寻求真实的体悟。

（3）厚

"浑"的第三个含义，即浑厚、浑朴。怎么理解浑厚、浑朴呢？浑厚、浑朴的状态是什么？以及如何通过浑圆桩的修习最终进入浑厚、浑朴的境界？

什么是浑厚的"厚"。我们经常说这个人很厚道，也就是说这个人具有一种厚道的品质、修养。什么是浑朴的"朴"？我们经常说这个人很朴素、很朴实。浑厚和浑朴代表一个人的品质和修养。通过浑圆桩的修为，不仅要站出一个外形，还要把我们站成一个具有浑厚、浑朴的品质和修养的人。通过浑圆桩功站出这样一个境界，才是对浑圆桩功的"浑"真正的理解。

"厚"除了有"厚道"的意思之外，还有"宽"的意思，有宽才能厚。宽应当怎样理解？怎么站出宽来？以前给大家讲过，太极内桩功要站出一横一竖。一横一竖实际上就是一长一宽。

竖是长，横是宽。在浑圆桩功中怎样理解横和竖、长和宽的内在关系呢？

从太极内功修为的具体功法、心法和理法角度来理解，长和宽、横和竖就是有、无的关系。

为什么是有、无关系？因为竖是有，宽是无。不管承认不承认，每个人都有竖。什么是竖？前面讲过，从百会到会阴，一天一地、一上一下有一条虚中线。只要我们在天地之间，这个竖自然就会有。上面天在提着我们，下面地在吸着我们。天对每个人都有一个向上的提携之力，地对每个人都有一个先天的自然之重向下沉着我们、吸着我们，所以我们不缺竖。

人不缺竖，缺的是横，也就是缺宽——横向的宽。太极内功修为就是要在无中生出有来。长是有，它不但有长还有限。长度永远是有限度的，比如说寿命，任何一个物体都是有寿命的，汽车达到一定公里数就要报废，人到一定年限就要死亡。而宽是无限的，因为它是无。我们现在要弥补、修为的是在有限长度的基础上，寻求无限的宽度。我们无法改变长度的有限，人的生命可以延长，但不管怎么延长，一定有它的限度。长生不老只是一种美好的追求。

长度的有限无法解决，能解决的是宽度，因为宽度是无限的。通过有为功法，在有限的长度基础上，我们可以修为出一个无限的宽度来。

有形身体是有限的，会一天一天老去，直到生命的完结。但是我们还有一个心，无形的心有多宽，生命的宽度就有多宽。我们不要在长度上下那么大的工夫，而是要在心的宽度上下功夫。太极内功修为只在修心，所以《杨氏太极拳老谱》说："人之周身，心为一身之主宰。主宰，

'太极'也。"

浑厚的特性中，宽是一个重要内涵。如果站桩没有宽度，我们只是在天地之间站出了一根竖向的"棍"。加上宽度以后，我们才真的撑圆了。站桩不是不要竖，而是在竖的基础上去增加宽。浑圆的圆是竖中有宽——既不是单纯地要有限的长度，也不是单纯地要无限的宽度，而是要宽和长的乘积。一个有一个无，有无相乘就是有无相生。有无相乘会出现一个面积，太极内功修为的就是这个面积。

我们所说的宽度中还包含着厚度。当长乘宽再乘厚时，就由一个面形成了一个体。浑圆桩功求的就是长×宽×厚的一个球体。通过长求出宽，再求出厚，最后得到的是一个大的容积。太极内功的修为就是要修出这样一个浑圆的、宽而容的球体。"容"是我们要修为出的一种真实的品质。

三、站出浑然一气

1. 一气即太极

我们去寺庙可以看到弥勒佛，挺着大肚子，满面笑容地坐在那里。有副对联形容他："开口便笑，笑古笑今，凡事付之一笑；大肚能容，容天容地，于己何所不容。"
要成佛，就得能容天容地，能够宽容一切、包容一切。修
为浑圆桩功就要站出这个"容"来，这是一个非常重要的
要求。

清代的林则徐有副对联："海纳百川，有容乃大；
壁立千仞，无欲则刚。"这副对联用大海和高山来说有和
无——海有容、山无欲。海是无限的宽容。山在千变万化
当中屹立不变，因为它无欲，所以才刚正。修为浑圆桩功
就是要站出像大海一样容纳涓涓溪流；像高山一样刚正不
阿，保持住自己坚定的意志。

浑圆桩功就是要站出这样一种浑然一气的气势。实
际上，浑圆的"浑"说的是浑然一气，而不是一个形、一
个有形的姿态。它强调的是一个人内在的气质、气势、气
魄。浑圆桩功站的是什么？如果说无极桩功是站意、得
意，浑圆桩功就是得气，要站出浑然一气。

浑然一气的"一气"体现在三个方面：一个是气质，
一个是气势，一个是气魄。这是修为浑圆桩功要得到的一
个结果。如果站不出内在的浑然一气，这种桩就是一个没
有生命的、只有外形的死桩。我们就是要通过浑圆桩功站
出内在的一气周流，站出宽容的气质，站出浑厚的气势，
站出朴实无华的气魄。这才是浑圆桩功要站出的"魂"。
离开了浑然一气，就不是我们要站的浑圆桩。《浑圆桩

歌》说："浑圆归一气，一气即太极。无极生意意导气，完整一气浑圆体。"浑圆桩功要站出一气周流来，这才是"浑"的真义。

浑厚的"厚"还有一个含义，就是厚重。什么是厚重？指沉厚之重，是重中有轻，轻中有重，轻重合一的状态。重如果没有厚，就会僵滞；厚如果没有重，就会散漫。所以，厚重表现出的是一种"沉"的感觉。

通过浑圆桩功的修为，找到浑然一气，同时也是对人的内在品质——气势、气质、气魄的一种塑造。内在品质无形无象，却真实存在。当内在有了宽容的气质、宽厚的气势、浑厚的气魄，有形身体同样也会产生浑厚、厚重的结果。

在站浑圆桩功寻求浑然一气的时候，一个重要的修为方法，是将"浑"这个无形无象的、内在的一气"虚而站实"。要做到这一点，就要把实的、有形的身体"实而虚"。只有有形的身体实而虚了，无形的、内在的浑厚、浑朴的一气才能够"虚而实"。怎么才能使有形身体实而虚呢？让自己做到中正安舒、呼吸自然、周身松通、毫不用力。当做到实而虚之，虚而空之，有而无之，没有任何力的束缚，此时，我们的身体反而虚出来一个沉、空出来一个厚。

有形的身体实而虚、虚而空以后，为什么反而得到沉厚的结果呢？这是因为有形身体完全松通虚空以后，人才能真切地体会到大地的重力作用——一种沉厚的状态，才能明白人和大地是一种什么样的关系。

2. 形与意的合一

浑圆桩功针对的是身与心、形与意。通过寻求浑然一气，实现内外、有无、虚实的完整合一，这才是"浑圆"。有形身体是有，有形有象；是实，实实在在的，看得见摸得着的。无形的心、意是虚的，是看不见摸不着的。浑圆桩功就是要把有形身体实而虚，有而无，这样无形的心才能虚而实、无而有。老子《道德经》说："虚其心。"也就是说，心要虚，但是要虚出一个真实的浑厚的气质、气势、气魄来。

有形身体是实的。但把它实而转虚、有而回无，此时身体就回到了最自然的松通的状态。通过浑圆桩功使身和心、形和意实现虚实转换，最后达到身心合一、虚实相伴、有无相生的状态，这个状态就是浑圆桩功所求的浑圆状态。掌握了这一点，并运用到有为的心法、理法、功法中，才能够修出一个浑然一气、浑然一体的太极球。

浑厚、浑朴，通过浑圆桩功要站出这种内在的气质来。这种纯朴的浑厚的气质、气势、气魄，是桩功修为的一个核心。

离开这个核心的站桩，只是站出了一个浑圆的外形，这不是我们所要传承的浑圆桩功真正的内涵。因此，大家一定要明确，什么才是浑圆桩功的浑圆，通过浑圆桩功的有为功法要达到一个什么样的境界，修为出一个什么样的结果。只有明白、把握了这个核心，并通过有为功法不断改变自己，重新打造自己，才能让自己达到一种真正浑圆的太极状态。

3. 宇宙变化不过是个"圈"

太极的修为就是环中的修为。《太极拳论》说："能得枢纽环中窍，自然动静互为根。""得其环中，以应无穷。"在环中的修为当中，圈是一个重要概念。

杨氏太极内功修为非常重视圈的修为，所以在《杨氏太极拳老谱》当中专门有一章叫《太极圈》。为什么专门有这么一章呢？因为圈是对环中最直观、形象的表达。通过对圈的理解，可以快速领悟环与中的关系。

宇宙万物所有的变化、变动，无非是圈的变化、圈的变动。为什么说是圈的变动？圈怎么动？"圈"是一个闭合的"环"，"环"的变化是有始有终。始终是一点，这一特性揭示了宇宙万物运转变化的根本规律——变和不变，始终如一。

所谓变，由开始到结束，这个过程是变化的。所谓不变，这种变是不变的变，因为环的出就是入。从本质上来说，它虽然有变化，但是不变的变，始终遵循着始终如一的这种不变的规律在变。所以，宇宙万物的变化无非是圈的变化。

比如说现在是冬天，很快一年就过去了，然后到了春天，再到夏天，再到秋天，又回到了冬天，总是这样变化。又如每一天，白天太阳升起，晚上月亮升起，总是昼夜轮转。这种变化遵循着不变的规律。所以说，宇宙万物运转的根本规律就是圈的变化，把握住了圈就把握住了宇宙万物变化的根本规律。

杨氏太极拳内功的传承很重视圈的概念。我觉得我们的先人非常了不起，很早就把握了圈的特性，而人们现在才开始重视圈。特别是网络时代，人手一部手机，随手就建立了朋友圈。有了圈以后，才有了信息的流通，才有了相互的交流，才有了进一步的理解，才丰富了人们的生活。每个人都有圈，宇宙万物也不过是个圈。

"物以类聚，人以群分"。人以群分这个"群"就是圈，圈就是群。只要生活在这个宇宙空间，生活在我们赖以生存的这个地球，就一天都离不开圈。

4. 退圈容易进圈难

既然宇宙万物以圈的形式运转，这里就有个问题提出来，这个圈怎么运转、怎么变化？刚才讲到圈的运转是始终如一的。也就是说，它由开始，我们称之为"出"，到回来，我们称之为"入"，一出一入就形成了圈。毫无例外，每个人都如此。

只要生活在人文社会当中，就离不开社会这个大圈。人不是孤立存在，要和别人交流、要打交道、要互相依存；我们要吃农民种出的米，要为他人提供我们的服务。

每个人都有自己的圈，但要与他人的圈和谐交往，就面临着圈与圈如何相合的问题。如果你的圈和我的圈不能合成一个圈就是对抗，能合成一个圈就是和谐。

我的圈怎么和别人的圈合成一个圈呢？《杨氏太极拳老谱》在《太极圈》中提出，无非是一退一进，也就是退圈和进圈。我要想和别人合成一个圈，无非是他进了我圈，或者是我进他的圈。我进到他的圈的时候，我就要退出我的圈；他进到我的圈的时候，他就要退出他的圈。这时就出现了退圈和进圈两种对立的状态。

进圈和退圈是什么样的关系呢？《太极圈》第一句就明确地指出："退圈容易进圈难。"所谓退圈容易，指我要和其他人形成一个圈，就得退出我的圈。所谓进圈难，指我无法轻易做到让对手进到我的圈里来，同样我要进到对方的圈里也非常困难。

怎么才能进到他人的圈里呢？我必须无了我的圈，

也就是无了"我"，才能融入到人家的圈里，否则很难进去。

我进到了对方的圈里，退圈很容易，只要在这个圈里我不放弃自我，固执己见，坚持我自己，执"我"不放，这个圈就不会再有我的容身之地。正是因为执"我"，我就被退了圈。

我们在整个人生运转和前进的征途当中，都存在着退易进难。每前进一步都会困难重重，但是想放弃的话却很容易。所以《杨氏太极拳老谱》告诉我们，要站出一个浑圆无我的、包容一切的圈，这个圈把"我"融化到了宇宙天地这个大圈当中。这才是我们要追求的圈。

站出这个圈有一个先决条件，就是放弃自我、改变自我，进而达到无我。《太极圈》说："退圈容易进圈难，不离腰顶后与前。所难中土不离位，退易进难仔细研。"这就是讲，浑圆桩功实际上是在站圈，站出的圈不是自我的圈，而是无"我"的圈。要站出一个含融天地的大圈，这是关键。要站出这个圈，就得把自以为是的"我"实而虚之、有而回无。

当修为浑圆桩功无了"我"，站出一个大的圈的时候，就做到了"定之方中足有根"。也就是说，我们真的站到了圈的核心，站到了"中"上，站到了中土位。无论圈如何变化，只要在中土位"定之方中足有根"，就能够做到笑对万变。

前面提到关于弥勒佛的一副对联，其中有"开口便笑，笑古笑今，凡事付之一笑"。冷眼看世界，千变万化、风云滚滚，我自岿然不动。这个"我"不是自以为是、执着不放的那个"我"，而是无我之后的"真我"。

5. 假我与真我

在浑圆桩功的修为当中，怎样才能站到圈的中心呢？只有实而虚之、有而回无——有形身体要彻底地化有回无、化实为虚。身体有而无、实而虚，看似有形的身体还存在，但是它已经是实的虚、有的无，与身外空间融为了一体。

当有形的身体化有为无后，那个自以为是的内心也要无掉。无形无意、无心无身，最终无出一个合天地之道的真心。

当我完全融化，和整个我之外融成一个大的环，这个有形的"假我"没有了，但是无而生有，生出一个"真有"。这个真有是无形的，是无而有、虚而实的，是真实存在的，是空出来的一个真实的主宰。这个主宰既不是我的心，也不是我的身，而是融化到整个宇宙万物这个大圈以后，融出的一个圈之中心。《太极拳秘宗》所说的"所难中土不离位"，就是指这种融化以后融出的一个内在之中心，这个中心才是我们要守住的。

"多言数穷，不如守中。"站浑圆桩不是站一个有形的身体，而是要站出这样一个真心、一个宇宙大圈的中心。只有遵循了这一原则，才能够在下一步具体功法修为当中拾阶而上，登堂入室，朝着我们确立的至高境界迈进。

这一章主要是明理。首先要知道什么才是浑圆桩功，其次为什么要站浑圆桩功，最后才是在具体的功法当中解决怎么站的问题。

另外，浑圆桩功跟无极桩功两者之间有无关联？无极桩功所求的意在浑圆桩功当中同样保持着。如果说无极桩功求的是身内意，那么浑圆桩功求的就是身外意。

在站浑圆桩功的时候，要把"我"站无了，要把"我"与身外的、虚的、无的空间相融相合，合为一气。

问 答

学员A：老师好。最近学习站桩，总感觉室外效果比室内好，是因为室外可以比较好地与天地相通吗？我认为修为桩功应当超越空间的隔阂。这是什么原因？

李光昭：这是一个很有意思的问题。为什么会出现这种状况？为什么在户外容易静心凝神？这是因为外面的世界很精彩、很繁华，吸引了我们的注意力。说到这里，有一个问题要首先解决，站桩时如何把束缚有形身体的意从身体当中解脱出来。

《三国演义》当中有一个故事，讲的是关羽刮骨疗毒。关羽的胳膊被毒箭射中了，毒已经进到骨头上，不把它刮掉就会中毒死亡。大家知道，不要说刮骨，皮上拉一个口子都很疼。为什么会疼呢？因为人的意和身体是息息相关的。身体的疼和意分不开的时候，马上就反应在一起，人就有了疼痛的感觉。关羽在刮骨疗毒的时候，一边喝酒一边下棋。关羽了不起的地方就在这儿，他可以把他的意由身体转移出去，这个时候他的身体反而忘掉了，能够忘形。意转移出去以后，身体松通了，此时心才能够静下来。如果自己的意在身体上束缚着，形也动、意也动，心是乱的、不静的。这就如同看一本好书、一幅好的字画，当意专注的时候，我们会忘记了吃饭、睡觉、疼痛。为什么？就是因为意已经由有形的"我"转移到了另外一个能够专意的外在上。所以意的转移是一个重要的修为方法。

通过无极桩功的修为，我们已经对意有了一定的把握，但是还做不到随时随地调控、把握自己的意，使之不再束缚有形之身。我们还做不到在任何情况、任何环境下都能使形和意分而合。在这个环境下，我们能够做到意由有形的身体转移出去；在另外一个情况下，就很难做到这一点。

　　这不奇怪，这是修为过程中的正常现象，我们最终要做到在任何情况下都不受外在环境的干扰，始终如一地保持住我的意由我做主，我可以对它任意调控，这才是我们修为的根本。能够做到这一点，便无内无外，不管在外部的环境下，还是在一个封闭的空间里，我都能够调控我的意，使之不再束缚我的身体。

　　更进一步，当形与意能够始终如一，达到"所难中土不离位"，能够分而合，我们就做到了"定之方中足有根"。其实站桩就是解决这个问题。

　　学员B：老师好。老师之前讲课常常提到"无缺陷、无凹凸、无断续"，这与今天所讲的浑圆是什么关系？我想这不仅仅是就形上说，在意上有什么要注意的呢？要怎么体会？

　　李光昭：我们不是不要形，而是通过形求里面的意。浑圆桩功求的圆是浑圆之意，并不是要把有形身体站出一个圆形。

　　刚才讲过，"圆"是有形，属于有的范围。一说圆形大家都很明确地有一个形状的感知，因此它是实有的。"浑"是虚的，是意上的，是无形的，是说不清的。浑和圆合起来以后，合出来的是一个既真实又无形的球。也就是说，通过浑圆桩功的修为要站出一个无形无象又符合球品质的浑圆体，即以意成球。怎么才能以意成球呢？要通过有形身体寻求无形的浑之意。

在意上，要做到无缺陷、无凹凸、无断续。怎么体现无凹凸？无凹凸就是把凹和凸合二而一，也就是凹和凸是对立的两个部分，把它们合起来就没有了凹凸。这种相合就是虚实、阴阳相合相济。中国的太极文化就体现在凹凸上。

就像中国古建筑，没有钉子，全部都是榫卯结构。古建筑学上一个重要的理念就是凹凸、榫卯阴阳相合。一虚一实，合出来是一个一里面又有二。谁也离不开谁，又相互发生作用。不变的是合一，变的是凹和凸两个对立要素的互相作用。

无凹凸体现于桩功上，要做到虚和实、刚和柔、动和静，能够既分又合。这就是我们所说的无缺陷、无凹凸、无断续。

我们的所有变化是内变外不变。里面怎么变？一个凹一个凸，一个虚一个实，发生着变化。比如说我的身体受到外力作用，我要通过里面产生的变化消化掉外在之力，这就是内变。所以，站无极桩功、浑圆桩功就要求得这种凹凸、有而回无、有无合一的浑圆一体、浑然一气。

第二章　为什么要站浑圆桩功

一、站出一个一

很多人一直坚持站桩，但是没有真正站出境界、站出浑圆桩功的真意，其中一个重要原因，是他们只是把站桩当作练有形身体的一种有为的功法。其实练功分为两个部分，一个是外，一个是内。外练的是筋骨皮，内练的是精气神，也就是人们常说的"内练一口气"。"一口气"是神意气综合的结果。

不明这个理，不知道应该如何练，练的是什么，只是盲目练一个外形，就停留在了形体的状态，不可能真正进入浑圆桩功修为的核心中来。太极大师杨澄甫曾讲"思慕经年"，练了很长时间，"依然是门外汉"，还在门外徘徊，所以明理就是练功。

练功首先要明理，理不明，练了半天往往"差之毫厘，谬之千里"，甚至走向了反面。一定不要把明理和练功对立起来。

这里再强调一下，浑圆桩功也叫太极桩、抱球桩。无极桩功是以"分"为主旨，浑圆桩功是以"合"为主旨，一个分一个合。所谓一个分一个合，分的是阴阳，合的是太极。太极就是阴阳合出一个完整的状态。道理就这么简单。

1.分阴阳

宇宙万物"负阴而抱阳，冲气以为和"，宇宙的根本规律就是阴阳的分合。为什么宇宙万物能够由生存到发展到灭亡再到生存，生生不息、周行不殆、循环往复呢？一个根本原因就是宇宙万物从本原来说无非一个阴一个阳，有黑就有白、有男就有女、有进就有退，总是有两个对立的要素同时存在。这两个要素既对立又相合，在运转变化当中才产生了万物的不同的角色，才有了万物的生存和发展。

古人早就把宇宙万物的根本规律揭示和提炼出来——一个阴、一个阳，而且阴阳既对立又统一。不管宇宙万物如何变化，归根结底就是阴阳的分合。

阴阳的分合体现在一个动、一个静上。王宗岳的《太极拳论》开篇就告诉我们："太极者，无极而生，动静之机，阴阳之母也。"一个无极、一个太极、一个阴阳，它们之间是什么关系呢？动之则分，静之则合，也就是阴和阳的一分一合。怎么分呢？"动之则分"，一动就要分，一分就要动。怎么合呢？"静之则合"，阴阳一合就是静，一静就是合。分就是动，合就是静。所以说宇宙万物的根本是一个阴一个阳，它们的具体状态是一分一合，它们的具体变化是一动一静。太极内功的修为就是分阴阳合太极。

在修为过程中，要怎么体现阴阳的分合和动静呢？我所传承的太极拳是修内功的，其核心主体是桩与拳。什么是拳？一开一合即为拳，拳就体现在开合上。什么是桩呢？一动一静即为桩。桩和拳，一个是开合，一个是动静。开合、动静是密不可分的。一个是外在的表现，一个是内在的主宰；表现出来的是开合，内在的是动静。

阴阳、开合、内外、动静说清楚了，现在关键是如何把两个对立的部分统一在一起。"分阴阳"具体体现出来的是一个虚一个实，具体展示出来的是有上有下、有前有后、有左有右、有内有外、有去有留、有出有入，以及有生有死，所有这些都是对立的。对立的两个部分是客观存在的，这是先天自然之能，每个人都有。不管你愿意不愿意，它不以你的意志为转移。

现在要修为的，不是外在拳脚功夫有没有好、有没有坏，有没有松、有没有紧。修为功夫体现在能不能把两个对立的要素合在一起。对于一般人而言，松就是松、紧就是紧，好就是好、坏就是坏，去就是去、回就是回，做不到把两者统一起来。经过修为以后，我们就能把两个对立的要素合到一上。也就是说，做到了上下相随，有上的时候就一定有下，有下的时候一定有上，这时就能够尝到"同"的滋味了。

又比如说，拿和放这两个动作，常人都是拿就是拿，放就是放；现在我们要体会拿的同时实际上是放，放的同时实际上是拿。也就是说，拿的时候，体会出还有一个放之意；放的时候，体会出还有一个拿之意。

通过修为，我们能够清楚地感知到什么是拿着放——拿不离开放，我把放的拿起来。所以，把两个对立的要素合起来以后，合出来一个新的状态，这个状态是"三"。"道生一，一生二，二生三"，"三"就是把对立的阴和阳，合出来一个阴阳之合。

再强调一下，"三"是什么状态呢？一个开始一个结束、一阴一阳，这是两个对立的要素。但是我们由始而回到终，这就是一了。始和终是二，相合是一，这个过程就是三。所有的变化不在于开始和结束，而在于由开始能够回到结束的过程，在于这个三。三生万物，万变——各种各样的滋味，就在由始而回终的过程中充分展现出来了。

很多人关注的是开始和结束，我们关注的是如何由开始能够始终如一地回到结束。开始就是结束，结束就是开始。要达到开始就是结束、结束就是开始，一定要有一个三生万物的变化过程。要品味这一过程当中的万变的味道。你在人生的运转过程中，尝到了百味，就能够在这个变化中丰富自己的生命过程。这才是可贵的地方。

如何做到始点和终点合一？从某一点开始的运转过程当中，每一个节点都是在变转过程当中一个不变的变化，总是这一点的变化，最后终点还是开始那一点。把握住一个不变去变，就是始终如一。我们求的是"一"，是在万变当中有一个不变的一。

"一"就是太极，就是一始一终、一阴一阳合起来的一个结果。内功修为的核心就是得一。老子《道德经》说："天得一以清，地得一以宁，神得一以灵，谷得一以盈，万物得一以生，侯王得一以为天下正。"天地神谷物侯王，整个宇宙万物不出这六个方面。这六个方面都紧紧围绕着一个一，都是在得一。一就是太极，一就是浑圆，一就是把两个对立的要素合到一个最佳的、完美的统一。

现在很多朋友在追求多、追求外，多还不嫌多，而忽略了所有的多、所有的外，其实都源于一。拿住了一就拿住了一切。人们往往不从一上去求。离开一去求多、求万，"差之毫厘，谬之千里"。其实人得了一以后，就得了一切。这个一不是数量上的"一个"，这个一是一切，一是最小有，又是无穷大的基础。

　　我们求的就是一，不要舍近求远。得一就得到了一切。俗话说"退一步海阔天空"，怎么不说退两步、退三步、退千步、退万步。正和反就差这一个"一"。又说"翻手为云，覆手为雨"，一翻就是正，一覆就是反，正和反就在这个一。对和错、好和坏，就是一步之遥。只要拿住了"一"就拿住了对和错、好和坏、进和退、出和入，所有都在"一"上。可这"一"里面是两个，一正一反，拿住了"一"就拿住了正反、对错、善恶，拿住了一切。站桩就是要站出这个"一"。

　　佛祖也说回头是岸。就在一转头、一瞬间，就会出现两个完全不同的境界和结果，一个正一个反、一个好一个坏，就在这一回头上。修为不要去远求，就在于能不能回头，就在于能不能把拿起的放下。拿和放两个就是"一念之差，一步之遥"。古人说"一言为定"，对和错就在一言上，不用多说，多言数穷。

　　有和无就在一点上，有和无合起来就是太极。这个"太"字，一个大底下一点，大是有，有小就有大，有小才有大。有小有大，可以有多大呢？大是有的范围。"大"加了这一点以后，总比大要多一点，多一个"一"就可以了。你有一万个亿，加一点——一万零一亿，就加上这一个"一"，有就无大了——其大无外，就有而回无了。

站浑圆桩功就是站"一"，要站出这个"一"的味道、"一"的滋味来。如果站不出"一"的滋味，说明站的不是真正的浑圆桩，而是站了一个外在的空壳。

有很多人站桩，站了半天，依然没有站出浑圆桩功那个美妙的味道。不能站出来，不能得这个"一"的话，你就品尝不到这个"一"的美妙。所以我反复强调，要站出这个"一"。一就是太极，就是浑圆。浑圆桩功要得这个"一"。

2.合太极

站桩要站"一"，可什么是"一"呢？上下要合、前后要合、左右要合、内外要合、松紧要合、刚柔要合、大小要合，凡是两个对立的要素都要合到"一"上。问题是合出的那个"一"是什么味道，怎么才能品味到得"一"的那种真实滋味呢？虽然很难用语言把它表达清楚，但是我们也要把这个不好表达的味道尽量阐释。

松或者紧、上或者下都好说，合到一起以后，就变成只可意会不好言传的东西了。它是一种意，可意会。会意以后，就能够知道，哦！是这样一种味道。这是一种什么样的味道呢？说不清，但是能够真实地品味到。

比如说，这盘菜很好吃，味道非常好，你把这个味道给我说说，说得清就不对了。咸了、淡了、酸了、甜了，这都说得清，但是这些味道混在一起，就混出一个说不清的味道。说它酸，酸中还有点甜；说是甜，甜中还有其他味道。浑圆桩就是要站出这种说不清的味道。虽然说不清、道不明，但是可以通过我们的身心真实感悟。妙就妙在这儿。

怎么才能真实感触到这个味道呢？这个味道又是如何体现的呢？有没有方法？有。浑圆桩功就是要站出这种境界和味道。怎么才能够站出来？这是我们修为的关键。

"一"不是想站就能站出来的。比如说，现在上跟下要站出来一个上下相合——把上下往一块合，很多人站不出来。

又如，现在要前出还要向回来，站出一个既出又回。出好练，回也好练，但是出和回合一，要怎么练呢？如果分开来练，永远练不出出中有回、回中有出，练不出合一来。

要练出合一，首先要明理。确定了目标以后，关键在方法。太极内功就是告诉大家，找到什么样的门就能够推门而入，进了门以后就可以得这个一。

从"一"开始，可以有无穷大——二是两个一，三是三个一，万是一万个一……得了这个"一"以后，可以做加法，可是"一"从哪儿来的呢？

二、合出合一的状态

1. 无而生有

"一"从零上来，零之后是"一"。如果"一"是有，零就是无了。"一"从零而生，这就告诉我们宇宙万物所有的变化，不管是其大无外、其小无内——要说多大就有多大、要多小就有多小，但是不出一个零、一个一。

我当年学Basic语言（一种直译式程序设计语言），虽然是很初级的，但计算机语言明确地告诉我们，无非是一个0、一个1。所有计算机语言都是0和1的组合，所有程序的变化都是由1和0组合而成的变化。只要拿住一个0，能生出一个1来，就可以产生无穷的变化了。

当时我学这个语言的时候就笑了。我跟编程老师说，古人在几千年之前就揭示了宇宙万物的编程规律，计算机语言无非是对这一规律的具体应用。老子说："常无欲，以观其妙，常有欲，以观其徼"，一个有、一个无，"此两者，同出而异名，同谓之玄，玄之又玄，众妙之门"。一个0、一个1，一个无、一个有，这两个一相生，就是众妙之门。宇宙万物所有的变化，就这一个门——一个有、一个无。抓住了有、无，就抓住了一切的变化。

浑圆桩功是得"一"，怎么得这个"一"？拿着"一"去找"一"是找不着的，"一"由零来。也就是说，这个有从无当中生，只有回到无，才能生出这个"一"来。

王宗岳在《太极拳论》中非常明确地告诉我们："太极者，无极而生。"所以，我们关注的不是太极，也不是无极，而是这个"生"，能不能生、怎么生。

要想得"一"就得找到零，零才能生出这个一来。修为浑圆桩功要站出一，这是结果，入门之路在回零。一是有，零是空、是无。能够回空、回无的话，无就能生有，生出这个一来。空就能生出不空来。人们常说真空生妙有，妙有就是一。妙有是从空来的，由空生出不空的妙有。

站浑圆桩功能不能回无归空，这是关键。浑圆桩功所有的功法都是围绕着这个主旨展开。如何由空当中生出一个不空的妙有，这是浑圆桩功具体修为的路径和方向。

很多人每天也在站桩，却不知道回到无上、回到空上。他们一边站桩一边还有很多的杂念、想法，还有各种各样的念头。这些念头要是不空不无，就体会不出生出的那个"一"的味道。

2. 有而回无

浑圆桩功就是要站空自己，站无自己。要想站无，很重要的一个修为的方法，就是有而回无，实而虚之——把有形的身体有站无。

实的、有形有象、看得见摸得着的身体要把它站虚，这是浑圆桩功修为一个重要的要求。离开了这个要求，就无法让自己回到虚无、虚空当中，就生不出那个"一"的妙有。

在站浑圆桩功的时候，要坚定不移地把有形身体实而虚。怎样才能让身体实而虚呢？我所传承的太极内功、浑圆桩功的修为告诉我们，在意不在形。虚和实不在这个形，有和无也不在这个形，在内不在外，完全是在意。

有人会问：我把这个有形的身体站虚、站空了，这个形不是还有吗？有形的身体还是有，但内在已经产生了变化，这种内在的变化与有形的身体是完全对立的。

如果站浑圆桩功不能站出这种内在的变化，就没有真正把自己的有形身体有而回无、实而站虚、虚而站实，就无法体会到合出的那个"一"、那个浑圆的真实的味道和状态。

在修为过程中，身体虽然是有，但如何做到实而虚、有而回无呢？只有一个法门，凡此皆是意。用意来进行修为，让身体能够回空、回无。有而回无不是像变魔术一样，让有形身体一下子就看不见了，变没了。身体还在，但是内变了。意产生了完全对立的两种状态、两种滋味，这种滋味的变化是内在的。意的变化看不见摸不着，但真实存在。只有掌握并体悟到意的变化，才能品尝到那种"只可意会，不可言传"的真实味道。

空了以后，会空出一个妙有的味道，那个味道是既有又无，说不清楚。说有吧，看不见摸不着；说无吧，又能真实感知到它的"有"，而且能够真实地起到作用。那就是"一"，就是浑圆状态。要想得"一"这个味道，在内不在外。

要想得到内在的变化，一个重要的要求是把实的虚了，也就是要静下来，在静当中静出一个内里的虚实转换。这种内在的转换都是意的变化。只有通过浑圆桩功的修为，阴和阳、虚和实、身和心、内和外、动和静，才能合出来一个合一的状态。这是浑圆桩功要达到的目的。

浑圆桩功所有的功法都是围绕着这个核心，进行一步一步的有为的修为，让我们能够合太极，合成一个浑然一气、浑然一体、得"一"的状态。那时候身心俱静，静出一个真实的内在的变化。无了这个我，才能重新打造一个新的我。这个新我是浑圆一气的，浑然天成的，回到了本原状态。

问 答

学员A：老师好，浑圆桩是抱一个球，这个球的作用是什么？这个球是不是象征外面的世界，我们在站桩的时候跟它产生联系，是这样的吗？

李光昭：这个问题很具体、很现实。浑圆桩功也叫抱球桩，基本状态就是抱一个球。为什么要抱这个球？很多人说："李老师，我练浑圆桩索性就抱一个真的球，或者是皮球，或者是木头球，甚至石头球、铁球，这样不是更有助于练功吗？"不是的，我们恰恰是要抱一个没有的、虚的、假借的球，而不是去抱一个真的球。为什么？因为这个球是没有的，是假想的，是用意想象出来的一个真实的球。我们要让这个球无而生有、虚而实。我们要通过浑圆桩功感受到真的有一个球，要尝到这个球的真实滋味。

后面章节会提到，我们最终是要找到这个球的变化，一开始像抱着一个皮球、气球，进而抱到一个木球，抱一个石球，这个球有了变化——有了重量的变化，有了大小的变化。这种变化都是假借的、假想的，都是虚的，但是通过这个虚的变化，要产生一种真实的感悟——假的要修成一个真实的滋味。

这样做的目的是为了忘掉有形的身体。我们的意完全集中在球的变化上，让虚的球真实了，无而生有了，有形的身体才能够有而回无，才能够实而虚之。因此，我们是借假修真，借这个球来修自己的身体，把身体修没有了。修没有了以后，有了球无了身体。这个身体哪儿去了呢？化有回无，身体跟球合成了浑圆一体，有和无合一了。

当忘掉身体，而得这个球意，形和意、虚和实、有和无，这两个互相对立的要素就能够形成一个合一的状态。也就是说，当我们站出"无、零、空"的状态，最后和球合出来的那个滋味就是合一的滋味，就是得"一"的滋味，它就可以变化了。这个变化是意的变化。你想多大它就有多大，你想多远它就有多远，因为它完全是意上产生的变化。当我们真的能得意以后，这种变化就是真实的。

这种真实的意的变化，能够让我们产生一种意志、意念的力量。它能够主宰我们整个身心，能够产生一种巨大的作用。为什么要抱这个球？为什么要把这个球抱真了？就是要让我们的身体借这个球之意，真正能够回空、回无、回虚。

在站的时候要牢牢把握住这个要素，既不是抱一个真实的球，也不是用我的身体死抱一个球。其目的是有了球无了我，最后我和球合成了一，合成了一个完整的浑圆球。这个我没有了，但是我和这个球又有了一个新的我。我就是那个球，球就是我。

这个问题提得非常好，浑圆桩功就是要解决这个问题，站出真实的感悟。

学员B：老师您好。我现在还在站无极桩，因为浑圆桩还没得要领。我练习无极桩第十八个部位圆裆也涉及球的问题。现在老师说站浑圆桩也是一个球，不晓得这两个球之间有什么样的关系？

李光昭：太极内功的修为，一言以蔽之，就是球的修为，就是修为一个球。

站无极桩功的时候，我们是通过十八个部位——颏下、腋下、裆下等，分着去体味它，体味出每一个部位都是球的一种滋味。浑圆桩功是由分到合，最后合出浑然的一个球。

无极桩功分着体会各个部位。浑圆桩功回到无了，无内无外、无大无小，我和天地、宇宙万物，最后就是一个球，这个球就是一。

大家不要用常人思维想象是一个圆的、有形的球，实际上，合出的球是一种滋味，这种滋味就是"一"的滋味。这种味道是有而无、无而有，你说它是无，它是有；你说它是有，它又是无，它是有无相生。有、无"此两者同出"，最后就是这么一种回到了浑沌的状态，那才是最自然的状态。

　　当然这是我们要达到的一个境界，是我们追求的目标。现在这个阶段，并不是说进入到浑圆桩功修为以后，跟无极桩功就没有关系了。我们还要站无极桩功，因为无极桩功所有的十八个部位的要求，在浑圆桩功当中都要起到作用。

　　现在进入浑圆桩功的修为，每天站浑圆桩功的时候，是不是就是那个浑圆呢？不是的。虽然在站浑圆桩，但是你现在还没有站出浑圆，还在一步一步地向着浑圆的方向修为。在这个过程中，要通过具体的修为找出浑圆的真实滋味。浑圆是目标，我们每天所站的是浑圆桩功的修为过程，我们要以浑圆之理为引导，在修为当中去体悟它、去实修实证它。也就是说，你在无极桩功当中所修为的这个圆——裆下这个圆、这个球，在浑圆桩功当中就不只是裆下的球了。或者说，当有形身体无了以后，这个球和我的身体浑然一体了。所以你在无极桩功所站出的这个球和浑圆桩功站出来的球，最后是一个球。

　　在修为过程中，不管用到多少个球，最终只能是一个球，都是这一个球的变化，宇宙万物没有两个球。因为我们修为的不是一个形上的球，不是一个有形的球，而是一种永恒的、合一的状态，这个状态就是球。我们是借球修"一"。

　　在形和意、有形的球跟无形的意两者之间进行转换的过程中，首先要转变的是思维认知。我们不能一想到球，就想到一个很真实的、圆的球。我们要知道什么是球？球就是始终如一。一就是球、球就是一。一就是合出来的一种滋味、一种味道。你合出来的这个味道就是球，不管它是方的还是圆的，长的还是扁的，只要能合一。不在形而在意，不在外而在内，在你内里找到"一"的滋味，就得一了、就得球了。当然，要想得这个"一"，还要通过有形的身体，用一种球之意最后合出来这个球的真义。

你在无极桩功所站的球，最终跟浑圆桩功站出来的浑圆一体、内外合一、其大无外、其小无内的这么一个完整的状态是一致的。只要把球理解为是"一"，"一"就是球，就不会在形上困扰我们了。

学员C： 老师好。我想跟您汇报一下最近的一点点体会，也想听听您的建议。周末的时候我出去爬山，一开始走得很急，一下子就感觉到皮肤有点痒。我以前就有过皮肤瘙痒的问题，特别是爬山的时候就会有这个问题，所以心里很着急，越着急就越痒。这时我想起您说过的太极"中"的状态，着急上火的状态肯定不是"中"，所以我就停下来，站在那里找这个"中"的状态。开始时脑子很乱，我就一点点静下来，静心凝神去找"中"的感觉。待了一会儿，我觉得这个状态找到了，又开始往前走，这时候瘙痒的感觉也没有了，心里也不着急了。我用这个状态去爬山，一直爬到山顶。这次爬山就跟平时不一样，平时就是在锻炼身体，走得满身大汗。这一次真的是蛮轻松的，一路走一路看风景，走到山顶上一点都不累。这就是我的一个经历，想跟老师汇报一下。我也有一个问题，正好您今天在课程开始的时候，讲到"出神"，我就想请教老师，我这次的经历是神真的回来了呢？还是把意收回来了呢？在这个具体的事情上，意和神如何理解、体会？

李光昭：首先祝贺你，你通过自己的实际行动，将修为的内涵得到了体认，得到了实证，这是非常不容易的。你的体悟非常好。好在哪儿？好在当你在爬山的时候遇上了很多的变化，包括皮肤的瘙痒、身体的不适等——各种因为外界原因引起的身体上的反应；好在出现这些不适的时候，你能及时回到一种静心的状态，让自己安静下来。也就是我刚才讲的，回无回空。你没有受瘙痒、其他不适的影响让自己忙乱起来，能够把神敛回来。实际上你是用意把神敛了回来；神敛回来以后，才能够让自己静下来，这种静是空出来的——静才能够空。回到这种状态以后，你的整个身心安静下来；静下来以后，你的一切问题也就解决了。

"出神"不是神的散乱，所谓出神是神的内敛。你在爬山过程中遇上问题的时候，首先做到了让神回来——神附了体，主宰了你的身心；神内敛以后，才能够让整个身心处在一种最本原的回空的状态。

这种状态是你在变化过程当中自己调整回来的。正是因为调整回来这个状态，你才能在这种状态下无而生有。不管是继续爬山，还是出现什么样的变化，你在这种状态出现的所有变化，实际上都是无出来的一种新的有的状态。这个新的有的状态就解决了你刚才所有的不适。

你的体悟和我们所修为的核心要求是完全一致的，非常好。而且你把握住了怎么出神，不再受各种变化的干扰，意收回来以后，神自然就内敛了。在这种状态下你的所有反应，都会产生一个新的变化。

你的真实体悟再一次证实了，我们的修为在现实中可以起到真实作用，坚持下去。我想其他同学也应该这样。所谓的修为不是为了修为而修为，而是要把它应用到实际生活当中去。人生的每一天、每一刻都在爬山，在爬山过程中会遇到各种各样的问题，遇上问题怎么办？不是忙乱，不是被这些问题困扰，而是马上用意把自己的神收回来，让自己回空回无。然后你就知道在这种状态下，面对外界的变化，自己应该向什么方向迈进，这样就会收获到一个崭新的、完全不同的结果。谢谢你给大家分享的体悟，继续下去，会有更大的收获和体会。

学员D：如何理解神和意呢？

李光昭：神和意是贯穿太极内功修为始终的两大要素。不能正确理解神的内涵、意的重要作用，太极桩功、太极内功的修为就容易"差之毫厘，谬之千里"。牢牢把握住"神"和"意"两者之间的内在关系，我们就能够沿着正确方向，如实修证。

神和意，从太极内功的角度来说，属于两个不同的范畴，神是神、意是意。但是这两个要素在内功修为过程当中，具有既密不可分又相互作用的内在关系。我们要想把握它们的内在关系，就要对"神"和"意"有一个明确的认知。

首先说神。此前讲过，天有三宝，日月星；人有三宝，精气神。一个人的生命运行轨迹，不在于外在的、有形的身体，虽然有形身体很重要，但是主宰这个有形身体能不能够健康，能不能真的起到作用，在内不在外。所谓在内，就在于人的内在三宝——精气神。

精气神虽然是三个方面，但最终要达到的目的只有一个——出神。精和气，是能够实现出神的两个先决条件。这就是道家常说的炼精化气，炼气化神。最后能不能出神，是能不能够拥有强壮生命力的一个重要标志。

我们经常说一个人很有神，古人说"凝神而神"。有神，生命就顽强，生命力就旺盛。凝神、有神、出神是生

51

命力的一个具体展示与结果。神散身亡，人在生命结束的时候，首先是神散了，然后气才绝。所以神是太极内功修为最重要的一个方面。

太极内功修为划分了三个阶段，即"由着熟而渐悟懂劲，由懂劲而阶及神明"，最终是要达到神明。所以神是修为的最高境界、终级目标。

什么是神？怎么理解神？古人对于神有明确的定义，《易传》上说："阴阳不测谓之神。"孟子也说："圣而不可知之谓神。"不可测、不可知就是神。不可知、不可测不等于没有，只是你不知道它是怎么来的，也不知道它是怎么走的。

出神是我们一生都要追求的境界与目标。要想让我们的生命强壮、生命运行的轨迹圆满，离开出神是不可能的。虽然神是不可知、不可测的，但是我们不能因为不可知就不知、不可测就不测了。我们还是要把握住神，要能够出神。怎样才能出神？怎样才能凝神？怎样才能把握不可知、不可测的神？

太极内功针对出神提供了一个重要的、有为的修为方法——用意。什么是意呢？意是心上音，是内在的心上发出的声音。心是抽象的、不具体的，看不见摸不着，但是真实有的。心摸不着、抓不住，但是心所发出的声音是实有的，是可知可测的。

"意"也属于虚，却真实存在。它不可用语言表达，从这个角度来说它是虚的，但是它可以通过会意感知，因此意是虚而实的。意不可言说，只可意会。意是虚而实，实在哪儿呢？

实在意可以"思"——意思，可以"见"——意见，可以"念"——意念，可以"想"——意想。意由虚而实，就变成了意思、意见、意念、意想。

要想出神，需要用意。出神不是拿着神去练。有人讲我要练神，结果站在那儿天天练眼神。把眼睛瞪得很大，练眼睛。这是一种误解，出神是一种结果。也就是说，神是一种境界，是一种自然而为的结果。

在修为过程中，把出神作为人生的一个很高境界，这个境界在河的彼岸，我们在此岸。通过修为，我们要把自己渡到河的对岸去。

过河的方法很简单，就是用意。用意修为自己，把现在的"我"渡到河的彼岸，从而达到人生出神入化的圆满境界。也就是说，意是渡河之舟，只要把握住这只舟，通过用意来修为自己，向着出神这个目标进军，就能够顺利到达彼岸。所以神和意这两个要素，神是境界、终点，意是到达终点过程中的一个载体、一只渡河之舟。

神和意的关系是收获与耕耘，我们只问耕耘，不管收获，收获是自然而然的结果。但是我们要知道神是怎样的一种结果，然后通过修为使神的不可知、不可测变成可知、可测。

　　神明境界是太极内功修为的最高境界。这个境界不只是太极内功，也是古代传统修为的核心、灵魂。要达到神明境界，修的不是不可知、不可测，也不是可知、可测，而是知不可知、测不可测。明是可知、可测，神是不可知、不可测，一个可、一个不可，这两个合起来以后，就把所有的不知和不测变成了可知可测。

　　我们修为的境界、修为的途径，太极内功都已经明确指出和揭示。只要遵循着这个途径、这个台阶，就能够由着熟而渐悟懂劲，由懂劲而阶及神明，最终达到神明境界。

第三章　浑圆桩功修为主旨

一、浑圆桩功就是找"我"之功

不管什么样的修为，首先要明理。没有正确的理论指导，功夫下得越大，越容易走弯路。如王宗岳《太极拳论》所说："差之毫厘，谬之千里"。

对与错不是相差很远，就差一个点，如同翻手，一正一反。只有在正确的理论指导下，才能沿着正确的方向，运用正确的、有为的功法，一步一步登堂入室，这是非常关键的。

浑圆桩功的理法，包括所有功法修为的理法，要解决两个问题。首先，为什么要练。不管是练太极内功，还是练其他各种各样的有为功法，很多人没有搞清楚"为什么要练"，所以往往找不到一个适合于自己的能够通过修为达到理想效果的方法。所以首先要明白为什么练。

其次，练什么。很多爱好者站浑圆桩功很多年，下了很大的功夫，每天抱着球在站桩，最后依然不明白到底在练什么。当然不是说没有效果，可是由于不明白练什么，结果就只站了一个浑圆桩功的外形，没有站出要求得的真义。

1. 阳我和阴我

从浑圆桩功开始，我们要进入由分而合到合太极。浑圆桩功就是太极桩功，就是要练太极，目的只有这一个。

浑圆桩功是怎么体现太极的？太极在浑圆桩功的体现，绝不是只站一个有形的身体。站出这么一个形态来，就认为是太极了。

我们知道，宇宙万物"负阴而抱阳"。宇宙万物内部一定存在着两个对立的力量，一个是阴，一个是阳。正是阴和阳两种对立的力量相互开和合——冲气以为和，既对立又要向一起冲和，才产生了万物的生长、变化和各种各样的繁衍。人是万物之灵，是万物当中的一份子，是天一地一人三才之一。毫无例外，每个人一定有一个阴、一个阳。

作为人来说，阴和阳是怎么体现的呢？从有形身体来说，可以分出阴阳，比如有上有下、有前有后、有左有右。但是阴阳绝不仅仅指有形身体上的分阴阳，而是"我"要分阴阳。实际上，作为人来说，我就是人的一份子，人就是由一个一个的我组成的。"我"怎么分阴阳？

　　什么才是这个"我"的阴阳？每个人有一个看得见摸得着的真实存在的有形的"我"，我们把这个"我"叫阳我，很多人只认为这个有形的"我"才是我，其实这个"我"只是阳我。有一个阳我一定有一个阴我。阴我是跟阳我相对立的、完全不同的。如果阳我是看得见摸得着的，那么阴我一定是视之不见、触之不得的。

　　从太极的角度去看，分阴阳合太极，太极一分就是阴阳，阴阳一合就是太极。同样，"我"一定要分出来一个阴我和一个阳我，这两个我只有合起来以后，才是那个真正的我。

　　浑圆桩功就是要把阳我和阴我浑圆成一体，把阴我和阳我合成一个新的太极我。这是站浑圆桩功的主旨。如果不明白我们在练什么，就不可能找到阴我，也就无法把阴我、阳我合成一个圆满的状态，找到那个太极我。

　　古人发明了太极图。一个简单的太极图揭示了宇宙万物的太极之道、阴阳之理，很了不起。一个黑鱼、一个白鱼，首尾相接，黑中有白、白中有黑，而且是不断发生着变化的。但是不管这两个对立的方面怎么变，两者谁也离不开谁，总是在一个圆当中。分开看是一个阴、一个阳，是二，但是它们永远是合二而一的。这就是太极。

　　这一个黑鱼、一个白鱼可以是天和地，可以是其他万物，同时也一定可以是一个黑我一个白我、一个阴我一个阳我。只要把两个我合到这一个圆当中来，而且不管它们怎么变，二者既对立又统一，互相为根、互相变转。这才是我们真正要找的合道的太极真我。浑圆桩功就是要寻求这个太极我。

浑圆桩功可以说是找"我"之功，其结果是找到一个最终合出来的太极的真我。要想合出来一个太极的真我，关键是要找出那个看不见摸不着的阴我。阳我很清楚，每个人都看得见摸得着，是真实存在的；那个阴我，由于看不见摸不着，很多人不知道，或者是找不到。但是存在两个我是不以人的意志为转移的，只要阳我，不要阴我；或者只要阴我，不要阳我，都是背道的。

道告诉我们，有一个阴就有一个阳。如果我们只是找到和认知到这个看得见摸得着的阳我，没有找到那个看不见摸不到的阴我，不能不说这一辈子活得有点遗憾。我本来就有两个我，这两个我没有能够见面，没有能够合二而一，我们说这个人的一生确实没有活明白。

浑圆桩功就是找我，找那个看不见的阴我。我们不但要找它，还要把这两个我，通过有为的功法合到一个圆满的状态，就是太极态。

什么是圆满？就是太极。分开是一个阴一个阳，合在一起就合出了一个圆满的状态。只有这样，我们才活出了人生的真实，才活出了一个明白的人生。

浑圆桩功练什么？就是要找"我"，找那个看不见的我，找到那个阴我。关键是怎么找。要找那个阴我，就要用到有为的、具体的功法。浑圆桩功有一步一步的功法，这些功法都是为了找到阴我，同时把两个我（阴我、阳我）合到一个完整的我上。

要找这个我，须要用具体的、有为的功法。在修为过程中，每一个功法都离不开相应的明理过程。我们不是就功法练功法，实际上每一个功法都有理论的支撑。很多人练了很长时间，总是不能够达到理想效果，一个重要的原因就是把理法和功法割裂开来。其实明理就是练功，功法就是明理的过程。一个知一个行，知行是合一的，是谁也离不开谁的。

修为浑圆桩功、太极内功的具体功法涉及一个关键问题，要想知阴，要找到这个阴，一定要从阳当中去求。要找这个看不见的阴我，不是就看不见的我去找看不见的我，因为那是结果。我们要找阴，阴在哪儿？我们修为一个重要的主旨是由阳我来找阴我。前面讲过，不管愿意不愿意，承认不承认，这是不以人的意志为转移的，有这个我（阳我）就有那个我（阴我）。尽管你不知道还有一个阴我，其实那个阴我和这个阳我是不离不弃的，这两个我是谁都离不开谁的。

要找那个我（阴我），要知那个我，就要从看得见摸得着的有形的阳我当中去找。这是我们修为有为功法的一个很重要的理论支撑。

从这个我（阳我）当中去寻求阴我，这是修为有为功法的一个核心。所有的功法都是对这个我（阳我）的重塑，并借此找到那个真实的阴我。因此，我们就要对这个我（阳我）有一个清醒的认知。

2. "我"要有而回无

中国文字是很了不起的，它包含有形、音、义（意），是三者合一的。每一个字都是有形的，而无形的义（意）在这个有形的字当中体现出来。古人在创造汉字的时候，每个字都体现着太极阴阳之道。

"我"这个字也不例外。"我"这个字，有形，看得见，大家一看都认识。我们会发现，这个"我"是由两部分组成的，左边部分是一个手，右边这部分是戈，戈是兵器。"我"这个字是手拿着兵器的一个人，它是有形的、看得见的。

要找的那个虚我——看不见的、无形的那个我（阴我），一定是跟阳我相反的。这个我既然是有手、有兵器（戈），那个我要跟它正好相反、跟它完全不同。

不同在哪儿？如果这个我有手，那个我就要无这个手。如果这个我是一个实实在在的、看得见的、有形的我，那个我一定是无了这个有形的我。要通过这个我（阳我）找那个阴我，就要跟这个我完全相反。也就是说，要从无当中去找，把这个有形的我，回到虚上。有的要回无，有手就要让它有而回无，有这个兵器就要把它无掉。

所有的修为其实都是同一个道。太极内功的修为，特别是我所传承的杨氏太极内功，包括杨澄甫，都反复强调"练太极拳者不动手，动手便非太极拳"。这样一句很朴素的话，却揭示出了太极内功修为的核心。

这个我——一个手、一个戈，如果一个无了，一个放弃掉了、没有了，我们就找到了那个真我、那个阴我——看不见的、无形的我。我们的修为不是虚幻的玄学，而是有为的、具体的、真实的。我们不是离开了这个我去冥想出一个并不真实的、虚幻的我。要想把那个虚幻的、看不见的、真实的我找到，就要从改变这个我入手。

这个我，实要虚，有要回无。想做到这一点——真的能够无掉这个手，真的能够放下手中的戈，关键在于思维意识。人除了有形的身体，作为一身主宰的是无形的心。要改变这个我——把有形的手、有形的戈都放弃掉、无掉，关键在于心的改变。既然是心在主宰着这个我，只有把这个心无掉了，这个手、这个戈就自然地放掉、无掉了。如果我们心里一直拿着这个手不放，还认为要用这个手拿这个戈，有形的身就一定放不下。我们的修为就要遵照着这个主旨来对这个我进行一次革命、一次脱胎换骨的改变、一次重新的打造。

浑圆桩功可以说就是通过对这个我的重塑，和阴我相见，进而把这两个我合到一个太极的新我当中来。这就是修为的主旨，也是浑圆桩功的理论核心。

3. 太极我

怎么把这个我改造成一个合乎太极阴阳之道的我呢？首先要改变思维。常人的思维习惯存在着三个问题：第一，不知道、不承认阴我。拿有形的我、阳我，认为就是我，不知道还存在着一个跟它相反的、看不见、摸不着、无形的阴我。不知道或者是不承认阴我，永远拿着这个我当我。执着于这个我，就永远无法和那个我见面。

第二，虽然从理上明白了，有一个阳我就还有一个阴我，要想跟那个阴我见面，就要找那个我，但是一直没有得门而入。没有一个正确的修为方法，最后也就不能够找到那个我。

第三，虽然知道还有一个阴我，在修为时也去找那个我，但是在找的过程中，由于不能够很好地把理法、心法、功法合为一法，这两个我尽管见面了，但是总合不到那种理想的圆满状态。

什么是理想的圆满状态呢？就是两个我合成一个完

整的状态，就是《太极拳经》上说的"无使有缺陷处，无使有凹凸处，无使有断续处"。这个圆满状态不是你认识到了、想到了就能找到，而是需要把理法、心法、功法正确地合到一法当中来。这样在修为过程中，才能够不断地向着"无缺陷、无凹凸、无断续"这样一个圆满状态步步趋近。

浑圆桩功就是要解决这三个问题。第一步，通过浑圆桩功的学习，你要明确地认知，除了这个有形的阳我，还有一个无形的阴我。浑圆桩功的理法、功法的学习，就是要和那个无形的阴我见面，找到那个我。

第二步，明确知道还有一个我，通过浑圆桩功找到了那个我，和它见面。浑圆桩功所有功法都是围绕着这个目标展开的。找到阴我——无形的我，最终把两个我合二而一——阴我、阳我合出一个太极我，也就是分阴阳合太极，合出来一个浑圆的状态。这个浑圆的状态、这个太极我是既有又无。虽然是有形的，但是内里一定存在着一个无形的我和它相合。这两个我永远如影相随，谁也离不开谁。

这里需要强调一下，并不是找到了这个太极我，就不要了这个有形的我。有形的我还是有形的，但是已经发生了质的变化，它与无形的我相合，合到一体上了，合到了一个浑圆的状态。这个状态是真实的，是阴阳相合的，是太极态，是两个我合二而一的。这个我虽然看得见摸得着，但是虽有而无、虽实而虚。这才是浑圆桩功最终要找到的那个浑圆一体的我。

二、打破旧的思维模式

1. "我找"与"找我"

要找阴我，就要改变我们的思维习惯，改变我们的认知。如果只是拿着这个我去修为，会出现"我找"。常人都是要找——我找，所谓我找是拿着这个我不放，去找我之外。浑圆桩功的修为恰恰相反，不是我找，而是找我。同样两个字，一个我、一个找，我找和找我，其内涵已经发生了性质的变化。我们要由"我找"进入到"找我"这个新的思维习惯当中来。大家一定要牢牢地把握住，浑圆桩功所有的功法修为绝不是"我找"，而是向内求，是"找我"，找到那个无形的我。

常人的习惯总是去寻求，拿住这个我不放——我找，最后只能找到所有有形的、外在的事物。所有有形的部分，都是通过这个我去找才能找到，也只能是这个我去找。如果拿这个我去找看不见的、无形的那部分，包括看不见的阴我，一定是向内找，而不是向外求。

浑圆桩功的一个要点，就是向内求。在内求的过程中找到那个看不见的、无形的我。所以说"我找"和"找我"是完全对立的两个范畴，这两个字一颠倒就"差之毫厘，谬之千里"。

2. "我练"与"练我"

很多人在修为过程中，站了半天，只站了浑圆桩功之形，一个重要的原因是始终拿住这个我不放，去我找。我们恰恰相反，要回来找我，通过这个有形的身体去找那个无形的我。

分辨太极内功真假的分水岭就在于"我练拳"，还是"拳练我"。常人的思维习惯就是我练拳，比如我要练习太极拳架，要练太极推手，要练各种器械，要练各种有为的功法。但是，我所传承的太极内功是要把"我练"转变成"练我"。

为什么要站桩？不是我站桩，而是用桩把这个我站出一个新我来。桩只是改变这个我的一个工具、一个形式、一个方法、一个载体。我们绝不是为了站桩去站桩。如果只停留在站桩本身，我们只是站出一个桩的外形，很难改变这个我，去找到那个无形的我。换句话说，拿住这个我去站，是对这个我的一个强化。我们恰恰相反，要通过这个我去找那个我，因此对这个我要弱化，而不是强化。所以强我和弱我正好是一个颠倒颠。

3. "我问"与"问我"

要想弱化这个我，就需要问我，问问自己。太极桩功有一个很重要的修为方法，就是和自己对话。每个人都有嘴、有眼睛、有耳朵，有有形的五官，这些器官能够去说、去看、去听，但它们都是对外的。人长着嘴，都是说别人的、说外界的，长着眼睛都是看我之外的。很多人一生都没有能够和自己对话，因为要想跟自己对话，只靠这个眼睛、靠这个嘴巴是不可能的。

太极内功就是要跟自己对话，要问自己、问我。《太极拳论》上也讲"每一动先要问己"，就是你要问问自己符合不符合一个阴一个阳，这两个既分又合，互相变转。这个要求十分关键。常人的习惯都是我问，浑圆桩功就是要把"我问"变成"问我"。

在站浑圆桩功时，我们的眼睛不是向外看，嘴巴不是向外说，而是向里求，向内观。要问自己，跟自己对话。我问和问我，这又是同样两个字，一颠倒以后，就发生了质的变化。大家一定要记住，要从"我问"变成"问我"。

要想"问我"，和自己对话，就要把对外这个系统——我们的眼睛、耳朵、嘴巴，包括有形的手、有形的脚，对外可观、可看、可触、可得的这部分——关掉。只有关掉了一扇门，才能打开一扇窗；关掉了对外这个系统，才打开了对内的通道。

很多人在站桩，特别是站浑圆桩功的时候，这套对外系统关不掉，那套系统就不能真正打开，这一点大家一定要牢牢记住。浑圆桩功是对内、对我的，不是对外的。我们就要改变思维认知，由"我问"进入到"问我"。

当你站浑圆桩功的时候，每时每刻都要问自己。正如古人说的"吾日三省吾身"。"三省吾身"的"省"是觉醒，是醒我、醒自己。

4. "弱我"到"虚我"再到"无我"

在针对"我"的修为过程中，要把握住三个主旨，即找我、练我、问我。浑圆桩功是"找我"之功。怎么找我？练我，对这个我要练。怎么练？要"问我"。

在修为过程中，通过把"我找"变成"找我"，把"我练"变成"练我"，把"我问"变成"问我"，就能够把这个我由强转弱，弱化这个有形的我，强化那个无形的我。

要想把那个无形的我真实地强壮起来、强大起来，就要把有形的我弱掉。同时，还要把这个有形的、看得见摸得着的，我们以为真实的我实而虚——虚我，把这个我由实转虚。也就是由弱我进一步到虚我——把这个我要虚掉。

在虚的过程中，这个有形的、看得见的我，还是看得见的这个形，但是已经发生了虚实的转化。比如，你会发现同样是这只手，它有了两种完全不同的味道，一个是实的，一个是虚的。这种虚实的变化，同样存在于有形的我当中，这种转化是真实的存在。

要想虚掉这个我，就要牢牢地把握住"忘我"——进入到忘我状态。在讲无极桩功时，我们反复强调要"得意忘形"。在浑圆桩功当中，依然要做到这一点。忘掉这个有形的我，就能够得到那个无形的我，那个无形的我就会产生一个真实的意味、真实的意。虽然那个我看不见摸不着，但是它在这个我当中得到了一个真实的存在和体现。在忘我的过程中，把这个我由有回无，把它虚掉了，把它忘掉了，最后就进入到了无我的状态。

"无我"的"无"是有而回无，同时这个无是无出一个真有。无出了一个什么样的真有呢？无出了一个符合阴我、阳我、阴阳相合的太极我。浑圆桩功的终极目标就是无掉这个我，无而生出一个实有，有了一个真实的阴阳相合的太极我。

通过对这个我的修为，打造出一个合太极的新我。当阴我和阳我合到一个太极我的情况下，不只是得到了一个这样的我——合出来的太极我，你会发现这个我是合天地之道、天人合一的，是合道的我。因为天为阳、地为阴，天地之间是我。天为阳、地为阴，阴阳相合合出来这样一个阴我、阳我之合的太极我，在天地之间可以说上合天、下合地。这个太极的新我是顶天立地的，能够和宇宙万物相统合，浑圆成一体。所以浑圆一体不只是打造了一个我，还和天地浑圆成一个新的太极，也就是把这个我化掉以后，化到了宇宙天地的大我当中。化掉了这个小我，有了一个太极的我。大家的思维就不再是这个小我，而是一个无形的，其大无外、其小无内的通天通地、与宇宙万物相统合的大的我。这才是浑圆桩功修为的最高境界。

5. 阴阳颠倒颠

任何有为功法都需要理论支撑，浑圆桩功所有功法的理论核心是阴阳颠倒。我们经常说的一句话："阴阳颠倒颠，赛过活神仙。"由凡入仙的境界，并不是到深山老林，往那儿一坐，不吃不喝，就成仙了。我们是凡而仙，依然该喝水喝水、该吃饭吃饭。我们还是凡人，也有七情六欲，但是只要一颠倒，就能够成仙。成仙，就在于"翻手为云，覆手为雨"之间。但是我们很难颠倒，总是顾前不顾后。

修为很关键的一步就是变转。所谓变转就是和这个我告别。运用太极阴阳学说、运用具体的功法对这个我进行一个脱胎换骨的改造，也就是要把这个我彻底放下。你如果还拿着这个我不放，就见不到那个我，也就得不到一个崭新的、合道的太极我。

要想改造这个我，修为的方法很简单，就是反着来，也就是老子告诉我们的"反者道之动"。道的变动、道的动总是向事物的相反方向去变、去动。只要能够向着相反方向去动，就能够合那个道，那就是太极。阴和阳这两个要素总是在颠倒，在向它的反面发生着变转。所以在修为过程当中，一个很重要的理论支撑就是"阴阳颠倒颠"。

老子所说"反者道之动"的"反"，是修为具体功法的核心。如何反？第一步就是把这个有形的我"颠倒颠"，这可以说是一个革命，是一次脱胎换骨，是很不容易的一件事。

功法其实很简单，目标也很明确，但是为什么功夫很难上身，不能够打造出这样一个新我呢？就是因为对这个我"动手术"、进行改变很难。我们已经对这个我形成了一个拿住不放、执我的习惯——思维的习惯、行为的习惯。要对这个我进行一个彻底改变，首先要从思维习惯、行为习惯上进行改革。只有在改变的过程中，这个我才能发生一个根本的变化。

怎么改变思维习惯和行为习惯呢？难就难在这儿。当你改变的时候，原有的习惯会在无形当中阻碍你建立新的习惯。它会有意无意地牵扯着你，它要保持或者维持它的存在。此时，就要用理法、心法、功法，一层一层、一步一步、一刀一刀地去减、去割。

6. 要时时做减法

老子告诉我们"损之又损，以至于无为"。要想达到无我，达到无为，找到那个无为之我，唯一的途径就是损减法。"退一步海阔天空"。正确与错误就是一步之遥，但是这一步你要能够退出来，没有千日之功、不痛下决心是不可能实现的。这虽然只是短短一步，但是由进到退，确确实实是千里之差。功夫要下在这里。

要下大功夫退出这一步。一下子放不下怎么办？就要一步一步放、一层一层减。首先要做到明确方向，不要再去做加法，要向着无为去减损。要做减法，一下减不干净，就一层层减、一步步减，这是我们能够做到的。

在修为浑圆桩功时，每天都应该在损减、在做减法。减什么？减我练，减我找，减我思，减我想，减我贪，减我求，把所有我想要增加的都减去。如果在修为浑圆桩功时还放不下，还在追求更多、更大、更有，可以说你的浑圆桩功白站了，方向反了、目标错了。我们要做减法，而你还在向着相反的方向追求。

　　我们所修为的太极内功，既然是拳术，就一定能够起到防身自卫的作用。虽然我们不主动去攻击任何人，但是当别人攻击我们的时候，我们一定能够自保。我们不是练怎么和别人对抗，怎么去战胜敌人，那是结果。

　　很多练武术、练其他拳术的人，甚至练太极拳的人依然还在向外求，依然还在练和对手怎么样去搏击，就像王宗岳在《太极拳论》上所揭示的，就是靠力大打力小、手快打手慢。尽管我们修为的太极拳有防身技击的作用，但是我们的修为是反向求。

　　要想战胜对手，不被对手所侵害，关键不在对手，而在于你自己。你被对手打败的原因，不是对手强大，而是你的无知无能，是你自己的不圆满。你有了缺陷，才给了对手可乘之机。

　　只有把自己打造成一个圆满的状态——无缺陷、无凹凸、无断续，在面对对手时，才能够立于不败之地。

　　杨澄甫说过，太极内功的修为"不惧牛力"——不怕力大。经常有学生讲："碰上力小的还管用，碰到力大的来，我一下子就不行了。"不行的原因不是对方的力大你的力小。

　　杨澄甫告诉我们："不要惧牛力，巧内功不能胜大力者，何必练拳?!""千斤落空，无所用矣!"我能把他千斤的来力给化没有了。能不能够来是他的事，能不能把千斤的来力化没有了，在我不在他，在内不在外，在己不在人。

浑圆桩功就是能够把这个我有而无了，实而虚了，空出来一个太极的真我。这个真我就能够做到千斤化空，把它化为乌有。浑圆桩功练的不是强化这个我（阳我），不是练这个我的力大力小、手快手慢，而是要把这个我空掉——有而回无、实而虚之。当对手的千斤力作用到一个看似实的、有的我之上时，实际上是掉到一个虚的、无的我当中来了。

修为浑圆桩功，将虚我和实我、阴我和阳我，合成一完整状态的话，结果就是空。空有没有？有。是有吗？不是，是无。空的状态就是有无相生——既有又无，既无又有。

这个空不是空出来一个什么都没有，而是在里面空出来一个真有，也就是真空生妙有。这个妙有是有无、阴阳、虚实、刚柔相合，合出来的一个浑圆的状态。这种二合一的状态，无了这个二，有了这个一，也就是有而回无了，无了阴也无了阳，无了快也无了慢，无了刚也无了柔，有了一种虚空的真实的状态。浑圆桩功就是要站出这种境界和状态来。

在站浑圆桩功的时候，一定要牢牢把握住"减法"，不断地关闭对外系统，不断地减损。这个减损的过程，就是我由实变虚、由阳转阴的过程。同时，阴我和阳我合，不是合出来另外一个状态，还是这个我，但是这个我已经由原来的分而不合的阴我、阳我，合成了一个阴阳相合的太极的我。

浑圆桩功的所有的功法都围绕着一个主旨，就是"反者道之动"——跟自己所有的习惯要反着来。当我们向前的时候，一定要想想后面的一面，它跟现在正好相反。

刚才讲了，要找到那个我。什么是那个我？找那个我就像照镜子，镜子里的我和这个我，其实是一个我。但是镜子里的我跟这个我的根本区别是什么？

镜子外这个实的我是有——有想法、有得有失、有欲念，它总是用自己的想法主宰着自己的行动；而镜子里的我，虽动犹静，当我们抬手的时候，镜子里的那个我也跟着抬手，但是镜子里的我没有想法、没有自我，它完全是随着外面那个我而动。也就是说，要找到镜子里面的那个我，只要把我们现在的想法减掉、损掉——不要去判断、不要去设计，不要以我为是，所有的动就能够像镜子里的那个我一样了——不再以我的想法去主动，而是能够随动，该怎么动就怎么动。因此，在修为过程中，要牢牢地把握住一个主旨，就是"反"；具体的方法是减、是损——减损法。

浑圆桩功修为在理论认知上，大家一定要清醒地知道为什么要练，练的目标是什么，同时在具体功法上要遵循一个什么样的理论支撑去进行实修实证。

最后还是要强调一下，大家不要把理论认知和具体功法的修为割裂开来。其实，理法就是功法，功法是对理法的实修实证的过程。

问　答

学员：谢谢老师，今天讲的"反"跟"损"，非常清楚。

先说一下我的体会。老师刚刚写这个"我"字的时候，我突然觉得那个我字左边的一个撇就像一个人的头，一竖就像他的身体站着，一个勾就像他的脚，一个上提就像他的手。右边也像一个人一样，只是头朝着另外一边，戈字这个横有一点像飘在天上，脚没有落地似的，它们是合在一起的，合在中间那个横上，有点像老师说的止于"一"的一个"中"。实的我在左站着，就像我们在站桩一样，捧着一个浑圆的球。右边这个像虚我，因为它的脚不落地。这是我的一个体会。

接下来有一个问题想问一下老师，可能跟课程不直接相关。我们几个同学每次上完李老师浑圆桩功的课，隔天就会聚在一起讨论老师上课讲的内容，有些是上课时没有想清楚，有些是上完课觉得有疑惑。讨论过程中，我就觉得收获特别大，对老师讲的东西有了更多的体悟。另外，每次活动的时候，我们都会把《以拳证道》拿出来读，然后大家各自谈一谈体会。借由同学间的分享，使我们对老师所讲的内容有了更进一步的体会。想请问老师，我们复习的方式您有没有什么建议？

李光昭：非常感谢你的提问。首先说你对"我"字的理解，很精辟。刚才我讲了，中国汉字总是有阴有阳，有形有意，它是通过一个形来表达意。这个字是由两部分合在一起的，从阴阳的角度去分析这个字，会得出很丰富的内容。

你刚才的分析我非常认可。这个"我"字，我们今天讲，左边是手，手代表人；右边是"戈"字，代表一个手拿武器的人，这是两个人。左右两个人，最后要合到一上才是那个我。那个我是由两个我合起来的，也就是一个阴我、一个阳我。

再说"找我"。大家会发现，把"我"字上面一撇去掉以后就是找。找什么？就是找这个我。找和我就差一个"一"，没这个一就要去找，找到这个一就有了一个阴阳相合的太极新我。所以说，如果用阴阳之理去理解汉字，都能够找到它的真义。

有个学员自发组织了一个读书会，大家可以定期在一起交流，这是一个非常好的修为形式。组织者做了大量工作，对于太极真功的传播付出了很大的努力，我对她表示真诚的感谢！

　　刚才学员提了一个建议：大家在读书、讨论、交流的过程中，尽量做到温故知新。

　　第二个建议，大家在交流的时候注意一个问题，我们所有的功法其实是一只过河的船，是一个方法，目的是要过河，因此我们不是揪住这个功法本身的形式不放，而是要用这个功法，把求得的内涵融化到我们的身心，融化到我们的生活当中去。我们的修为是在日常生活当中，在行动坐卧当中，去寻求它的真实感觉。也就是说，把练功融化到我们的日常每时每刻当中。如果能够在日常生活中去体会，那一定是事半功倍的，这会让你进入到一个新的境界，取得更大的收获。

　　如果把练功融化到日常生活中，大家在一起不断交流，相互学习，循序渐进，互相转化，会达到一个非常好的促进作用。这是我给大家的一个建议。非常感谢你的提问。

第四章　意的修为

一、浑圆的状态

中国的拳术分为内家和外家，内家拳以三大拳——太极、形意、八卦为代表，太极拳是其中之一。所谓内家拳就是以修为内功为主旨的拳种。

有内就一定会有外，有内功就一定会有外功。生命在于运动，但是一具体到"运动"这两个字，要分内外，有内运动和外运动，这是两种不同的运动方式。

外运动就是以外在的、有形的身体为动的主体，比如说跑步、各种健身训练。这种以强化身体本身的肌肉力量，提高有形身体动作灵活度及反应能力的动，我们称作外运动。

内运动是外不动——有形的身体不动，支撑有形身体的无形的内在运动。也就是说，一个有形的身、一个无形的心，无形的心所产生的内在的动力，它的动才是内运动。心所产生的动是意气，内运动是以意气作为动的主宰、主体。

1.内静外动

内运动表现为一运一动，也就是以内运外。内与外、运与动，一个动一个静。动是由静产生，是静出来的，也就是静主宰着动。有形身体是外，这个身体虽然是动，但是它是静的，是不主动的。比如，我抬起手，看得见的是手在动，但这只是表象。

大家没有注意，我每次抬手的时候，你能区分哪个是外运动，哪个是内运动吗？一个是内里没有动，这个动就是单纯的有形身体自己动，我们叫外动。一个是以内动外，也就是内在动，外是被内动所动，我们叫内动。

太极内功修为的是内运动，外不动。你所看到的外在的动，只是表现出来的动，真正的动是由内动引发出来的。太极内功的运动方式是内运动，是以内运外，以内动来运外的不动；有形身体的动是不动之动，是内在意气运转表现出外在形体的动。这就分了内和外。

这种外和内，一个动一个不动，一个主动一个被动，要二合而一。我们不是要让外静而不动。外要动，因为做任何事情，不管是打拳、写字，还是拿杯子喝水，都要用外。但是我们要用外的静而动——外自己不动，它因内动而动。这才是浑圆一体的状态。

通过浑圆桩功的修为，能够分出内和外、动和静，并将二者合一的时候，它是一种内外合一、刚柔相济、动静为一——动中的静、静中的动，这才是真正的浑圆状态。

这个时候如果静在动中、静在动内，动和静既分又合，那么内就是外、外就是内；内就在外里面，外就是内的表现，内和外实际上是一体的。当内外成为一体以后就回无了，就无了内外。你看到的动，其实是不动；看似没动，其实里面一直在动，所以动和静就是一，内和外就是一，一就是有而无。

有内有外、有动有静、有刚有柔，但是无——无了刚无了柔、无了内无了外，因为内外合一了。这是什么状态呢？是一气。我们说浑然一气，这一气才是内外合一，才是合出来的一个状态。

气有上下，但它是一气的话，不是上气是上气，下气是下气，上气和下气是相通合的。这一气可上可下、可前可后、可左可右、可大可小，可以有无穷的变化，但是无论怎么变化都是一气的变化，这就是浑圆，这就是太极内功所要修为的状态。我们要从浑圆一体去品味，从内和外、动和静、刚和柔当中去体会。

2. 意中求"我"

要想让内外、动静、刚柔分开还能够合在一起，从哪儿入手？上一章讲到通过浑圆桩功找到"我"。"我"指一个有形的、实的阳我，和一个无形的虚我（阴我）——我的影子。这两个"我"形影不离。常人总是把有形的这个我当成是我，其实还有一个看不见摸不着的我，两个我合起来才是真的我。常人的思维、认识只认这个阳我，所以偏颇、不全。因此，就要通过太极内功，特别是浑圆桩功，把那个我（阴我）找到。不但要找到，还要把这两个我合二而一，合成一个完整的我。

这个"我"字其实就是两个"我"相合。"我"这个字，左边是手，代表有形的我，右边是一个相反的手，代表无形的我，把这两个合在一起，这个我才是真我。因此，"我"是两个我相合的，是虚实合一的、一体的真我，这个我才是合太极、浑圆一体、一气相通的真实的我。浑圆桩功修为要紧紧抓住这个我，要分清一个虚一个实。把它们合为一体，就是浑圆了。

两个我怎么合到一起呢？怎么才能够找到这两个我呢？有一个我是有形的，是看得见摸得着的，这个毫无疑问，不用找，自己都能够知道，这部分是实有。现在的问题是我们缺跟阳我相反的那个我、那个虚的我，它在哪儿？到哪儿去找它？要找这个虚我必须从意上求，因为它是虚的，是看不见摸不着的。看不见摸不着，怎么去找呢？要用意，把虚的意真实了，就找到它了。太极内功的修为，包括浑圆桩功的修为，要紧紧抓住一个形一个意、一个实一个虚，在形的实和虚的意之间去求它的合一状态。也就是说，浑圆桩功的修为依然是以形来求意，把形和意两个合在一起。

要找到那个虚的我，可那个我看不见摸不着。我们就要把那个虚的实了，浑圆桩功就是要把那个我实了。怎么去实呢？怎么才能够把那个我找到，同时还要把它合在一上？关键就在于我们不是离开了这个有形的身体去寻求、去假想，单凭想象去寻求那个虚的我。

浑圆桩功，是实修实证之功。要想找那个虚的我，就要从有形的、实的我上去求出那个真的、虚的、看不见摸不着的我，而不是离开这个我去找那个我。这是我们修为一个很重要的法门。很多人练了一辈子太极拳，一直没有真的进入太极的门里面来，一个重要原因就是没有找到阴我。他想去找，但是不知道怎么找，没有找到庙门，因此他就不能推门而入。

一说要"找我""练我"，就练这个有形的身体；一说要找那个虚的我，就离开这个身体去想象、空想，好像那个我跟这个实的我没有关系了，把它们割裂开来了。没有能够把虚实两个我合到一体上，就不可能找到一个合太极的真我。

浑圆桩功要求这个真我的法门、切入点、一个核心要求，就是不离开这个我，通过这个我去找出那个虚我。用这个我来找那个我，这是重要的修为法则。

怎么能够通过这个我找到那个无形的、虚的我呢？方法很简单，就是把有形的这个我、实的这个我、看得见摸得着的这个我，实的虚了、有回了无。那个虚的我跟这个我是完全相反的，只要能够找到跟这个我相反的味道、相反的状态就是那个我的真实。因此，我们不是不要这个我、不是离开这个我去想象出另一个我，而是就在这个我上去寻求那个我。

怎样才能找到那个我？就是由形当中寻求那个意，就是用意来找到那种实而虚的、把虚的变成实的真实的体悟。

只有通过意的修为，才能在实当中求出那个虚，有当中求出那个无。有和无、实和虚，不是眼睛看得见的就是有，看不见的就是无；不是眼能见就是实，眼不见就是虚。我们要寻求那个我，不是把这个我无了、藏起来了，那个无才是我。这个我还在这儿，看得见摸得着，但是产生了一个跟它相反的状态，实当中有了虚。

3. 意在动先

任何修为都要做到看、听、领、悟，需在身上体会出来。比如说，你摸到我这只手，它是实的，但是我马上可以让它虚了，用什么来虚它？用意。用意产生的是意味、味道。你的手有两种不同的味道，一个是你摸到的实的味道，同时这只手还在，但是马上出现一个跟它完全不同的味道，就是刚才你摸到的那个实好像没有了，有的好像无了。你攥住了这个有形的实手，但是没有攥住里面那个味、那个意，因为它走了。也就是说，形不动，形还是有、还是实，但是里面的意已经走了、已经变了。什么是变虚实呢？就是内变、内动，完全是意上的虚实变化。我们用有形的身体体现了一个内在的虚实变化。有形的我与无形的我同时存在，要寻求两个我合一的状态，就要在这个我当中寻求出那个内变的、虚实变转的意。

《太极拳论》中的《十三势歌诀》，告诉我们说"变转虚实须留意"，就是虚和实的变转全在一个意上。在内不在外，在意不在形。形只是求这个意的一个载体、一个工具，通过形得到一个内在之意的变化。

大家一定要知道，这个形是来求意的。如果离开了意，不能够体现意的虚实变化，这个形就是一个死的空壳，就是一个无灵魂的肉体。但是现在很多人就是拿着一个空壳、一个没有灵魂的肉体在活着，没有能够活出一个完整的真我来。太极内功的修为，就是要通过有为的功法，特别是浑圆桩功的修为，达到内外合一，让形和意两个统一在一起，用形来求出意的变化，形不动意动。

《十三势歌诀》也清楚地告诉我们："意气君来骨肉

臣。"有形骨肉就是一个服从的臣民，听指挥的；意气不指挥、不动，它就不能动；意气一动，它马上就要随着意而动，马上就要被气催着动。翻回头来检查，你每时每刻身体都在动，静的时候很少，吃饭、写字、上课、走路，行动坐卧都是这个身体表现出来的动，但这是以内主宰的动——以意气动催动有形的身体在动吗？

如果你站了半天浑圆桩功，学了半天太极内功，每时每刻的动作还没有做到以内动带动外动的话，这个所谓的太极内功就是一句空话，就是没有真正抓住太极内功的核心，就不是真内功。

太极内功不是脱离开我们正常的生活、脱离开我们的行动坐卧，割裂出来一个单纯的内功。内功就体现在我们的吃喝拉撒睡、行动坐卧走当中。我们不是不食人间烟火的练功，该打乒乓球就打乒乓球，该游泳就游泳，该跑步还要跑步，但是所有的动作是不是由内而发的，这是关键。

很多运动员虽然没有练过太极内功，但他们的动作已经符合了以内主外。他们不是单纯的外动，而是整体的运动，也就是以内来动外。杨澄甫先生说："练太极拳者不动手，动手便非太极拳。"打球不用手行吗？行。手不自动，外动是内动的结果，这个动是一个整体的、完整的、内外合一的。这就是浑圆。

我们更是直截了当，直接找内和外、动和静之间的关系，通过浑圆桩功的修为把它们合到一起。合到"一"上以后，要把它运用到打乒乓球当中，运用到拳架表现当中，运用到每时每刻的行动坐卧当中。

就好比现在我要拿起这个杯子，先内动。所谓内动，就像是我们身内有一台发动机，也就是丹田，先用意发动这台发动机。形未动，意先行；意不动，身不行。我们在一动的时候，马上意先动，把这台发动机发动起来，然后踩离合、挂挡，这时发动机的动力驱动到驱动轴，这样就把杯子拿起来了。其实练太极内功，你就练拿杯子，拿杯子就是练功。如果你拿杯子符合了以内主外、以意领形、形随意动、形意一体，这就是太极内功。

4. 内在的发动机

上面讲到太极要找两个我。怎么找呢？第一是问我，先问自己。《走架打手行工要言》很清楚地告诉我们，一举一动先问自己，跟自己对话，问自己我在动而未动、发而未发之前是不是"中"。也就是先问自己那台发动机是不是要开始点火运动了。

比如拿笔前先问发动机发动没有，用意发动起来、驱动起来，最后才拿起这支笔。拿笔时，手不用力，是发动机的力通过手直达这个笔尖。直达前节，这就是《太极拳论》讲的"前节须有力"。前节有力，写出的字才有力。如果手用力、肌肉僵紧，写出的字歪七扭八，不能够横平竖直，不能够有一个完整的结构。我们写字时的状态是松通的，手不用力，由内在驱动出来的力，以意导之，直达笔尖。

太极内功就是生活，生活就是太极内功。只是我们没有经过这个修为，不能够认知它、把握它、调控它、运用它。我们不能找到这两个我，并将二者合一，其实是"半身不遂"，是有病的。

杨氏拳谱称："天地为一太极，人身为小太极，人身为太极之体，不可不练太极拳。"说人人都要练太极，不是让人每天早晨去打太极拳，而是让人达到阴阳相合、两个我相合而一的太极状态。这个太极状态不练是合不到一起的。要想真正能够做到合二而一，就要通过太极内功修为，特别是浑圆桩功的修为，让自己的两个我见面。让两个我相分而合，合成一个完整的太极的我。

我们不是去强化这个有形的身体，去练它的力量、速度，恰恰相反，是通过虚它、弱化它，把它有而回无、实而虚之、强而弱之。那个虚我就无而生有、虚而成实、弱而强、柔而刚，那个我（阴我）支撑着这个我（阳我），两个我就合一了。看得见的还是这个我，但它是两个我合一的真我。

练太极内功，不是练出来一个外形，而是练出来一种修养、一种气势、一种合一的精神状态。该有手有手、该有脚有脚，但是内在已经发生了质的变化。从这个角度来说，浑圆桩功就是要把有形的身体，实的站虚了，虚的站实了，站出一种合一的状态。

二、如何做到"浑圆"

1. 太极处处掤

浑圆桩功强调的是一个内一个外、一个动一个静、一个虚一个实、一个刚一个柔，以及如何将两者合而为一。至于合一的滋味，很难说清，因为它是合出来一个刚中柔、柔中刚；既不是刚也不是柔，它是刚中有柔、柔中有刚。你感觉到这个身体掤起来了，有了弹性，像一个充了气的球，那就是内刚外柔、刚柔合一的滋味。它不是空的，是空出来一个不空的真实的内里掤起来的状态。

掤、捋、挤、按、采、挒、肘、靠，这是八门；五步是前进、后退、左顾、右盼、中定。八门五步当中以掤为核心，掤为体。用我父亲的话讲："太极就是处处掤，永远不离开这个掤。"也就是说，掤、捋、挤、按，都是掤的捋、掤的挤、掤的按，并不是掤是掤、捋是捋、挤是挤、按是按。如果捋离开了掤，这个捋就是一个软弱的动作，没有内力的掤劲。如果挤离开了内在的掤，就是一个外形的动作。所以要找出这个掤。

掤就像是一个充了气的球，一气在里面把球撑出一个圆满的状态，让它有了弹性。说太极是一个球，但它不是木球，也不是铁球。铁球虽然很沉，但是它没有弹性，只刚不柔。我们是一个充了气的球，有弹性。八门处处掤，掤就是浑圆的状态。五步是变化，但是这个变化一定是一个不变的球的变化——前进的时候是整体球的前进，后退的时候是整体球的后退。如果处处都以这个球的进退顾盼产生各种变化，这个球就处在一个中定不变的状态。

不变是静，变就是动。球本身是静的，球动是静出来的一个动。表象是前进，但是内在是有一个充了气的球的不变。一内一外、一动一静，这两个状态是完全统一在一起的，是合一的。

如果球不充气就是瘪的，没有弹性，只剩一个外皮。充了气以后，球鼓了起来，也有了弹性。具体到修为过程，怎么体会充气的感觉呢？我父亲当年就把它比作是撑开的灯笼。过年的时候家家门上都挂大红灯笼，孩子们提着各种形状的灯笼，有球形的、西瓜形的。如果这个灯笼不撑起来，就是瘪的，撑起来以后就撑圆了、撑开了。怎么才能够把它撑开呢？要把这个灯笼横竖为一。

　　"撑"在浑圆桩功当中怎么体现？怎么找到这种状态？要在一横一竖上去找。不拉开的灯笼只有竖，拉开的灯笼是横拉这个竖、横拽这个竖。不管你认不认可、承不承认，每人都有一个竖。竖是先天自然的，不以人的意志为转移，它永远是有的。

　　人生活在天地之间，上天下地，人是沟通天地的一竖。这一竖是先天自然就有的。先天自然有，还要不要练它？要的。为什么要练这一竖呢？我们不是因为没有这一个竖要去练出这个竖，这一竖每个人都有，但是你不认识它，不知道有。知和不知，性质完全不一样。不知，就无法掌握它、无法了解它、无法认识它、无法运用它。尽管人人都有这一竖，但是不知道，没有意识到它的存在。要用意去感知到本来就有的这个竖的真实。

　　通过无极桩的学习，我们知道人身有一条虚中线，其中百会通天，然后经过膻中到会阴。诸阳之会（百会）通天，诸阴之会（会阴）通地，上阳下阴，阴阳相通，构成一条人体的生命线。人的生命与天地相通，离开天地，这个身体就是一个无生命的躯体。所以要把握住这条虚中线，这是我们的生命线。通过站桩，可以感知到它的真实存在，进而能够去运用它，在变化当中去体悟到它的真实状况。

2. 横开竖合

每个人都有一竖，但是缺一横。恰恰这一横才决定着我们是不是能够形成一个真正浑圆一体、完整的我。修为太极内功要把无的练有、虚的练实。我们缺的是这一横，就要把这一横给练出来、给找到。

把虚的落实，这是修为的关键。在修为过程当中，就要用意把虚的、无的这条横找到。只有找到了这一横，用意把这个横拉开。比如撑灯笼，中间部分是一竖，当横向拉动灯笼时，这一竖就向一块合。当它向前后开的时候，上下就向一起合。横一开、竖一合，整个灯笼撑开了，圆起来了。

在站浑圆桩功的时候，在一横一竖中，要把横找到，然后用横来合这个竖。也就是说，要以横来运这个竖。当横向一拉开，这个竖就要向一块合。竖自己不动，是静的。天地之间竖是出静的，但横是动的，横是虚无的意。意一动以后，不动的竖就会被这个意运而动。以横来运这个竖，横开竖合，虚开实合，虚实合一。

在站浑圆桩功的时候，所有功法都是要在横竖之间找到它们的开合关系。这种开合会产生意的变化，在有形的身体上产生一种真实的开合运转。

浑圆桩功就是要在横竖当中去体会开合关系，把无形的横真实地动起来。所有的动都是横动以后产生了一个竖的开合变化。这是浑圆桩功修为的一个核心。

站浑圆桩功的时候，要站出这个横来，以横的动来引出竖的变化。这么一动，大家会发现，横上一开，整个灯笼就撑开了、撑圆了。所以我父亲当年讲，浑圆桩功就是撑起来的灯笼，就是要撑出一个浑圆的状态。

横竖一开合，就会像气球充气一样撑了起来。可怎么开呢？用意气，以意导气，意一领，里面就像充了气一样。这种开合就是气的鼓荡。我们把这种气的鼓荡在自己身体当中产生的开合变化的真实感悟，称之为得气。

得气是离不开意的，气是由意所导出来的，离开意就没有这个气。很多人认为练气——练内气，是练呼吸。其实太极内功所言的气跟意是一起的，离开意就不可能有这个气，所有的气是靠意导出来的、引出来的。

杨澄甫在《太极拳术十要》中很明确地告诉我们："意之所至，气即至焉。"气是怎么来的？意一到气就来了。从意上怎么得呢？在横开竖合的过程中，产生了鼓荡开合的作用，就是得气的真实反应。得了气以后，你就感觉充盈起来了，像充了气的气球，像撑开的灯笼，像拉开的一张弓，这就是合一的状态。所有的变化都是在这种状态下的变化。

在太极内功的修为过程中，我一再强调，要永远抓住因和果的关系。形的所有变化只是果，形自己不动，是因内变、意气的动才有外形的动，所以内是因，外是果。

3. 修身是因，证道是果

修为浑圆桩功要抓住一个要点，就是要问为什么。为什么要站浑圆桩，很多人都有自己的答案，但你的答案能不能让你站出浑圆桩功的真义呢？未必。

有人说站桩是为了健身；有人说它是武术、拳术，能够防身技击；有人说它是太极阴阳学说的具体体现，可以通过这种修为以拳证道，它是证道之功。说它是健身之功、防身之功、证道之功都没有问题，但是大家一定要记住，浑圆桩功为什么能健身，为什么能防身，为什么能证道？归根结底，健身、防身、证道都是果，如何抓因结果才是关键。

防身、健身、证道，是修为浑圆桩功的果，因是什么？是修身，是修自己——把自己修成一个内外合一、内刚外柔、浑圆一体的完整的状态。这个浑圆一体就是因。只有形成浑圆体了，才能够得到一个健身的果。当内外合一、刚柔相济以后，虚实发生了变转，合到了一个完整状态——"总须完整一气"了。这样一个身体、一个有形的我才能够达到防身御敌的结果。因此，我们不是练怎么去跟对手搏击，而是要想办法让自己成为一个浑圆体，这才是修为的目的。我们要从这儿入手，牢牢抓住修身养性。

修身不只是为了健身、防身、证道。要想获得身体健康，要想让自己的生活、事业圆满，必须从修身入手，把自己修成一个完整状态的我。古人也早给我们指出了这条道——修身、齐家、治国、平天下，修身是实现所有目标的核心基础。

问 答

学员A： 太极内功要求做到内方外圆、内刚外柔，我们应当如何理解内和外、方和圆、刚和柔？以及如何在自己的身上找到真实的感觉？

李光昭： 我曾反复强调过，修为浑圆桩功不应停留在对理论的理解上，还要在自己身上找到真实的感觉。这是我们修为一个很重要的主旨。

我们的修为无非一个内一个外、一个方一个圆、一个刚一个柔。我们说分阴阳合太极，太极就是阴阳之合，太极一分就是一个阴一个阳、一个内一个外、一个方一个圆、一个柔一个刚——完全对立的两个要素。在分清楚对立的两个要素后，要把它们合二而一，合到一起就是太极。因此，分的目的是分清以后要让它们不同而合。就像太极图一样，一个黑鱼一个白鱼，二者可以分，但是分不开，总是在同一个圆里面，它们是合一的。我们体会内和外、刚和柔，就要在它们的分和合上找到一个真实的感觉。

所谓内刚是一种原则、品性，体现在我们的精神上，要有一种刚正不阿、刚强的意志，一种内在的精神状态。这种状态是不是只停留在精神层面呢？不是的。这种精神层面的刚强、刚正，在有形的身上也一定会得到真实的体悟。

所谓外柔，外指的是有形的身体，外一定要柔。什么是外的柔呢？就是要松，要毫不用力；要能随屈就伸；要能像水一样，自由自在地流动起来。这种柔性在有形身体上是能够感受到的。但是在柔的内里要有一种刚，要有一种支撑，这种内在的刚支撑着这个柔。

如果没有内里的刚的支撑，这个柔就是软弱。比如说皮筋、弹簧是柔的，但是柔当中存在着刚。一条线绳是柔的，因为它里面没有刚的支撑，所以它只是软，不是我们所求的那个柔。我们所求的柔是软的，但是它里面一定有一个支撑和能把它绷紧的内在的力量，这才是内在的刚。

怎么体现柔当中的刚？柔和刚这两个要素要合一。就像琴弦，本身是软的，但是绷紧以后，琴弦里面就有了一个紧的刚性。刚和柔合在一起，合出来一个什么样的真实感觉呢？就是有了弹性。琴弦不绷紧是软的，不能发出美妙的音乐来。如果把它绷紧了，就有了弹性，这绷紧的琴弦就是柔中有刚。

这个身体就像一根琴弦，外在是柔的，我们一定要用内里的刚和紧，把松柔的身体从里面绷起来，这时的身体就是一个外柔内刚、刚柔一体的完整的合一状态。

在站浑圆桩功的时候怎么体现、感受它的滋味？我在前面讲过，站桩不是就站一个外形，这个外形如果是有力的、不松通的，就是一根钢棍；如果是柔的、软的、松的，就是一根软绳。浑圆内功要站出外柔内刚——里面的刚、紧要撑起外面的这个柔。我们会体会到松柔的身体绷起来了，有了弹性。我们要站出这个状态、这种滋味。

你最后一定能体会到外在柔软当中，里面有了一个刚、有了一个支撑，如同绷紧的琴弦。这个滋味、这个感觉需要在具体功法修为过程中站出来一种真实感悟。这样我们就不只是在精神层面有一种刚强的意志、一种刚正不阿的精神了，而是在身体当中，也产生了一个具体的作用和感悟、一种滋味。

浑圆桩功就是要站出这种合一的状态。合一的状态就是内刚和外柔的合一。内刚要体现在外柔当中，柔中的刚才是我们所求的内刚。所以要把内和外、刚和柔分而合，不同而合，刚是刚、柔是柔，但是刚离不开柔、柔离不开刚。

《杨氏太极拳老谱》阐释得非常清楚："太极之武

事，外操柔软，内含坚刚。"这就是说，外在是柔软的，但是里面有一个刚在和它相合着，在支撑着它。这才是我们所求的合一的太极状态。

这个问题提得非常好，因为在浑圆桩功的修为过程中，就是怎么做到内刚外柔，怎么做到刚柔一体，怎么做到内外合一。这是浑圆桩功具体功法修为的一个核心要求。

学员B：老师您好。我有一个问题。以前老师讲过一横一竖是丹田，也讲过处处是丹田。我在想，我们常常说的丹田就是上丹田、中丹田、下丹田，从这三个丹田可以引出三个横，但是处处是丹田好像这个横到处都存在，沿着虚中线也是如此吗？

李光昭：这三个丹田虽然都是丹田，但是它起到了不同作用。我们说神、意、气是太极内功修为的三个要素，丹田是身体的动力所在。下丹田要沉气——气沉丹田，指的是下丹田是我们的气机所在、动力源，发动机就在这个地方。上丹田主神，是出神的。出神是通过上丹田来反应。中丹田是聚意的。三个丹田对应的是神、意、气三个方面。

神、意、气各司其责，但是互相之间又离不开。离开了意和气，就不可能出这个神。神表现为气、意的相合。

修为太极内功就是要将意、气、神，及有形身体四合为一——神意气形。我们不是不要有形身体，但这个有形身体要在相合的神意气统领下，合成一个完整的我的状态。

所有完整的事物都要分出一二三、上中下。所谓"道生一，一生二，二生三，三生万物"，合了这个三，有了意气神，才有形的所有变化——大的小的、快了慢了、多了少了。所有的变化，都是在意气神的统领下产生的，所以三生万变。

在具体修为的时候，要把意气神和我们的形合一，合出一个完整的体。这三个丹田都是一横和一竖相交的关系。有了一竖和一横，就形成了一个圈，三个丹田就是三个圈。表现在形上，通过横竖开合，就把我们的身体撑圆了。

我们也可以通过汉字来表达横与竖的关系，比如说"丰"字是三横一竖，表示丰收、丰满、圆满；"球"字，左边一个王、右边一个求，求这三横一竖就形成球——求了半天，离开这三横一竖就没有这个球。

我们说横竖相交就交出来上中下三个丹田。开合的时候，是横上捯。捯到哪儿？捯到丹田上。横开的时候开到这个丹田上，合也合到这个丹田上。所谓拿住丹田练内功，就是拿住这个丹田的开合——横竖的开合变化去体悟它。

　　在站浑圆桩功的时候，要牢牢地把握住这三横一竖。一竖加这三横，相交出这三个丹田，鼓荡开合都在这儿。这样形上所有的变化都是因三个丹田的开合所产生的结果。站浑圆桩功就是要站出这三横和一竖，就是求这个球。

下篇　功法篇

第五章　抱球势

一、意在身外求

浑圆桩功的第一个功法是抱球势。这是浑圆桩功功法的基本形态。浑圆桩功从抱球势开始，后面所有功法都在这一势的基础上开展。

应当注意，无极桩功当中所有求的、修为的意和形，在浑圆桩功当中是始终贯彻的，所以浑圆桩功和无极桩功并不是没有联系的两种功法。也可以说，浑圆桩功就是无极桩功基础上的又一个层次的修为，离开了无极桩功就没有浑圆桩功。因此修为无极桩功要求把握的十八个部位的意，需要通过浑圆桩功加以检验。

也就是说，你能够把浑圆桩功的形和意体悟、把握得比较准确的时候，无极桩功在里面一定是起到了非常重要的作用。

1. 身内身外之意

太极内功是身心双修。对于具体功法的修为，不管是无极桩功，还是浑圆桩功，大家要牢牢地把握住两个方面，一个是形，一个是意。只要牢牢地把握住这两个要素，就可以对我们所修为的功法，有一个完整的、明确的认知和把握。我们所有的功法修为都离不开形和意这两个要素的学习和习练。

从形和意的角度，对无极桩功和浑圆桩功做个对比，就会发现两者的不同。从形上说，无极桩功的基本形态是自然垂手而立，这是人站立的基本形态，就是无极状。浑圆桩功是双臂在胸前抱住一个无形的球，这是浑圆桩的基本形态，也是浑圆桩功跟无极桩功最大的区别之处。

浑圆桩功的基本形态是抱球，但在抱球的时候，要始终贯彻无极桩功中对意的要求。在抱球的时候，百会上提之意，竖颈、收颏之意，挂肩、垂肘、塌腕、展指之意，含胸拔背之意、空腹活腰之意，坐胯敛臀，圆裆、扣膝、舒踝，足下平松而落，所有这些意的要求在浑圆桩功当中无一例外都是要贯彻的。这里需要强调一下，从形上来说，无极桩功和浑圆桩功有所区别，但是从意的角度说，无极桩功十八个部位的意，在浑圆桩功当中是完全保持贯穿的。

从意的角度，尽管无极桩功十八个部位的意在浑圆桩功中要贯彻始终，但是无极桩和浑圆桩也存在着不同。无极桩功是身内求意，用百会、用颈、用肩、用胸、用背——具体的形来求意。到了浑圆桩功，虽然还是求意，大家会发现它是求身外之意。要抱的这个球在我的身之外。在我身之外有一个球，我来抱这个球，所以意在身外求。

从意上讲，这两个功法虽有不同，但是在浑圆桩功所求的身外之意中，已经包含了无极桩功对各个部位的身内之意的要求，这一点大家一定要去理解和把握。

因此，从形和意两个方面把握浑圆桩的具体要求的时候，要和无极桩做个对比，看看它们之间有什么内在联系，有什么样的区别，有什么样共同的要求。这是我们首先要把握、认清的。

2. 由无极式到抱球势

无极桩功和浑圆桩功，对形和意的要求虽然有不同之处，但内在是相互作用、相互联系的，两者密不可分。这是我要强调的第一点。

第二点，浑圆桩功从形态来说是抱球势——胸前抱着一个球，但这个球是假想、意想的球。曾经有学生跟我说："李老师，既然是抱球，干脆我去准备一个球，我天天抱着这个球练行不行？"我告诉他不行，因为太极内功修的是意，这个意是假想的，是没有当中要修出一个有来，虚的要修出来实，不是在实上去求实。抱着一个真球

105

和抱着一个虚球去修抱球，最终产生的结果一定是不一样的，一个是实上求实，一个是虚而实之，这一点一定要注意。

浑圆桩的抱球势是从无极桩自然垂手而立过渡而来，但绝不是简单一站，双手一抱，就可以了。无极桩功和浑圆桩功两者之间有一个内在的联系。大家不要忽视这个问题，这其中涉及浑圆桩功抱球势一个重要的功法内容。

很多人都盘过拳架，不管你盘太极拳哪一式的拳架都没有问题，因为所有拳架都是从无极预备式开始。

无极桩功首先要开步，接下来摆重锤，提落，开到与肩同宽。这个时候是无极式，又叫预备式。也就是说，在太极盘架中，开落叫无极式，从桩功的角度讲就是无极桩。

从无极桩进入到浑圆桩，从拳架的角度来说有一个起势。这个起势就是浑圆桩功的起势，从这开始进入到了抱球。通过起势，由无极桩功进入到了浑圆桩功的功法修为。所以，浑圆桩功第一个功法抱球势的第一个重要内容，就是如何做好由无极式——起势进入到抱球势。

3. 四意

如何做好起势？虽然起势是一个连贯的、完整的动作，但是我们把它分出了四个内容，这四个内容包含在一个形的状态下，有四个重要的意的内涵。大家永远要记住，太极内功的修为是以意的修为为核心，是通过形来求这个意，所以对意要解剖、细分、细品。

（1）内涵

第一动的意，叫欲起先落。怎么做呢？打算起来了，先要落。也就是说，要起的时候，先要落下来。为什么要落呢？因为要抱的这个球，虽然是假想的，但要把它想真了。在要抱这个球的时候，先要找到这个球，要有一个真切的球，才能去抱它。这个球不在别处，就在你的身前，所以要假想身前有一个真实存在的球。第一动的意是要抱这个球，必须先落下，这时候形随意走，有一个向下落的意，这个形要随意而松落。这是第一意，欲起先落——欲起先要落，形随意落。

在这个过程当中，一定不是走这个形，而是意在胸前这个球上，要去和这个球相抱合。

捧住这个球以后，就要把它捧起来。在这个欲起先落的过程当中，大家要记住，第二动的意不是落就是落，而是落下来以后，随落还要起。所以，第二意就是随落而起。这里要注意，落起不是落下、捧起，落下、捧起是两个动作。这里的落起是"动之则分"，是两个意合一的，在落当中有一个随着落要起的意。这是第二意的要求。随之有一个起的意，在起的意的引领下，这个形会随着意徐徐地把胸前这个假想的球捧起来。

在随落而起的过程当中，不是只有起之意。第三动的意的要求，形虽然是在起，但是在起当中还要有落之意。不是起就是起，起当中还要有落之意。形是在起，但是意一定是在向下沉落。为什么在第三意的时候要有一个随起中要有落呢？因为虽然我们手里边捧的球是意想的、虚的意的球，但是这个球大家一定要感受到它的真实存在。它是有一定分量的、沉甸甸的、真实的意球。意虽然是虚的，但是要品出来一个真实的厚重之意。在往起捧的时候，这个球受到重力的作用，有一个沉甸甸的向下落的意。因此起中要体会出有落。

为什么起中要有落之意？大家一定要记住，我们是反向求。也就是说，捧起这个球，从形上说，向上是一个结果。之所以能够捧球向上起，它的动力不是在向上，动力的本原恰恰在它相反处，它是在向下——有一个沉厚向下之意，产生了一个反作用的向上的升起。其实所有的运动都是这样。你看鸟想向上飞起来，它一定要向下蹬。我们这只手往上抬，一定有一个向下的作用。飞机起飞、火箭升天的时候，动力是向下喷，向下喷以后才产生了一个向上腾升的力量。动力是向下，结果是向上的。起落是相反相成的。

　　因此，在做抱球势起球的时候，它的动力恰恰是在反向的向下的意上，也就是《太极拳经》告诉我们的："如意要向上，即寓下意。"形和意这两个是"此两者同出"，但是相反相成——一个正一个反、一个上一个就要下。浑圆桩功在抱球起势的时候，在起的过程当中就要体会一个形一个意、一个起一个落，它们同时合一，又是相反相成的。

　　抱这个球起中要有落，在落当中落出来一个向上的抱球的起，最终要起到胸前，起到膻中穴这个位置。在起中落的时候，到膻中穴这儿就止住了吗？我告诉大家，从意的角度来说是止不住的，一定有一个继续向上之意。

　　比如说，要想刹车的时候，你虽然点了刹车，但是这车还要向前冲一段距离才能够刹住。当然这个刹车的距离，像《拳道中枢》上说的："大动不如小动，小动不如不动。"刹车性能好，车可以马上刹住。一定还有一个前冲的力，只是刹车的相反力瞬间跟前冲力平衡了。因此，在刹车的时候，向后的刹车力与向前的冲力是同时存在的。

　　同样的道理，当徐徐向上抱球，抱到膻中穴这个位置的时候，还有一个向上的意，这个时候要起而回落——虽然是起，但是有一个回落，回落回到哪儿？正好回到膻中穴的位置上。这是第四意，起而回落。

（2）具体体会

浑圆桩功第一个功法抱球势当中的第一个重要内容是抱球起势，这个起势分了四动。

第一步从预备式开步，进入到了无极式，也就是无极桩。双手自然垂立，两足与肩同宽，意不在两个脚上，而是在我们的虚中线相交合的这个点上，所有的部位——提顶、竖颈、收颏、叩齿、挂肩、垂肘、塌腕、展指、含胸、拔背、空腹、活腰、坐胯、敛臀、圆裆、扣膝、舒踝、落足，都要有。

由开步到无极式以后，要用一两分钟的时间体悟一下无极桩功各个意的要求，是不是十八个意在这个状态下都已经合二而一，合回一个滋味了。这个滋味就是无极态的滋味。

下一步进入到抱球势的起势，首先形未动，意先行。用意感知到了胸前落着一个圆圆的球，这个球你意想是木球、石球都没有关系，但一定是以假修真，用意念感知到了这个球的真实。球没有动，形也不动，意动。

第一个意是欲起先落。要想把这个球捧起来、抱起来，我就要先落下来。徐徐下落。这个时候我们的目标是胸前这个假想的球，要想找这个球，必须把自己有形的身体随着意松松的全部和这个球相合起来——松落我们的形

110

去和球相合。这时候人和球合为了一体。

当人和球合为一体以后，在落的过程当中，要有一个随落而起的意，不能落死了。是随落的过程当中就要有一个上提起的意，这是第二个意，随落而起。

正因为随落而起，在落的同时有起的意，才能够无间断、无断续。当和球合了以后就随着起这个意，把球徐徐地捧起来了。在球捧起来的过程当中，这个球有一个向下落。正因为有一个向下落的意，我才把球徐徐地捧起来了。这是第三个意，起中有落。

捧到肩这个位置，就要起而回落，回到膻中穴。这个时候我的胯随起而落，完全落坐了。这是第四个意，起而回落。

4. 轻重、起落

在做四动起势的过程当中，从形和意上要把握住两个核心要求：①通过起势，要用意体会到轻和重的关系；②通过起势，要用意体会到起和落的关系。

我们做起势，分这四动，就是为了让你从形和意上，深刻地体悟和把握住轻和重、起和落之间内在密不可分的联系。要尝到它们之间内在的相互作用的滋味。

把握了轻重、起落，从而进入到一个什么样的意当中来呢？也就是轻和重，不是绝对的轻就是轻、重就是重；

轻的时候要有重，重的时候才能是轻。同时大家要把握住，起和落这两个从形上讲，一个是向上起、一个是向下落；起是起、落是落。但是在做起势时，起和落是密不可分的。形在起的时候一定有一个落之意，在落的时候一定有一个起之意，它们是对立的两个部分。如果把轻和重、起和落的对立看作是阴和阳的话，就需要把它们合起来，轻和重合二而一，起和落同样合二而一。

通过这四动，起势在修为一个什么样的核心内容呢？在修为一个什么主体呢？那就是"分阴阳合太极"。一分一合，分的是一个轻一个重、一个起一个落，但是要把它们合起来；轻就是重、重就是轻，它们同时存在；起中要有落，落中要有起，起落又合一了。一就是太极。因此，在分的过程当中，要品味出太极的味儿、合一的味儿。这才是无极桩功和浑圆桩功要修为的核心内容与主体。

当然我们不是就理论来说阴阳和太极，而是要实修实证。在轻重、起落、分合的过程当中，体会出来两个完全不同的内容要素，而且要合出来一个滋味。所以，修为的关键是品味——品出合出来的那个太极味儿。

人们经常说禅茶一味，这是要把两个完全不同的要素合到一个味上。一个甜一个咸，甜是甜、咸是咸，如果把它们相合，就合出来一个既不是甜也不是咸的味道。这个味道只可意会，很难用文字、语言表达出来。但是你可以品尝，可以真实地知道这个甜和咸合出来的一味到底是个什么样子。

尝到这个滋味以后，就有了鉴别力。两个对立的东西合一没合一，你马上就可以用这个味道鉴定、鉴别、甄别出来。所以抱球起势不是一个简单的形体动作。

二、四动

1. 举轻若重

欲起先落、随落而起、起中有落、起而回落，这四动的要求大家要细致去品味。这四动的要求当中，我想从意的角度进一步给大家分解、分析一下。

我们要从四动里面品味出四个内容来。第一个内容，举轻若重。这是通过四动抱球起势，要把握住的一个意的主旨。这个球是假的、意想的，是虚的，虚的球很轻，但是要轻出来一个重的意来。

刚才我讲了，抱这个球的时候，抱的是一个虚的球，但是一定要抱出一个很重的感觉、一个味道，我们叫举轻若重。通过举轻若重，这个虚的球、无的球才能无而真有、虚而真实。因为它产生了一个真实的感觉——无的有了、虚的实了。实在哪儿？它很重很重，要有一种重的感觉。

　　为什么我们不抱一个真的、实的球去练呢？因为抱实球练的是力量，我们练的是意。为什么要练意呢？为什么要从举轻若重开始练、去体悟它呢？我告诉大家，所有修为都是修为的体，有体将来才有用，体、用两个是合一的。体是为了用，有体才有用，这是因果关系。

　　有了这个体，才有了体的具体应用。体是把没有的修有了，虚的求实了，把轻的修重了。等到用的时候，这个体为什么有用呢？因为你在平时已经把没有的练得很重了，当真正用的时候，有了对手了，真正有了一个很重的、实的对手的时候，你才能够做到跟他相反，才能够真的做到举重若轻。

　　之所以要修无而生有、虚而求实，要修举轻若重，就是为了将来有而回无、实而虚之、重而轻之。当遇上很强大的对手的时候，你根本就不拿他当回事，他的实和重，你会觉得非常轻，因为你做到了举轻若重。所以这是一个体和一个用的关系。我们修的是体，得到的结果是用。在修为四动的过程当中，大家要牢牢把握住的第一个意上的主旨就是举轻若重。

　　同时大家要注意，太极内功有一个重要的要求，就是要把虚的修成实的。意是虚的，要把它实了，这种实不是一种语言和理论上的实，是真实的感觉。这种感觉是厚重的。王宗岳《太极拳论》中有这样一句，叫作"左重则左虚"。很多人认为虚不是轻吗，怎么能够是重呢？恰恰我们就是重在虚处，这才是意，这才是把意由虚而真实。真实的一个结果是厚重的，是沉甸甸的。只有意上厚重了，沉甸甸的，虚的实了，这个有形的身体才实而虚，才不滞重、才轻灵了。由无极桩功到浑圆桩功的抱球起势过程中，就是要把握住重在虚处的这个意，以举轻若重来体会虚的意的厚重的真实。

2. 一动无有不动

第二个内容，"一动无有不动"。在做这四动起势过程中，从意上对于动和静有一个重要的要求，叫作"一动无有不动"。也就是说，在和这个球相捧合的时候，不是就用两个胳膊去抱这个球，而是要全身心、由手到脚全体地和这个球相合在一起。这样在起落过程中是一个整体的动作，不是一个局部的动作。这就是"一动无有不动"，全都动。

随着捧这个球，全身心动起来，把这个球捧起来了。这里牵扯到一系列问题，怎么才是全体的动？如何才能够做到全体的一动无有不动？对"一动无有不动"这句拳论的内涵如何去理解它、认知它？弄明白这些问题非常关键。

很多练太极拳多年的人，包括一些老师级的爱好者们，往往从字面上理解"一动无有不动"就是全身都动。其实全身都动是结果，他并没有真正理解"一动无有不动"的真正内涵。

"一动无有不动"后面四个字"无有不动"是结果。怎么才能做到无有不动、全动？关键不在后面这个结果，而在前面两个字——"一动"。怎样"一动"才能够达到"无有不动"这个结果呢？要理解"一动"，首先要理解"一"是什么。"一者意也"，意就是一。一动就是意动。看似是形在动，但一定不是形自己动，一定是随意而动，是这个"意"动，形才随意而动。这是关于"一"的第一个重要要求。

第二，虽然是身体各部位都动，但一定是合一的，一定是合到了"一"上。合到"一"上以后不是万动，是一动，因为合到"一"上以后，"一"一动所有都是被这个"一"所动。这时的关键就是怎么去合出"一"。合不出"一"就没有"无有不动"，就不能够动。不是"一动"的动，就是乱动、散乱的动。所以合一是关键。这是关于"一"的第二个重要要求。

刚才讲了两个重要要求，一是形不动意动，意就是一；二是要合一。怎么才能合一呢？怎么就是那"一动"了呢？

　　大家回想一下，在讲无极桩功的时候我给大家讲了，最后要合出来一个重锤，这重锤就吊在丹田的丹上。丹是这个腹部的空而实是发动机。就像汽车一样，轮子自己不动，轴自己也不动，哪儿都自己不动，都由发动机动以后，把动力传递到各个部分。所以汽车各部位的动是被动的，动力的源头在发动机。

　　如果没有发动机，光有汽车的空壳和四个轮子，这不是汽车，是手推车。要想动它，就得推着它走。我们是靠内部提供的动力，这一动是发动机动。怎么动？意动。形的动是被意所动。被哪个意动？丹田的丹——发动机。

　　在做浑圆桩功起势过程当中，你要动起来的时候先问一问，意动了吗？哪个意？丹之意。形起的时候，先要静下来，把发动机点燃，这是修为当中一个重要的过程。就要像发动汽车一样，打火，把火打着了以后给油，发动机开始压缩，压缩以后这几个冲程由油化气产生了压力动作。这是首要的，这叫一动，也就是发动机动。而不是我们说做起势，什么发动机不发动机，反正我抱着这个球就起了吧。那你就是在推手推车，不是太极内功的起势。

　　要发动，先要静下来。静心凝神，周身松通，呼吸自然，点火发动，让发动机产生一个强大的动力。当丹田的丹产生了动力，一动以后，才开始无有不动，这是我要告诉大家的"一动无有不动"的真义。做四动的时候，一定要从这儿入手，才真正有了"一动无有不动"——由发动机的一动驱动整体的无有不动。这是要强调的关于意的一个主旨。

3. 节节贯串，完整一气

第三个要求，发动机发动起来了，在动的过程当中，不是发动机一发动，汽车轮子就能够转起来。它是有驱动装置的，是一层层地把动力传递过去，这样才能够控制住它的快慢，它的左转右转，它的变化。

在无有不动过程中，大家在意上一定要把握住《太极拳论》所说的"节节贯串"。当手能够捧球的时候，它的动是由发动机一步一步、一层一层传递过来的。那么，在做起势的时候就要反复检查，发动机的动力是不是经过了变速箱到了主轴，到了前后驱动，然后一动无有不动，把球徐徐地抱起来。这个过程中只有做到了"无缺陷、无凹凸、无断续"，才能真正做到"一动无有不动"。

在这个过程当中，由发动机到驱动到最后的无有不动，每一点、每一层都要细品慢进。不是做一个动作就完了，要在这个动作当中慢慢地品尝里边的味道。

品茶和喝茶是两个范畴，都是茶，一个是我渴了，拿着一大杯子茶，咕咚咕咚喝了；一个是小口慢品，工夫茶，一点儿一点儿品茶里面每一个层次不同的变化，品那个味道。那个味道是极其丰富的，要用意去体会。做四个动的抱球势的起势，就是在品茶。不是练一个形体的动作，是通过形体的动作分出了四个阶段，去细品每一个阶段的真实的意味。这是起势当中第三个意的核心——细细品味。

4. 动之则分，起落合一

第四个内容，在做起势过程中，分了四动，其中一个要品动之则分。动之则分指的是意分两个不同的意，但是它们又同出，要合在一个意上，最终是两意合出一个意。

具体到四动的起势，要合出来什么意？分出来一个起一个落，这是完全相反的两个意，起是向上，落是向下，但是这两个要同时存在。也就是，起和落是一。起和落本来是二，一个起一个落，要把它们同起来、合起来，合到一。

怎么合一呢？不是把起和落捆在一块就是合。合是什么？学过化学都知道什么是合，化合反应，合是化。能不能合的关键在于化。虽然把起和落合起来了，但是通过化以后，不是物理的合，是化合，合出来一个第三态的状态、一个物质、一个滋味。这个滋味里面是起和落，但又不是起也不是落，而是合出来一个起落相合的新的状态。这个状态就是"一"。合出的这个状态就是太极态。

我们从哪儿去体会呢？抱球起势就是一个起一个落。大家要记住一定是在落当中同时要有起之意，在起的过程当中，同时要去品味这个落之意。要品出起中有落、落中有起，起落合一。"此两者，同出而异名，同谓之玄"，那个玄妙、美妙的意味，就在于这两者化合以后同了、合一了。这是在修为浑圆桩功四动起势过程当中要把握住的一个重要的意的要求。

三、四意合一

这四个方面，大家一定要细细品味，分有四动，最后是合一的，要体会出一个味道、一个滋味。怎么把四动最后合出来一个又举轻若重，又一动无有不动，又能起中有落、落中有起，起落合一的太极起势呢？

1.曲中求直

下面我强调一下怎么合，大家要把握住"曲中求直"这四个字。做到了曲中求直，刚才所说的这四动、这四个意最后就能合一，完成一个完整的太极起势。

如果起就是向上起，落就是向下落，这个结果是直的。直起直落不行，起不来也落不住。怎么办？走弧——曲出来这个直。只有这样才可以做到举轻若重，将来用的时候才能举重若轻。要真正做到动之则分，起中有落，落中有起，四个动最后连贯成一个无断续的太极起势，就要做到形曲意直，曲中求直。

怎么做呢？起势不是直接起，而是要有一个弧，要画一个圆；球是圆的，我抱球所走的起和落的途径也要是圆的。由下起到上，目标是直的，但是所走过的路途、途径是在曲当中达到直的结果。

有很多练了太极起势的人，真正到了有敌人的时候，他起不来，因为他总是用力直起。你想直起的时候，对手用直的力压住了你的直起，你只能靠力大打力小。我们是形曲、是化，但意是直的。当我要起的时候，他想摁住我的直，我恰恰是曲。在曲的过程中，他直的力，由于我的曲，就被化掉了。

大家注意，在做起的时候，在体会曲中求直的时候，要感受到一个球的真实。这是体。将来用在哪儿？在"无敌似有敌，有敌似无敌"。也就是说，在做起的时候有了这个球，当用的时候，对手就是球。我和对手都合到了一个球上，我起的不是对手，而是起的这个球，对手无非是我的这个球。球是虚的，对手是实的，实的对手落到了我虚的球上，我就能够做到举重若轻。

怎么做到这一点呢？就是把对手来的力掉到虚里面。怎么掉到虚里面呢？把它化掉。怎么化呢？一个是我意的球是在虚处，一个是我在曲当中化掉了他直来的力。所以在做起势的时候，大家要注意，有一个意在曲当中找。这是一个很重要的要求——曲中求直。

在浑圆桩功做起势过程当中，我们抱这个球。这个球是虚的，要把它抱实了。一个虚一个实，虚而实之。要想这个球实了，有形的身体就要虚，实而虚之。这里发生了一个虚实的转换。

2. 阴阳变转

在抱球的过程当中，要用四动起势去体会老子告诉我们的阴和阳之间的关系。老子告诉我们要"负阴而抱阳"。我们的动力是怎么来的？宇宙万物为什么会有生死、发展、变化这样的结果呢？就是因为负阴抱阳。阴和阳这两个要素，一抱一负，"冲气以为和"，在一块冲和的过程产生了巨大的能量和作用。

这就是我反复给大家讲的，水库把水位提升，然后由高向低冲，水就产生了巨大的能量，就像老子讲的"高下相倾"。一个阴一个阳，它们向一块冲和的时候，内在的能量就释放出来了。我们也一样，要想把球捧起来，一定要分出来阴和阳，分出来两个的不同。这两个不同，要"负阴抱阳"。也就是说，我们抱的这个球的意要实，抱实了它，阳在球之内；阴是阴柔，这时候有形的身体要松通、要柔，同时还要抱住一个厚重的真实的球。

这时候的身体实的转虚了，虚是阴，我们说实而虚之，它由阳变成了阴；这个球由虚而实之，阴转成了阳，此时阴阳就发生了变转。所以在做四动抱球的过程当中，要体会阴阳之间"万物负阴而抱阳，冲气以为和"的内在变转关系。

有一些学中医的朋友，给我提了一个问题："李老师，从中医上讲，咱们是背为阳、腹为阴，你怎么讲背是阴、腹是阳，正好相反，这怎么解释呢？"在这里我想借这个机会作个解释。

两种说法是不是矛盾？也是，也不是。说它们矛盾，从中医上讲，从人体讲，任督二脉一个阳一个阴，分得很清楚。为什么从这个角度说背为阳腹为阴？这个阴阳是怎么分的？人身阴阳是根据天地阴阳划分的。天为阳、地为阴，这是站在宇宙万物角度上去看阴阳，天在上，上为阳，地在下，下为阴。作为人来说，生活在天地之间，在远古的时候，没有进化成直立行走的人的时候，我们和动物是一样的，是四脚爬行的。在那个时候，背朝天，上为阳，我们指的背是天，天为阳，背为阳；肚子、前胸是朝地的，地为阴，所以腹为阴。

太极内功的修为，就是老子告诉我们的"反者道之动"，要想找到那个阳，就从阴当中去求阳，也就是阴极而阳动；要想找到这个阴，就从阳当中去求，阳极而阴生。"反者道之动"，我们要反向求。

在修为过程当中，阴阳要相合、天人要相合。天为阳，要跟它相合，就要以阴去合，才能合出一来。这个时候天为阳，天在上，我的后就要是阴。本来地为阴、前为阴，但是要前为阳，阴阳才相合。所以发生了阴阳的变转，这就是阴和阳两个发生变转以后的合。

从这个角度去理解，在站无极桩功到浑圆桩功的时候，有形的实中线——这条大椎实而虚之，才真的能够合于阴阳，而无形的虚中线要用意虚而实之，由阴而阳，这就发生了一个阴阳的变转。所以从中医的角度讲，后阳前阴，和太极修为过程当中阴阳发生变转产生的阴阳之合不矛盾。

在站的过程当中，从阴阳的角度去体会它们之间"负阴而抱阳，冲气以为和"——阴阳之间发生变转，这种变转的结果只有一个，天人合一。因为宇宙三才（天—地—人），一个上一个下，人在天地之中。"人法地，地法天，天法道，道法自然"，要天人整个合起来，就要把有形的我化无了才去跟天合，才能合出一个"道法自然"的结果。我们现在改变的不是天，不是地，而是我。从无极桩功到浑圆桩功，都是要化自己，把有形的我化无了，那个虚的、无形的我才能真实了。这样阴阳、虚实相合以后，才达到了一个天地人合一的太极的结果。

　　抱球势里面第一个重要内容是由无极桩到浑圆桩的起势四动。这四个动的核心是一个形一个意之间的内在的关系。在这个形的变化过程当中，从意的角度上分出四个阶段、四个节点。这四个节点主要涵盖了两个核心内容：一个是体会轻和重的关系，一个是体会起和落对立统一的分合关系。在两个核心部分（轻和重、起和落）分合过程当中，要把握住四个要素：一是举轻若重；二是一动无有不动；三是动之则分，起中有落、落中有起；四是节节贯穿，完整一气。在形和意完成一个起的动作当中，贯穿着一个核心主旨，就是曲中求直。

问　答

　　学员A：老师好。我有一点点不太清楚，老师讲到曲中求直，做的示范好像就是两只手，手背朝上，这样子往上，但是前面示范的时候，好像这个躯干是直落，不太一样。就是说，在做抱球势的时候，我们的躯干、我们的身体有没有直落，还是说只是我们的手在做一个曲中求直往上的动作？不知道我的问题清不清楚，就是我们做抱球势，身体是不是有起有落？

　　李光昭：是的，我明白你说的意思，我理解，你问的是不是在意上有起有落、起落同时存在的时候，我们的形是不是也会随着意起中落？如果是这个问题，我告诉你，形上也会有变化。形永远随意而为，但是形上的起落不是自己的主动，是随意而动。当意上有起有落的时候，我们的形往上起的时候，一定有一个向下的松落、向下的沉落。这时候的沉落是意上的沉落，因为起的时候我们在向上起，起什么呢？在修为无极桩时，最后要合出来一个重锤。在浑圆桩抱球势中，起的时候，起这个球之重和重锤之重是一个重。起这个球的时候，实际上在提这个重锤。当提这个重锤的时候，这个重锤一定有一个向下不让你提起来的相反的重力。我们的身体在这两个意的作用下，就会产生一个在起当中随着意有一个沉落；当在落的时候，它一定还要有一个起，它是起—落—起—落。《十三势行功心解》有一个说法，叫作"往复须有折叠"。实际上在这个过程当中，它是一个折叠的动作，有上有下。当往下的时候，它就要往上；当往上的时候，它要往下。所以形随意而动，依然是相反相成。

你这么理解我觉得没有问题，如果我理解的问题是这样一个问题的话，形上同样存在着起和落两种变化。当然形是随意动，它不是自己主动，一定是意动它才动，意分了一个起一个落，它在起当中要有落、落当中要有起。

在抱球的时候，这两只手是抱着球起落。但是在这个过程当中要注意，曲中求直的时候有一个意。这确实是抱着球，但是有一个意由指领起。我做得明显一点，在抱球的时候，有一个意在指尖领着我们起来。大家可以在具体修炼过程当中反复去体会它。这两个相反相成，形和意之间，一个主动一个被动，但是都是动之则分，形随意动。意分了起和落，形也同时把起和落两个形态合到一个动作当中来。

学员B：老师您好。您刚才提到那个发动机要启动，我自己对照了一下之前我们在学空腹的时候把发动机发动起来，我自己一直没有找到那个感觉，请老师再指点一下，我们要怎么样把这个发动机发动起来？

李光昭：发动机发动起来有两个核心要素，一个是意，用什么去启动这个发动机呢？用意。用意点火以后产生一个什么样的真实的感觉和结果呢？用气。用意点火以后，它一发动起来，气开始产生了动静，那个气开始鼓荡了，由小到大，由弱到强。为什么说形成一个球以后，里面的气膨胀起来把球撑起来了？它里面产生了一个什么样的鼓荡作用呢？气的鼓荡不是在形上，可是我要从形上让你感知到里边的气是怎样动的。不是这个形动，一定是里面的气动。形没动，但是里面的气在形的表现是一呼一吸、一屈一伸。也就是说，静要出动势。浑圆桩功在形静的过程当中，要静出来一个以意导气，气在体内随屈就伸这样一个鼓荡的变化。这样发动机就发动起来了。如果形是静的，不动，里面也没有气的鼓荡，这就是发动机没有发动。区别就在这里。

大家在站的时候，形静的目的是让里面产生一个真实的气的鼓荡。随屈就伸，有一个变化的真实，那就是发动机发动以后产生了动力的一个结果。大家要体会里面有没有动静，有没有这种屈伸、这种鼓荡的真实感觉。由意的引领导出气的鼓荡，这是修为浑圆桩功的时候鉴别发动机是不是产生了内动力、内气鼓荡的方法。它是一种真实的感觉。

这个问题提得很好，很重要。从现在开始，大家就可以由意启动发动机到产生内气的鼓荡，一步一步地去感受它的真实。

学员C：为什么说一个起势就涵盖了太极内功全部的内容呢？

李光昭：起势的动作看似很简单，但是它里面一个起一个势，合起来才是我们所要完成的这个起势。这个起是什么？可以说起是外，势是内；起是有形的、看得见的、外形的；势就是看不见的、内在的那个意。一个外一个内、一个形一个意，太极内功就是用内外、形意来修为一个阴一个阳。所有太极内功的修为都要把阴和阳这两个对立的要素，在自己的身心当中去体会它们之间的关系，能够把它们完美地统合到一起。一个阴一个阳合起来就是太极。所以，一个起势就包含了阴和阳的分和合的全部内容。

起是看得见的形，是外；势是内在之意，这两个之间到底是什么关系？形起是外在、有形的动作，大家看得见；势动是内在、无形的动作，大家看不见。内外之间是一个主一个辅。要以内为主，以外为辅，外要服从内的指挥。在做起势的过程当中，大家一定要牢牢把握住这一点。

怎么去体会这两者之间的关系呢？当做"起"这个动作的时候，能看到的是身体在动——形在动，看不见里面的"式"——内在之势的动，因此片面认为这个式不动，是有形的身体在做起的动作。实际上完全相反，是里面内在之势在动。

通过起势要做到外形看似在动，实际上它自己不动。它为什么会动呢？因为内在之势在产生一个内动力，这种内动力推动着、催动着有形的身体随势而为，随着内动力来做外在的动作。外在"起"这个动作根本的动力所在是在内不在外、在意不在形。我们从这个角度去理解，不但分清楚了一个内一个外、一个形一个意，同时也分清楚了一个动一个不动。

我们所看到的外在的"起"的这个动作、有形身体的这个动作，它本体、本身是不动的。所看到的这个动，是因内而动。也可以说，它是被内催动，是被动，它的动是不动之动。

如果不动叫作静，那么有形的身体是静的，它之所以动是由静、静而有动。这个动是它自己静以后，由内动而产生的一个外动。它的本质是什么？所有的形动都是表象，根本原因在于内在之势。

太极内功的修为修的是有形身体不动，身体是静的。但是一说静、一说到不动，就以为它不能动，这是一个误解。为什么要让这个有形的身体静而不动呢？因为它只有不动、只有静才能够服从意的指挥，能够被内在之势所催动。这个身体不动之动才使身体本身产生了一个真正灵动的结果。

要想让身体不动，不是练它不动，而是练它真动。这个真动是不动而产生的动，这才是有灵性的动，才能够随势而动、随意而动，才能够做到该怎么动就怎么动——该快则快、该慢则慢、该屈则屈、该伸则伸，才能够让自己不动的身体产生一个按需要该怎么做就怎么做、该怎么动就怎么动。

太极内功通过起势告诉大家，归根结底，要以内为

主，要练内在之势，要练内在的强有力的动力，最终要把
有形的身体打造成一个能够随机而做、随势而为的有灵性
的身体。

太极内功是以修心为主，以意修为主，很多人就以为
不需要这个身体、不练这个身体，就练心、就练意，这又
是一个理解的误区。我们不是不要这个身体，而是要有一
个有灵性、产生灵动的有为之身。

要想把自己的身体打造成有为之身要怎么做呢？很多
人就以为要练这个身体，要让它灵动，就要练它的动、练
它的力量、练它的灵活性。可是太极内功的修为是反其道
而行。当别人都在练身体本身的力量、快速反应的时候，
我们是"反者道之动"，与常人的习惯完全相反，练它的
不动，练它的不主动、不自动。要让身体能够静而待动。
它静静的，里面没有了自己的想法，没有了自己的盲动，
这样的身体才能够产生灵性、灵动。这才是一个真正有为
的身体。

太极的修为简单看是一个起势，其实它里面包含了修为
的全部内涵。我们所有的修为针对的都是自己的身心。依照
太极阴阳之理，对自己的身心进行一个重塑、改造。要改变
有形的身体，要改造它，就要用这个身，以我们的意进行身
心双修，使心、身能够该怎么做就怎么做。

为什么要修不动呢？因为我们要求它的动。动就要

从不动当中去修，这是太极思维。太极思维就是老子的思想、老子的思维。太极内功就是遵从着老子的逆向思维，进行有为功法修为的。

老子的思维是什么呢？所有的"有"都是"无"出来的。老子告诉我们"无为无不为，无为而治"，他提倡的是无为。很多人误解无为就是什么都不做，这是一种糊涂和错误的概念。老子提倡的无为最终是通过无为而得到一个真有为——"道常无为，而无不为"。在太极内功修为当中，我们要自始至终贯彻无为而有真为的宗旨。

也就是说，要让身体产生真的灵动，我们不是练如何动，而是要从不动当中生出一个"无动而无不动"的真动。所以，太极起势就是要让身、形不动，而内意动起来，产生一种内动力。

你在做浑圆桩功抱球势的时候，是不是在验证、在实修外不动而内动、形不动而意动，以内运外？是的话，就是太极内功修为，不是的话，就不是太极内功的修为。很多人练太极拳，起势也天天做，但是练了半天，就是在练一个有形身体的动作，有人把这叫作太极操。太极操和太极拳有着根本区别。

起势贯穿太极内功修为所有功法的始终，包括浑圆桩功的第二个功法"三夹一顶"。我们用"三夹一顶"这个意来寻求形和意、静和动、变和不变、无为而有为的内在关系，来体现所有内功修为的内涵，这样大家就知道太极内功修什么，以及为什么要修。

太极内功修什么？太极内功修为的一个重要要求，就是让有形身体通过意的修为——太极内功以意为主，内修心、外修身，最后打造出一个灵动的、全新的身体。

为什么要修？我们身体产生的所有问题都是因为不修。其实古人对于个人修为有一条重要路径，就是"修身、齐家、治国、平天下"，以修身为本。太极内功就是要让你知道如何修身。修身包含两个方面：一个是有形之身，一个是无形之心。对于有形身体的修，是要对它进行一个重塑和改造。

为什么要对身体重塑和改造？修身体要获得两个结果，一个是健身，保持身体健康。练太极内功不是一味地修心，而身体越来越虚弱、越来越不健康。通过太极内功修为，要得到一个非常强壮健硕的身体，这是修身要获得的一个结果。同时，当这个身体受到不法伤害、外来侵害的时候，要能够保护自己，我们叫防身。一个健身、一个防身，这是修身所得到的两个结果。

为什么要修身体呢？从健身角度讲，很多人在身体方面存在问题，有各种病痛、各种不适。对于这样一个身体状况，要通过功法让它恢复到本来的健康状态。我们发现，身体产生的所有病痛、所有问题，不是有形身体自身的问题，而是心的反应。我们的修为方法就要从修心入手，从意上入手。要想解决身体的问题，不是就着身体去解决，而是要用意。

从防身角度讲，当受到外部侵害的时候，我能够做到不被伤害，能够做到保护自己，这个身体就需要在该反应的时候出现灵性的反应。

正因为存在健身、防身两方面的问题，这个身体做不到该怎么做就怎么做，我们要解决它。解决的方法就是重塑身体，让它具有灵性反应，需要让它怎么做就能怎么做。就像一辆性能优良的汽车，该起步的时候起步非常快，该刹车的时候刹车非常迅速，前进后退、左转右拐，都能够非常灵活的该怎么做就怎么做，这才是我们认可的一部真正有用有为、性能良好的车。

我们的身体也一样，需要重新打造。要想打造它，就要对身体进行一个脱胎换骨的改变，跟现在的身体告别。也就是说，我们平时用这个身体，不要用它的力，而要用意。常人常常忽略了意的内在主导作用。这就需要对意进行修为，用意来引领和改造有形的身体。

以防身为例，有形的身体是有、是实，当对手用力拿住我的有形身体的时候，我们没办法，只能跟对手比力大力小、手慢手快。当遇上力小的、不如我快的，我当然不会被侵害。但是我无法决定对手是力大还是力小、是快还是慢。当遇上一个手比我快、力比我大的，我就要被动挨打了。怎么解决这个问题呢？归根结底，不是力大力小、手快手慢的问题，而是对手拿住的是我的有形身体，是实的。如果他拿住的是实而虚、有而回无的身体，还拿得住吗？拿不住。他想通过有形的身体侵害我，就无力可施。这是太极内功一个重要的修为内容和结果。

在修为过程当中，要用意把有形身体有而回无、实而虚之。也就是通过无极桩功、浑圆桩功，让你看到有形的身体以为是实际，它还在这儿，还是有，但是它已经不是你以为的那个有和实，它是实而虚的、有而回无这样一个虚空之体。我们的修为就是要重新打造一个真正有为的身体。

一说到实而虚、有而回无，很多人就以为像变魔术一样，把身体藏起来了、躲起来了。身体还是看得见摸得着的，但是对手抓不住、作用不上。有形的身体实而虚以后，如同影子一样，虽然看得见摸得着，但是对手用不上力的话，这个身体就是一个不被侵害的身体。

很多人轻视这个身体。太极内功是身心双修，最终要打造出一个既长寿、健康的有为身体，又能够在受到外在侵犯的时候，从容面对，防身御敌，不被侵害。

学员D：在抱球势收功的时候，如何回到无极预备式当

135

中来？

李光昭：我们每天在功法练习的时候，都要有一个从无极预备式开始到抱球势，然后到竖开横散、内抱外撑，最后收功回到无极预备式的完整过程。

我们现在都是在做无极预备式，也就是处在无极桩功当中。这个时候关键要中正安舒、静心凝神、呼吸自然、周身松通。我们的形是静的，但是意要动起来。我们从无极预备式进入到抱球势，首先意要动。动什么意？动抱球的意。太极起势，身前有一个无形的球，我们要全身心地去拥抱这个球。这是我们第一个意。

也就是说，在做太极起势的时候，由无极预备式到太极起势，实际上就是抱球势。首先要让自己松落下来，全身心地跟身前的球相抱相拥相合。在和它合到一起以后，我和球、球和我已经合二而一了，我在球外、球在我之内。我和球是一，形成了浑圆一体的状态，然后开始做太极起势，徐徐随着这个球而起。

起势分了四动，欲起先落，随落而起，也就是这个球徐徐被我抱起，实际上是这个球在徐徐地向上升，我随着这个球，是在拥抱这个球，我和球一起随落而起。在起的过程当中要起而有落，在起的过程当中除了要有向上起，还要有一个向下落之意。什么叫起中有落呢？当我把这个球徐徐地捧起，随球而起的过程当中是有阻力的，是有难起之意的，这个球本身要向大地沉落。所以在起的过程当中，要有落之意。也就是这个起的过程当中，形看着是起，实际上一定还有一个跟它相反的意同时存在，也就是落之意。当球起到膻中穴这个位置的时候，不是到这儿马上就能够停住，而是像汽车一样，还要在起意的引领下，要起而回落。也就是说，让这个球和我的膻中处在一个相对平的位置上。

当我们做完功法要收功了怎么办呢？要和抱球势的起势相反而为、相反而落。这个时候要往下落。在起的时候是欲起先落，现在要把这个球落回去，回到无极式就要欲落先起，不是直接落下来，而是欲落先起、起而有落。在落当中，大家要注意，形是落的，一定有一个相反的意跟它同时存在，也就是有一个向上起的意。这个球不是垂直落下来，上天这只大手还在提着它。在落当中要有起，落中有起，也就是难落——有一个跟它相反的意同时存在。最后在落当中把球从哪儿来的还回到哪儿去。刚才球是在胸、身前，现在要把它回归原位。回归原位是落，但落中还要有起。起不是直接起来，大家要注意是起而回落，就是球也落下来了，人也回到了无极预备式的状态。起而回落，把自己回落到原来的无极状态。

所有的功法始于无极、无极预备式，经过无极而太极，合太极以后，最后还要回到无极。所有的有是由无而生，生了有以后，这个有最后还要有而回无。无中生有、有而回无。这是整个功法修为当中必须遵守的原则。

大家每天在做浑圆桩功具体修为的时候，都是从无极预备式开始，然后抱球势、太极起势，进入功法的修为，最后收功的时候还要回到无极式。在这个过程当中抱球起势分了四动，收势也一样，相反地分了四动。

从道理上讲，我们要分清楚每一动，做的时候则是一气周流，整个过程要连贯完成。

第六章　三夹一顶

一、形静意动

　　"三夹一顶"建立在浑圆桩功第一个功法抱球势的基础上，修为的主旨就是把有形的身体实而修虚、无形的意虚而修实。

　　"三夹一顶"功法的动作很简单，通过抱球势起势以后，如同抱着一个球。"三夹一顶"可以说从外形上看不见它的变化，没有动作。

　　"三夹一顶"做抱球势的时候，是不是就是静止不动呢？这是我要强调的，形是不动的。"三夹一顶"通过不动的形——形是静的，要求这个动之意。如果形不动、意也不动，我们所站的浑圆桩就是枯树桩，就是一个没有生命的木头。我们恰恰是通过外静要静出一个内动来。

　　"三夹一顶"功法，形是静——外是静的，内里的意要动。意动的关键在于"夹"这个字。"三夹"是哪三夹？也就是指夹、腋下夹、颏下夹。不管是指夹、腋下夹、颏下夹，其核心是夹。

　　中国人吃饭用筷子夹菜，夹所有的东西，很灵活。但外国人吃菜是一手刀一手叉，他们看到中国人用筷子非常灵活，等他们拿起筷子来，就像俗语说的，掰不开镊子了。

　　实际上，中国的筷子文化讲究的就是阴阳合一。两根筷子，一左一右，合到一只手上，在一只手上产生两根筷子一齐动的效果。其实两根筷子就分了左右，一个阴一个阳，又合到了一个动作上——太极。所以筷子文化就是中国太极文化的具体体现，体现的就是中国的太极阴阳之理。

　　什么是夹呢？就是一开一合。要想夹，两根筷子就得分开；要想把菜夹住，必须把两根筷子合到一起。实际上，"夹"的内涵就在体现开和合、分和合。我们想夹东西的时候，要动，也就是开，动之则分，分出左右；夹住东西以后要静，也就是合，静之则合，两根筷子合到一起，合到了所要夹的那个食品上。

　　所谓静之则合，两根筷子合在一起，同时夹住食品，也就是筷子和食物也合在了一起，这时候筷子是静的。只有静，才能够把菜送到嘴里、夹到自己的盘里，这是动，但这是静出来的动；如果没有这个静，两根筷子不合，筷子跟食物不合，没有一个相对的静，食物就没办法夹到盘子里面。

为什么说筷子文化是太极文化，贯穿着太极思想？一个简单的"夹"字就告诉我们，太极的阴和阳，两者之间是"动之则分，静之则合"——动分静合。同时也告诉我们，所有的动都应该是静而有动、静出来的动；静为本，动为用。我们在做"三夹一顶"的时候，就要体会"夹"字的内含。

1. 意如流水

"夹"体现在动上，从外在之形上来说它有动作。这个夹既是形也是意，我们要通过形求里面的意，形表现的是夹，里面的意是开和合。

在夹的过程当中，既有外形的动作，又要体现出里面夹的内涵之意，我们应该怎么做呢？方法很简单，假修真、虚求实。我们不去练形上的动作，形是不动的。这样才能求出那个意之动。

有人说："李老师，三夹一顶的指夹，我就天天练拿筷子夹菜不就行了嘛。"还真不行。我们不是要去夹实，要夹虚，向虚处夹，因为我们求的是意。

在做"三夹一顶"的指夹（本章重点讲指夹）的时候，我们看不见两指之间夹的动作，看不见它的变化，但是我们要动在其内，动在意上。虽然看不见指和指之间所做的动作，但是形不动意要动，一定要有一个夹之意，意

141

要动起来。

站抱球桩，如果形不动，意也不动，这是枯树桩，如同死树。"三夹一顶"要求的不动是要求出那个意的动来。什么是意的动？就是它要变化。意总是在变化的，这个变化建立在形静的基础上。因此，形要静，意要动。形不变，意变。

意怎么动、怎么变呢？有没有具体的要求呢？有。什么样的意是真实的意动呢？怎么做到这一点呢？我们常讲行云流水，意如水，气如云，有了水和气，就动起来了。水和气都属于看得见、抓不住的；你可以抓住冰，却抓不住水，因为水是流动的、是变的。要想意像水一样，我们就要把握住水的三个特性。

①水的第一个特性是老子讲的"高下相倾，前后相随"。水总是从高处向低处流，不可能由低处向高处流。如果我们像水一样，就要从高向低处走。要想意动起来，要动之则分，分出什么来意就能动了？首先分出了对立的两个点。两个点一个高一个低，自然高就要向低处去流；其次分出来一个前和后，老子说"前后相随"，也就是分出前后以后，前一动后就随动，后随前动，前领后动，后催前动。前后两者虽然分出来了，但是它们永远是相生相伴的，它们是合的。

就像用刀断水，你以为刀把水切断了，但是抽出刀以后，水依然还是前后相随的。所以水的第一个重要特性就是高下相倾、前后相随——分出来两个不同。

本章讲"三夹一顶"的指夹，在两指之间，要能分出来一个高低、前后——分出来两个不同；有两个不同差以后，就要向同去合。我们再说意的流动，一定要让它自然而然的，该怎么流就怎么流，就像水一样。水的特征之一，就是分出来高和低、前和后等。只要两者不一样，就会遵循着它们之间的内在关系去动、去变。

②水的第二个特性是见缝插针。水和气都是有缝就钻，总是向虚空处走。当遇上没有缝儿的地方，它要顺势而走，还要去找缝儿。因此水的第二个特征是总向虚空处流。在做"夹"之意的时候，意要向虚处流、向空处走。这就很具体地告诉我们，在做"夹"的时候，意要动起来。这两根手指如同筷子一样，它们是静的，没有夹。虽然没有夹，但是要有夹之意。怎么让夹之意真实呢？要向空处、向两指之间的缝隙去用意。虽然这两个手指没有有形的动作，但意一定要产生这种开合、分合的变化，所以它是动的。

在做"三夹"的指夹的时候，要在指不动的情况下，有一个夹的意。夹的意是动之则分、静之则合，一开一合、一动一静；这个动分静合之意要在虚空处体现出来，要动起来。也就是说，在做指夹的时候，意在空不在实。

不在手指上，我们不是练手指夹的动作，而是要练意的开合，要在虚空处用意。

在做指夹功法的时候，要体会出在虚空处意的变化——内在有开合的动作；手指没动，但是要用意产生一种手指不动之动的变化。如同手指在相互的开合，但是形不动，完全是意动。

形也动、意也动，这两个如果同时动，这个意就不真实了。要想让意真实，就要让形静下来，这样才能在静当中体会出意的真动。

③水的第三个特性是看得见、抓不住。我们在做指夹过程中，用水的这个特性来找到意的变化。意如水，水是无形的，水是抓不住的，是实而虚的，虽然它是有——水有、气也有，但是想抓住它是抓不住的。当意动起来的时候，你想抓住这个意，也是抓不住的。在防身的时候，对手只有抓住了有形的身体，抓住了这个实的身体，才可以说抓住我了。如果他抓住的这个有形的身体是虚的，意是实的，意像气一样、水一样，永远抓不住，那他就无计可施、无力可用了。我们就是要产生这种变化。在"三夹一顶"当中要训练出这种意的真实，因为将来我要用意——对身体要用它的不用，对意要用它的虚而实的真用。

所以说水具有三个特性：第一，水分出来高和低、前和后，高下相倾、前后相随，它总是要流动、要变化的。

第二，水向虚空处流动，哪儿空向哪儿走、哪儿虚向哪儿走。第三，水看得见、抓不住。我们的意要用在虚空处，在空的地方去求它的真实。

2. 得意与得气

"三夹一顶"从指夹开始，在两指之间体会意的变化。什么变化？开合——开合……一开一合、一合再一开、一开再一合，就是夹之意。这个夹是看不见的意的变化。

在做指夹的时候，指和指之间要产生意动起来的、眼睛看不见的，但是可意会的真实的变化。在这个基础上，还要注意不变——要在不断发生各种各样变的过程当中，去体会"夹"的不变之意。

当你在做"三夹一顶"指夹的时候，两指之间在产生着向虚空处的开合变化。但是如果每个指和每个指之间都产生同样的开合变化，这个变就变死了。以为这是在变，实际上从更高一层的变来说，它又变成变不了了。

我们在一个动作里面要层层分。我所传承的太极内功修为很重要的一个心法是"层层可分，永分无疑"。变中还有变，要不断地变。能有多少变呢？无数的变。因为宇宙万物的本质就是在不断地变，变了还要变，总是在产生着各种各样的变化，这是不以人的意志为转移的。

我们就是要在这种不断地变化当中找到一个不变的

主旨。我们不是为了练各种各样的变中还变，而是为了在这种不断变化当中寻求到那个不变的主宰，以它来应对万变。这是修为"三夹"的一个重要的要求。

怎么体会变中还变呢？因为形的变化是死的，意的变化可以随意而变。我们就在这个变化当中，用意的变化去体会各种各样变当中的变。在修为过程当中怎么去体会它呢？要分着变。在变的过程当中，两个指之间一共有8个虚空点，夹了8个球，我们要以球修意。在这个过程当中，虚空处没有球，我们要修为出一个真实的、有弹性的、被两指夹住的球。一共8个球，要感觉到每个球的真实存在。

球是有弹性的，是会变的，你夹它，它就要变。那么，要夹到一个什么程度呢？似夹非夹，太用力往里夹，球就瘪了；不用力夹，一点力都不用，球掉了。要找似夹非夹那个滋味。与此同时，还要注意意的变化。意在哪儿？在两者之间，在有无之间求真意。所以《太极拳论》说"有意无意是真意"。也就是说，在找似夹非夹之意的时候，没有夹之意不行，只有夹之意也不行；又有又无，似有非有，似无非无，那才是真的求出了"三夹一顶"的夹之意。意是变化的，我们要在变化过程当中寻求一个滋味。这是对意的修为要遵循的一个主旨。

在站"三夹一顶"的时候，要深刻体会无时无处都在变，这种变好像是一开一合、一合一开，开合鼓荡的。当你真切地体会到，在两指之间的虚空处产生着又开又合、又合又开这种开合鼓荡变化的时候，就体会到了意的真实。意的真实有一个标准，就是体会到了气的觉知。想知道到底得意了没有，要看是不是产生了气，有了气的感觉，意就真实了。为什么意的真实，虚的实了，就产生了气的觉知了呢？因为意的变化产生了一种开合鼓荡，气的变化就是开合鼓荡。

3. 以意导气

气主宰着生命的运行，气是生命能量的本质。在很多时候气是一种概念，很难把它说清楚，而中国文化的内涵之魂可以说就体现在对气的觉知上。人的身体分阴阳二气，分阴阳合太极，合一以后，阴阳二气合成了一气。阴阳二气不是两个气，是一气，一气才能周流。

一气分了一个阴一个阳，分出了两个不同要素，"负阴而抱阳，冲气以为和"，冲气才流动起来。动的原因就是分了一个阴一个阳。它一流动起来，周流一气，形成了一。当阴和阳不合，不能够流动，不能形成一气周流，气就不通了。

太极内功也讲内气，到底怎么去理解阴阳二气，理解一气周流的气，理解内功所说的内气呢？一说到气，就产生了很多误解，因为人们总是习惯用有的、看得见的、摸得着的东西来定义它。老子《道德经》开篇就告诉我们："道可道，非常道；名可名，非常名。"道是本原的规律，但是它不可说，说了就不是了；就算你不说，它依然是主宰，这是道的特性。我们要在名上去找道。要有名，每个人都有自己的名，我们给每个事物都要定一个名，比如说这叫笔、这叫杯子，都要定一个名。一说到笔，大家马上有一个有形的认知，笔就是这种能写字的、拿在手里的，无论是毛笔、铅笔还是钢笔，我们形成了一个固定的思维模式。

一说到气，大家马上想到的就是空气、氧气、氮气、氢气，想到的就是呼吸出来的有形的气，把它和看得见摸得着的有形的气画等号。其实，这是对我们所言的气的一个理解误区。

太极内功所说的内气，如同道一样，是强名为气。为什么非要强名为气呢？把它强名为别的不行吗？因为太极内气所表现出来的具体作用和特性，和我们所认知的有形的气是极其相似的。从表象来说，两者表现出来的作用是一样的，空气、大气在开合鼓荡中产生了各种变化。它虽然看不见摸不着，但动起来以后就产生了风，让我们可以感觉到它的存在。为什么能感觉到气？因为它鼓荡了，有了开合变化。

　　古人为了区分两种气，一般用"炁"来表示太极内气。什么是"炁"呢？说不清，但它有开合鼓荡的作用，有真实的觉知。它是真实的。

　　空气、氢气、氧气都能够通过检验测知它们的存在。虽然它们有时候是看不见摸不着的，但用现在的手段可测可量，可以找得到，它们的成分也很清楚，氧气是O_2、氢气是H_2，都是一种物质的真实存在，用气谱分析仪都能够把它找到。

　　太极内气是极为抽象的，是不可测、不可知的，因此是强名为气。这种气的真实只能靠意的觉知，只可意会。没有意的感知，就感觉不到它的真实存在。没有任何一种仪器能把内气测出来，所以西方医学对于内气这个概念，从实证的角度是不认可的。但是从根本上来说，它是真实的，我们能够感受到它真实的作用和具体的存在，因为它在我们的觉知当中真的产生了鼓荡的变化。

　　太极内气的变化是怎么来的呢？我们怎么去调整和掌握阴阳二气的一气周流？从中医的角度，可以有各种方法，比如针、灸、药等，调整内气运行，做到阴平阳秘，一气周流，百病皆消。

　　我们自己怎么调呢？有没有一味药能够调我们的内气呢？有的。这味药就是意，以意来导气。我们不用努力去寻找内气，因为没办法找到它，像道一样，它是无而有的，是极其本原的、抽象的。我们要用它，让它为我们服务，这是关键。

所谓内气的运行就是意的变化。意的变化就产生了气的鼓荡。意为因，气为果——气是用意的结果。杨澄甫大师在《太极拳术十要》中非常精辟地指出："意之所至，气即至焉。"就是意产生了气，意到了气就来了。我们要用意来得这个气。太极内功的修为很明确地告诉我们，"在意不在气，在气则滞"。因为一说到气，你就想到有形的气，甚至想到了呼吸，结果越练越滞，僵滞了。我们是通过意导出这个无形的气。只要它产生了鼓荡作用，这个气就真实了。

大家在做"三夹一顶"指夹的时候，要用意的开合作用产生气的鼓荡变化。这一气的变化把指和指之间、把整个人合成了一个一气周流的完整体。

二、形意合一

在功法学习过程中，不要把功法和理法割裂开来。所有的功法都是对理法的实证的过程。

1. 阴阳相合

浑圆是把对立的两个部分合到"一"上，"一"就是太极。浑圆桩功也叫太极桩，道理就在这里。具体到修为，所有的功法离不开两个对立的部分，一个是看得见的有形之身（形），一个是看不见的无形之心（意）。所谓浑圆桩功就是把两个对立的部分浑圆成一体，这是浑圆桩功要修为的。

浑圆桩功修为形和意的浑然一体，这并不是说我们缺少形和意才练。每个人都不缺身也不缺心，不缺形也不缺意，本身俱足。既然两个都有，还要练什么？我们要把这两个合成"一"。为什么要合一？因为现在每个人都不合，你有身也有心、有形也有意，但是这两个并没有真合。

有的同学会说："我既有心又有身，我现在不管做任何事，在我的生活当中我的身和我的心两个都是同时存在的。我有形也有意，有看得见的、表现出来的形，也有看不见的那个意。"两个都有，是不是就是合？不是。有是有，但是是分而不合，是二，不是一；这两个虽然都存在，但往往互相掣肘，不能够相互合成一个统一的状态，所以我们要修为。

合与不合的区别是什么？两个对立的部分——一个阴一个阳，它们两个不合就会存在很多问题。比如身体的健康问题，所有事情的不顺利，为人处事过程当中造成很多的矛盾、很多不能解决的问题。所有出现的问题毫无例外都是由于不合造成的。

你看一个家庭不合，夫妇两个——牛蹄子，两半儿，他往东她往西；家长和孩子不合，家长强行要孩子怎么怎么样，孩子总是和家长的想法不一样；一个企业也一样，老板和员工想法和做法不一致，所有的问题都是这样。

作为个人同样如此，身体上出现的所有病痛，西医都有名称，有的叫癌，有的叫梗等；中医没有病名，病只有一个，就是阴阳不合、二气不合，堵了、不通了。所以只有把两个合到一，阴阳二气合成一气以后，它才能够从阴到阳、由阳到阴运转起来。无极桩功是要分出来形和意，浑圆桩功是要把它们合成一个完整体。

我有形也有意，有阴也有阳，为什么我有却不合呢？合是你是我、我是你。我的想法是我的想法，你的想法是你的想法，永远不是合。但是如果阴阳一颠倒，阴去说阳、阳去看阴，这就是合。浑圆桩功修为就是围绕着把这两个对立的要素颠倒颠。

古人云："阴阳颠倒颠，赛过活神仙。"只要阴阳一颠倒就合了。这就像遇到事情后，如果能站在对方的角度去想问题，你就能明白他为什么会这样想。如果我站在我的角度上去看待他，我和对方永远不通、永远不合。不要说我和别人合，我自己的身和心、阴和阳合了没有？依然是没有合。

合就是颠倒。一个形一个意，形是实的，意是虚的，怎么修呢？怎么让它们合呢？不是把它们捆在一起，老子告诉我们"此两者，同出而异名"，一个叫实、一个叫虚，实和虚"同"了，就是合。也就是实的形要虚，虚的意要实；这两个同修，把实的形虚了——实的形要松通、虚了，那个虚的意就真实了。

没有两种修为方法，说这是修形，那是修意。形和意是同时修为的，我们叫身心同修、内外同修——修形就是修意，修意就是修形。大家一定要牢牢地把握这个主旨。所有具体的功法都是对这个主旨的实修实证。

2. 意动的三个要素

形意同修，这是所有功法修为的主旨。形和意要分清，这两个是对立的，但是要让它们发生一个颠倒颠。也就是说，一个形、一个意，两者是对立的，"三夹一顶"就是要把形和意两个发生一个变转。

怎么变转呢？一般来讲，能够看见的动是形动，比如我的手在动。现在我要让它不动，这个形要静。怎样让形真正不动、静下来呢？意要动。这里形和意这两个发生了一个颠倒——形静而意动。也就是说，"三夹"——指夹、颏夹、腋夹，指、颏、腋都是形，是有形身体实的部分。这个夹是意，不是用形的动来夹，是形不动但是要有

153

夹之意。这一点大家要把握，也就是形静意要动。

在做"三夹"的过程中，要让意动起来，有三个需要把握的要素。

①第一个要素，意是无、是虚的，虚的要把它实了。怎么让意实了呢？要假修真。我们的功法有三个主旨，就是假修真、反向求、层层分。

假借球——两指之间有球，颔下夹球，腋下有球，指尖有球，有球这个意就真实了，借球修意。但是有球、有这个意了，是不是意就动起来了呢？如果只有一个球之意，不一定能动。我们现在不但要借这个球——有球之意，还要有夹，这个夹是动态的，要动起来。

夹之意要动起来，动之则分，一个意要分为两个意，要分出来两个对立的要素。夹之意的属性是向内，同时它是合——向内合。当夹这个球的时候，球会有一个相反的反应，要向外开。也就是说，只要一合，马上就要开，开是因合而开；只要一开，马上就要合，合是因开而合。所以这一个夹之意里面有开有合、有内有外，动之则分，分之则动。一分出来内和外、开和合，自然这个意就动了，在开合、内外之间产生了一个变化。

在做"三夹一顶"的时候，形不动，是静的，但是意要有。形实而虚，有而回无；意虚而实，无而回有。要有一个球，而且这个球在夹的过程当中动之则分，有两个意，一个合一个开、一个开一个合，使得这个意产生了一个变化。一意里面是有两个意的，这两个意合出来一个夹之意，合出来一个意。我们要求的就是这个意。

在站浑圆桩功"三夹一顶"的时候，看不见形在动，但是要能够觉知到意是真在动。因为简单易行，对环境要求也不高，人人都能站，现在站桩成了一个风气。但是不是真正站出桩之意呢？未必。很多人就站一个形，没有能够站出意的动来，没有站出意的变化。那是一个枯桩。我所传承的浑圆桩是要通过形站出里面意的真实、意的变化。站出两个对立的要素，一个开一个合、一个上一个下，总是在不断地变化。

形静意动，意之所以动，是因为动之则分，分出来了两个对立的一个开一个合，最后合出来看不见的，但是可意会的、真正能够觉知到的一个意的变化。在静当中要让意形成一种动之则分之势，这是我们要牢牢把握住的要点。

②第二个要素，在站"三夹一顶"的时候，分着说是三夹——指夹、颏夹、腋夹，但是三夹要夹出一个意来。也就是说，指、颏、腋这三个不同的部位，可以分为练指夹、颏夹、腋夹，去体会夹的形静意动的滋味，但是这是在浑圆状态下的三夹，是一夹分了三夹，最终三夹要合为一夹，夹出一个意、一个滋味来。

如何夹出一个滋味来？我们说夹是向内合。当然如果分着说，指夹就是两指之间的意的开合。一只手夹四个球，这四个球是分开的，在夹的过程当中要夹成一只手，四个球要统一到一只手上。分着是五根手指、四个球，最后合出来"一"。这四个球一动无有不动，一夹无有不夹。我们要体会它们在分当中能够合。

指夹的意是这样的。腋下、颏下也要有夹球的意，也同样是分而合。在讲无极桩功的时候讲了颏下，这个地方要收颏，要向回收、向内收。腋下夹球也一样，两个腋是分开的，我们要靠腋下夹球把它合起来。这样，用意让整个身体松通，而且能够统一到一个完整体，在动起来的时候，就能够做到既分又合。

在分别三夹的基础上，"三夹"要合成一夹。怎么把它们合在一起呢？这时候意要守中。全身心合到一个中上，由这一点去开和合。也就是说，由一个中把三个部位的夹统一到了"一"上。因此在体会"三夹"的时候，有一个层次的分合，分出三个夹，最后要合出一个夹，要合到中上。

在站桩的时候，我们可以分着体会指夹、颏夹、腋夹。在分的基础上，通过一定时间的修为，我们要练合。也就是说，夹之意已经不在局部的指、颏、腋下了，我的整体像一个完整的球，由那个中的开合产生了夹之意。

③第三个要素，意的中要向虚处求。很多人问我："我的中是在腰，还是在膻中穴，到底在哪儿呢？"其实真正的中是在空处，是虚空处的真实。中不在身体上某一个具体的、实的部位，但是我们要通过实的地方来体会它。这是太极内功修为一个很重要的理念。

很多人在站无极桩功、浑圆桩功过程中也很下功夫，但总感觉这个意、这个滋味不真实。这是因为离开形找意就没有了抓手，不知道在哪儿找。如果在形上找意、找这个滋味，这是形上的反应，不是真实的意，不是我们要求的真意。我们修为的核心是在形又不在形，在两者之间。

比如我们做一盘菜，用嘴一尝，这个菜是咸的或者是甜的，这个感觉是真实的。这个滋味是有形的——你能够说出它是咸的、甜的，是通过味觉真实感觉出来的一种味道。

但是要通过味觉找到那个真意，那个真意就不只是味觉的反应了，是心觉的反应。也就是说，菜是咸或者是甜，分得很清楚，但是吃进去以后，心里面产生了一个感觉，产生了一种滋味——这个菜特别可口，吃着特别舒服。舒服是心里的感觉，是通过这盘菜真实的味觉在心里面产生的。这个滋味跟你尝到的咸淡滋味又不是一个滋味。太极内功修为讲求"有意无意是真意"。大家在站桩的时候，既不离开这个身体去寻求它，又不把这个当作是它，难点在这儿，可贵之处也在这儿。

正常人都分得清甜和咸，这种对味道——咸或者甜的觉知是确定的、不变的，但是心里产生的意的觉知是无穷的、可变的。同样尝这盘菜，这个环境、这种心情下尝出来的滋味，与另外一个环境、另外一种心情下尝出来的滋味是完全不一样的。同样一种味道的东西，会产生各种各样的变化，可贵之处就在这儿。

通过浑圆桩功的修为，能够调控、把握和运用我们的心觉，就可以说我们的身和心、内和外合一了，浑圆一体、浑然一气了。也就是说，身的变化永远会在心的变化主宰下，服从心的指挥，成为可灵动、该怎么动就怎么动的一个不动之动的有形身体。

"三夹一顶"的"夹"是向内合，向内是要抓住，合是向"中"合。这个"中"，既在身上找，又不是执着这个身体。我们是用身体找那个觉、那个滋味，而不是找身体。

现在我给大家规定一个中的位置——虚中线上的一点。当然这条虚中线是虚的，我们要用自己的身体找出一条虚而实的虚中线来。百会、膻中、会阴这样一条虚中线，我们看作是人体的中线。讲无极桩功的时候说过，它是虚的，但是要站出一个真实的意，要把它站得真实了。上下、左右、前后都是由这条虚中线而分，合也向虚中线来合。

在"三夹"的过程中，指夹是向"中"合，向虚中线去合，由"中"产生向内之合。同样腋下夹、颏夹也向这条虚中线去合。如果我们的意都能够在虚中线上，合于这条虚中线，"三夹"就合到了"一"夹，就合到"一"上。

这条虚中线在哪儿找？在我们自己有形的身体上。通过这三个具体的位置——百会、膻中、会阴，假想出这条虚中线的真实。在站无极桩功的时候，我们已经知道了这条虚中线，并且让它虚而实了；在站浑圆桩功"三夹一顶"的时候，要通过三夹产生一个开合鼓荡的真实变化。也就是说，无极桩功所求得的虚中线，在浑圆桩功当中产生了真实的主宰和开合的变化。

上面讲了在修为中要把握的三个要素，最终大家会发现，"三夹"是一夹、一个滋味；一夹全夹，夹到了"一"上。我再重复一下，"三夹"分着体会，最后要找出一个合一的状态，三夹合一夹。

3. 夹顶互为因果

夹是向内合，同时"三夹"当中还有"一顶"。在夹的过程当中，有内就有外，有合就有开。怎么体现开呢？一顶。这一顶正好和三夹产生了合中要开，由内要向外，这样一种相反相成的状态。

有内就要有外，有合就要有开，所以有夹就要有顶。三夹是三夹，一顶是一顶。为什么是一顶呢？因为三夹是为了合出来一夹，合出来一个合一的味道。这种合一是向内合，同时有一个向外开的意，内合外开同时产生作用。所以三夹、一顶这两个是不可分开的，是"此两者同出"——有夹就有顶，有顶就有夹。

三夹一顶这个功法的夹和顶体现为内和外、开和合是一。一个是夹一个是顶、一个是开一个是合、一个向内一个向外，如果这两个同时存在就合一了，而且它们是相互为根的。有夹就有顶，夹为因，顶为果——因夹而产生了一个向外的结果。有顶就有夹，向外的顶为因，向内合的夹为果，夹和顶是互为因果。其实所有的事情——阴和阳，对立的两个部分，都是互为因果关系，谁也离不开谁。

《太极拳论》上一再讲，"阴不离阳，阳不离阴；阴阳相济，方为懂劲"。阴和阳谁也离不开谁，它们是相反的，同时又是相成的，两者互为其根。

太极内功，特别是通过无极桩功、浑圆桩功功法的修为，最终是要改变我们的认知，让我们对宇宙万物有一个太极思维。这样在看待任何事物的时候，就会承认有一个阴和一个阳，有矛有盾。所以在看到两个完全不同的状态的时候，我们觉得毫不奇怪，这是本原，这是真实。只有其中一种状态是假的、骗人的。两个同时在，才是真实的。在生活当中，有得就有失、有好就有坏、有对就有错、有顺就有逆，这才是真实。

就个人来说，从内部结构看，身体就是由阴阳两个部分组成的。身体为什么会病？阴阳失衡。如果身体处在平的状态，就阴阳相合了，就没病了。没病不是只有阳不要阴，而是阴和阳平了、合了，合到一了。

阴多了阳少了，阴少了阳多了，就会出现一个不平的状况，反应到身体当中就会出现各种各样的病象——这个地方疼了，那个地方堵了，都是因为不平。这两个是同时存在的，不是要阴不要阳、要阳不要阴，我们要的是阴阳相平。

是不是阴阳一平以后，就是不动的状态呢？不是。真正的平是不平而平，是动态的；动之则分，一个阴一个阳，这两个总是要去调。怎么才能够达到平这个结果呢？调平，平是调出来的。

4. 调平

太极内功就是修为调平，在动态当中以平为准。《太极拳论》讲"立如平准"。平是一个标准，但是这个标准是定出来的一个准则，真实的情况是不平。这个世界上万事万物没有平，真实的状况永远是不平。正因为不平分出来两个对立的东西，我们的功夫就在于，虽然它不平，但要能够不断地向着这个平准去调整它，所以平是动态的。

太极内功就是在静这个"平"中去找动。怎么调呢？老得动。大家不要把我们说的静就看作是不动。真正的静是静出来一个可调之动。因此，在站三夹一顶的时候，从形上看是不动的，而里面的意是动的。但是这个动一定是在"立如平准"的"中"的主宰、约束下去调两者之间的平不平，不平就要调。

怎么调？《太极拳论》说"大动不如小动"，也就是大调不如小调；"小动不如不动"，调不调？调，但是不调之调，也就是用里面的意去调，是看不见的调——起到了调的作用，但调的过程非常微妙。

所有问题表现出来之前，内在不平的种子已经种上。在萌芽未发的时候，如果先知先觉，就可以及时地把不平调回来，不让它产生表象的不平。不平一旦显现出来，问题就很大了。

我们所修为的这个功法，就是让你能够见隐见微地感知到不平，并把不平调成相对的平。你会越调越细，越调越趋近于"中"。这就是我们所修为的功法的核心。

不平就需要调，用什么调？用意。用看不见的内在去感知不平，你会越来越感到有一种真实的觉知。知道什么是平的滋味，只要是偏离一点儿，你就会自然而然地进行调整。《太极拳论》上讲"偏沉则随"。一开始我们是用有为的功法练，练到一个有而回无；用意去练，最后不用再去分，不用再去想，自然而然。也就是说，当出现一点不平衡的时候，你不用想，自然而然由这个中来调这个不平。

当能够自然调平的时候，你的身心永远是处在一个合一的、最合适的状态。在这个时候，我们才能说我的身体是我的，因为我能够通过自然而然的内在的觉知，不断地调平它。太极内功的修为就是要达到这个效果。

太极内功修为就像一杆秤。秤是由不平要调平。任何重物都可以去调它的平，调平了以后就显示了这个重物的真实状态。几斤几两就很清楚了，这是调出来的。

如果我们把自己修成一杆秤，就可以知道自己的轻重变化，身体里面有一点变化就能自知了，同时能够调整它；这样不但有了自知之明，还有自然而为、自然而调。

5. 夹向内合，顶向外开

在"三夹"合出一夹的时候，要产生一个"一顶"。这里我想再强调一下，一顶依然是三顶合一。我们要有三个顶，最后三顶要合为一顶。

前面讲过三夹合一夹，现在讲一顶分三顶，三顶合一顶。离不开一二三，因为三是本原的"一"的真实的、具体的运用，能够产生万变。我们说一顶是三顶合一合出来的。哪三顶？一是头顶（百会），二是腰顶（命门穴），三是指顶，最后合出来一顶。三夹合一夹，三顶合一顶，把身体合成了一个完整的球体、浑圆体。

夹是向内合，顶是向外开。这里有一个重要要求，在意不在形。不是用力在形上去做夹顶，而是意的变化。从夹和顶来说，本质就是一开和一合，最后要合成一个完整的球体。

夹是由球的中来合，顶是由中而开。大家一定要把握住，由中而夹、由中而顶、由中而开、由中而合，才让自己形成了一个夹顶合一的、完整的、浑圆的状态。

顶是向外。大家注意，向外不是形上的用力，是意向外。顶是一个意，不是形，它是一个意会心觉的真实。怎么找到顶的滋味呢？要找到顶的滋味，就要在虚空处求真实。顶永远向虚空处去走。

我们说意如水，水是无形的，它永远向空处流、向虚处走；它随屈就伸，哪里有缝隙就要向哪里流。顶也一样，向虚空处顶。也就是说，虚空处在我的身外，身外都是虚空。顶要向外，向虚空去顶。

这里大家要注意一个问题，这个顶到哪儿呢？顶到虚空处——其大无外。可是我们怎么去体会它的真实呢？这里要设计一个边界，虽然是虚空，但是要找到一个空而不空的边。当然这个边是虚空处的一个边界，是虚而实、无而有的。这个边不是一个真实的东西，而是意。也就是说，顶之意要让它真实了，就要顶出一个不空的真实的感觉——永远是意的这种真实的空而不空的觉知。将来我们做开合动功的时候，在向出开的时候一定要有一个界。就到那儿，到那儿之后还要返回来，物极必反。

现在我们修为的是静桩功，是用意，因此要设一个边界。当然这个微（边界）是有又是无，它可以变。你可以顶到这儿，也可以顶到那儿。微可以变，但是一定要有，你的意就到这个边界，不出这个圈。也就是说，有了一个微、有了一个界，你就能控制意的变化。意是可变的，又是可控的。我们在找这个顶的时候找到了有三个顶，百会向上顶、腰向后顶、指向左右顶，最后合出来一顶。

6. 难开就是合，难合就是开

"三夹一顶"由三合一，合到一个中上的时候，合出来一个完整的状态，合出来一个球。怎样合出来这个球呢？前面讲到了"中"——虚中线，要想由中而开合的话，这两个部分完全是意上的变化。这两个意（一个开、一个合）要形成一个完整的球，离不开两个对立的要素——一个横、一个竖。

一横一竖就是一个阴一个阳，就是一虚一实，就是一无一有，就是对立的两个不同的部分。

阴阳要相济，要浑圆成一体，就要把对立的两个部分统一到一上。我们不是要对立，也不是要统一，而是要对立的统一、统一的对立。如果说对立叫不同，统一叫同，那么对立的统一是不同而同，统一的对立是同而不同。所以我们是把同和不同这两个合到了一上。

什么是不同呢？是一个同分出来了两个。什么是同呢？两个不同合到了一块。所以同是不同，不同是同。真正的不同是由同分出来的，真正的同是由不同合出来的。

浑圆桩功修为就是在用意找自己的同和不同，找两者之间的关系。怎么去找？很重要的一个切入点，"一横一竖打天下"。横和竖两个是对立的，横就是横、竖就是竖。进一步说，横是无，竖是有。为什么这么说呢？人往这儿一站，这个竖谁都不缺。只要是地球上的人都不缺这一竖，因为有天有地，天地之间就是一竖，天之气要向下，地之气要向上，一气周流。我们缺的是一横。一竖不用修，它原本就有，可是一横如果不修，你很难有。

浑圆桩功就是要通过一竖的有，修出一横的无。把无的横修出真有来，横竖就相交了，相交的那一点就是球心，就是中点。所以要想找到中这一点，必须要找到一竖和一横。一竖是有的，缺的是一横，要把这个横修出来。

在站浑圆桩功"三夹一顶"的时候，意侧重在找这一横上，其中很重要的一点，就是顶向外开，在开的过程当中把这一横给开展出来。要体会这一横的真实。横与竖，更主要的是要找到这一横。意要体会一横的真实。因为它是虚的，是看不见摸不着的，只有通过修为才能够找到。找到了一横，再加这一竖，才能够形成一个完整的、浑圆的球体。

在找一横的时候，意要找到一种感觉，就像打开的一张弓。有一条虚中线，还有一条实中线。虚中线是弓弦，实中线是弓背，要把这张弓拉圆了、拉开了。

只有这张弓拉开了，我们才能找到横上的真实感觉。要拉开弓，关键在腰顶。三夹一顶，最后用的是指顶。在指顶的过程当中，一定有一个腰顶才产生了指顶的结果。也就是通过指顶和腰顶拉开了弓，找到了一个横上的真实。只有找到了这一横，我们才真的能够形成一个完整的球。

在站"三夹一顶"的过程当中，有一个重要的要求，就是从一横一竖当中，要顶出这个横来，从而让横和竖同时存在。有了横以后，我们会发现，在张弓的时候，形成了一个完整球，横和竖相交的一点就是中，这是我们要找的。

找到了中这一点，我们就要找开合，由中开，又向中合。这一开一合……凡此皆是意——意上的开和意上的合。大家在找开合的过程当中会发现，它们是同时存在的。也就是说，开的同时要合，合的同时要开。

在找横竖由中开合的时候，怎么体会出开当中要合、合中要有开呢？我们说凡此皆是意。当你开的时候要有合。什么是这个合呢？难开就是合。你开不开、很难开，依然是意，不是形。

怎么体会意的变化？当修为顶和夹的时候，要体会难夹、难顶。难开就是合，难合就是开。体会开合之意要在虚空处，这就要假想了。

我们要用意在虚空处求到一个意的真实——在虚空处空出来那个不空的意，才是用。也就是说，我向空处把手向外推的时候，手背所感是不空的，它是有阻力的，是空而有的。当然这个有是意的觉知，就是有了一个阻力，难开。合的时候一样难合，因为要向中合，中在虚空，向虚空处合的时候，手心所感依然有很大的阻力，让我很难合上。

7. 始终是一意

站浑圆桩功"三夹一顶"是由形来求意。形要静、意要动。形要实而转虚，意是虚而转实，这两个是同时存在的。但关键还是在意。我们求的是意，因为形谁都有，看得见摸得着。难点不是形，是那个意怎么虚而实、无而有。这是我们修为的核心。

有了真实的虚而实的"一"以后，我们就得到了一个实而虚、有而回无的松通、完整、灵动的有形的身体。大家切记，太极内功是内修心，是求这个意，但绝不是不要这个身体。我们最终所求到的那个真实的结果，是得到一个完整的、松通的、健康的，能够随机而动、随势而为的，有灵性的、既有又无的可为之身。

要想求这个意，不能离开这个形，虚了形，意就真实了，这是修为的法门。在修为"三夹一顶"过程中，一定要牢牢把握住这一点，我们要由一个不变的形求那个变化的意。虽然意可以万变，但所有变化都是一个不变的意主宰下的变。一个不变的意是什么？是两个意合起来的一个意，这个意是不变的。不管意怎么变，它最终是一个意，这个意一定是由两个意合出来的，这个主旨原则是不变的。

正因为这一个意里面有了两个意——一个虚一个实、一个阴一个阳、一个动一个静，它们的不同组合就产生了万变。我们要通过这一个意生出万变的意，又在万变的意当中找出本原的一意。

在做"三夹一顶"的时候，要由一意去体会意的不同变化；在意的不同变化中，要找到主宰这些变化的那一个意。这是修为的一个重要法则。

当然，求意是修为的一个重要要求，"凡此皆是意"。但是求这个意还是一个因，通过求这个意要结出一个什么果呢？要得气——由得意而得气。浑圆桩功所有的功法，最终是由求这个意而得这个气。

问 答

学员A：我想请问老师，指夹的夹，您在讲它的意要如水一样，高下相倾、前后相随。我们在做指夹的时候，比如说我们两指之间像夹了一个球，怎么样去体会它的高下相倾和前后相随呢？

李光昭：高下指的是一竖，前后指的是一横。高下相倾指的是在竖上的一提一落，前后相随指的是在横上的一开一合。"三夹一顶"虽然是三夹和一顶，但我们要在自己的身心当中找到这一横和一竖相互之间的作用和关系。

学员B：上节课提到前后相随、高低相倾，老师说高低相倾是一竖，前后相随是一横，请您再详细说下。

李光昭：我们说一横一竖，竖是上和下，横是前和后，左和右。前后相随分出来一个前和后，前后是由中开，分而开，开就是前后。分出前和后，还要做到前和后这两个相随。

怎么理解相随呢？在分的过程当中，同时的合就是相随。如果背是后、指是前的话，这两个由中而开的时候，就分出来前和后了。

什么是前后相随呢？就是随着后面的腰顶向后，前面这只手就要向前；随着向后就有一个向前，随着向前就

要有一个向后，这叫开。大家理解前后相随不要单纯从形
上理解，形上是手往前腰也往前，手往后腰也往后，这叫
形，是看得见的。我们是意上的，腰在向后开，手就要向
前开，这才是开。合是向中合，当前向中合的时候，后也
同样向中合。

《太极拳论》讲"粘连黏随"，"随"字很重要。什
么叫随？不同而合叫随，同而不同叫随。里面的意永远相
反相成，就是随。

在做"三夹一顶"的时候，夹向内，顶向外；在开
合过程中，由中开，向中合。开就是分开，合就是向内、
向中走。这两个首先是分，一前一后分清了，"此两者同
出"就是随，随着向前就要有一个向后。为什么说开合是
意？只有意可以让两个不同要素同时存在，在形不变中产
生了开和合这种相反相成的变化。

从形上说，开就是开、合就是合，这不叫前后相随。
只有在意上，开当中有一个难开。开随意就合了，产生了
一个难合。合随着开，产生了一个难开。这才是相随。

从两个相反当中去体会出它们对立的统一，体会出不
同而同。"三夹一顶"就是在体会同和不同，因为夹是向
内，是合；顶是向外，是开。夹要有顶，顶要有夹，最后
形成一个完整的球的开合。

第七章　竖开横散

一、把虚中线打通

　　浑圆桩功功法，从前面的起势——抱球势到三夹一顶，到竖开横散，有一个共同的修为主旨——需要浑圆形成一个完整的球的状态。不管从哪些角度去修为浑圆桩功，核心的要求就一个，浑圆成球。所谓的太极，从平面来说是一个圆，立体来说就是一个球，因为球才能够永恒。要想使自己形成这样一个球，要抓住太极内功修为的两个核心要素，一个是竖、一个是横。

　　前人用很朴素的一句话告诉我们，"一横一竖打天下"。对于这句话，不要理解为，拿这一横一竖就可以打遍天下无敌手。这个"天下"指的是宇宙万物，指的是我们生存的整体的空间。抓住了一横一竖，在我们的身心当中就形成了一个完整的状态。这样在面对宇宙中万事万物，面对各种复杂的变化时，就会无往而不胜。生活、事业、人生当中，时时处处把握住这一横一竖，就把握住了事物发展的根本和内在规律。

1. 竖要开

在站浑圆桩功的时候，要把这一竖站出来，也要把一横站出来，还要把竖和横相交合以后的状态站出来。要分清竖和横，同时要把竖和横合成一个完整如一的状态。这是"竖开横散"功法的要义。

首先要明白一横和一竖。什么是一竖，什么是一横，一竖一横怎么去体现，它包含了什么样的属性和内容，具体展示出来的作用是什么。

先说一竖。这里强调一下一竖在我们身体当中具体是以一种什么样的状态出现的。这一竖就是贯穿百会、膻中、会阴这样一条虚中线。竖为什么要开？这条虚中线，贯穿三个穴位——上百会、下会阴、中膻中，我们把它叫作人的生命线，是人的生命所在。人的生命力是否旺盛、是否健康，取决于这条线的通和不通。通则不痛，痛则不通。

为什么它是生命线呢？从我们自身来说，它贯穿了生命的三个腔——颅腔、胸腔、腹腔。这三腔是人体不可或缺的。手、胳膊出了问题，可以不要它，截肢，腿脚出来了问题也可以截掉，唯独这三个腔缺一个都不行。人是生是死，全在三腔。这三腔不但不可或缺，而且还要通，上中下要通成一气。

作为人本身，上中下要通，这是我们的生命线。同时，从天—地—人三者之间的关系来说，人和宇宙、和天地相通合也是一条生命线。宇宙万物林林总总，万生万变，古人把它们归纳起来，能够起决定作用的就是三才——天—地—人，三才主宰着宇宙万物，主宰着它们的生存、发展和变化。天—地—人，人是万物之灵，天地是本原，是永恒的。上天、下地、人在中，人必须要上和天合、下和地合；与天地相合以后，一气相通合，人才能像天地一样合了道，才符合了宇宙万物生存发展变化的规律，也才能够主宰自己的命运。

很重要的一点就是我们能不能上合天、下合地，天—地—人三合一。天—地—人三合一的关键不在天，也不在地，因为天地是永恒的、是本原的。老子也告诉我们"天地无情"，天地本身没有感情，一切都按照规律办事。不是按照自己的想法，比如今天刮风了、下雨了，这不是因为天有了该下雨、刮风的想法。该刮风的时候就刮风，该下雨的时候就下雨，一切都是自然而然。

但是人跟天地不一样，天地无情人有情。人有感情就会以自己的感情去判断事物、面对事物、处理事物。人用感情处理事情的时候，往往自以为是，以"我"为标准。用我的标准对待所有的事物，往往是不合道的。现在需要改造的不是天和地，而是我自己。让"我"能像天地一样永恒，能够合乎自然规律去办事，唯一一个办法是把我和天地相融合，也就是把这个"我"化没有了。

在站无极桩功和浑圆桩功的时候，要想站出和天地相合，就要打通百会、膻中、会阴这条生命线——虚中线。怎么跟天合、和地合？不是靠假想，不是想象跟天合、跟地合就能合，那是空想。

我们要具体化。真正能够上合天、下合地，就要落实在竖开——把虚中线要打通。现在的问题在于，我们没有意识到跟天地要相合，应该由"我"入手，改造我自己。通过功法的学习，我们要明理，要有意而为。就是要知道，我得改我自己，才能够与天地合；跟天地相合以后，独与天地相往来，才是合了道。一个合道的身体是没有病的，是百病皆消的。

首先要树立与天地相合的意识。有了这个意识以后，通过具体的修为方法，真正做到与天地相合，而不是一味地空想。具体到浑圆桩功，方法是竖开。从本原来说，天地是相通合的。天为上，为阳；地为下，为阴——一个阴一个阳，一上一下，它们是相通的、相合的。阳和阴二气在通合当中，形成了阴阳相济的一气；一气的周流产生了我们肉眼所看见的万物的变化。

现在的问题是，我和天怎么合，我和地怎么合。天地本身是相合的，我能上通天、下合地，我跟天地就通合而一了。落实到具体修为，就要利用这条虚中线。我要跟天合，需要通过天门——百会，这是百阳之汇，是通天之门，也是虚中线的上一端。我要跟地合，需要通过会阴，会阴是人身的阴之汇，阴门要打开才跟天地相合。

有人会问："李老师，这两点一个上一个下，我们知道了，但是讲无极桩功的时候，你说过两个涌泉是跟大地相合的，涌泉这两点和会阴这一点是什么关系？"

在学习无极桩功的时候，我讲过，在左右涌泉间有一条意想的横线，我们要合到两点之间的中；同时，这一点与虚中线的延长线相交形成的点，就是通地之门。

有人又问："两个点一个在百会，一个在会阴，怎么它又跑到下面去了呢？"这里需要强调一下，对于人来说，虚中线有两点，上百会、下会阴。是不是这两个点就是固定不动的呢？不是的。通天之门这一点，既然通天，它便其大无外，没有极限。会阴这一点也一样，会阴是身体的一个点，向下垂落，但是这一个点是无限延长的。所以人身的虚中线是有极的——一个百会，一个会阴；而通天地的虚中线，上无顶，没有极；下无底，也无极。大家要这样去理解它。

2. 提落合一

这条虚中线上合天、下合地，一个是阳、一个是阴，阴阳两个要相合。无极桩功要分清，用虚中线来分清两个点，上为百会下为会阴。无极桩功主要是体会分，浑圆桩功是要体会合。怎么合呢？不是把这两点给捆在一块，而是要通合。只要上和下两点通了，上下相随，能够通成一气周流就是合了。

怎样才叫通合呢？从理论上讲，在修为浑圆桩功的时候，要站出这一竖——这条虚中线。站出了这条虚中线，阴阳就通了，通了才能合。也就是百会、会阴——一个阴一个阳，实现了阴阳相济，合二而一。但是我们不能停留在理论上，要通过功法修为，在自己身上找到真实的感、真实的觉，要把它落实，找到合的滋味。只要把握住这个滋味，就是上下相随，就是阴阳相合，就是把竖打开了。如果把握不住这个滋味，不能把这个滋味变成一种真实的觉知，你就依然停留在虚空的理解当中，没有真的掌握、品味到它。

比如说我们要做鱼香肉丝，用什么材料，怎么做，好像说得很明白，但实际做起来，没有做出来鱼香肉丝的味。你说它是鱼香肉丝吗？不是。尽管你前面预备的原料很齐全，翻炒与火候感觉也很到位，但是最终的鉴定方式只有一个——品味儿，品味儿就能够鉴定出来是或者不是。

虚中线一上一下两个点要合到一个点上，合出来一个滋味。在站无极桩功的时候，百会找上提之意，当然是被提；会阴找向下沉落之意。现在我们要把百会的上提跟会阴的下落合起来，提落合———底下会阴这个落跟百会的上提之意要合一。这个时候要品什么滋味？要品提和落合出来一个滋味，这个滋味是提当中有落、落当中有提，提和落是相合一的。当然，这种合一是意的动之则分，是意的提和落，不是形上的提和落，形不动，形是静的。提落分开以后，有提有落、有落有提，它们一定是动的，不是静止的。如果是静止的，就不对了，就不是那个味儿了。一定要体会出提和落同时在发生着作用，那个滋味才是。

有人站了很长时间，然后说："李老师，我找到了百会这个提的滋味，可是感觉不到真实。"这是因为里面的两意没有相合。大家记住，意品尝出来的滋味是动态找平的状态——动态的分而合的状态。提落要合，但不是合死了，它是动态当中向一点去相合。在站的时候，百会这个位置要一提一落、一开一合，意在里面产生了一个变化的滋味。当然这个变永远是向着相合的那点去变。在站的时候这一点滋味要尝到。这是百会提落的滋味。

百会的滋味有了，下面会阴呢？会阴本身是向下落的，百会是向上提的，这两个要合到一个滋味，也就是在落的时候要有一个提，落中要有提。跟百会一样，落和提、提和落又是一个动态变化的味道，要尝到动态中的这个味道。这个味道是动态的两个东西合出来的。这就像一盘五味俱全的菜，一定是全到了一个味儿。如果这一盘菜五个味儿——咸、甜、酸、苦、辣——是分着的，这盘菜就没法吃了，妙就妙在一个味儿上。会阴一落一提、一提一落……就是一个味儿。站无极桩、浑圆桩功"竖开"的时候，就是要找这个味儿。

3. 一心一意

浑圆桩功和无极桩功都是在体会竖上的百会和会阴——虚中线的相通合。它们最大的区别是什么？无极桩功是分，百会是百会，会阴是会阴；一个是提之意，一个是落之意。浑圆桩功是要把两个合起来。当然，无极桩功分里面也要找合，浑圆桩功更主要的是在分当中合出来一个味儿。如果百会这个地方体会到的是提中有落、落中有提，在会阴这个地方也同样如此，这两个是一个味。

站桩就是要站出来百会和会阴是一个味儿，不是两个味儿。百会和会阴是分着的，在虚中线的两端，一上一下，但是经过意的修为以后，修为出一个意来——百会和会阴是一个滋味、一个味道，就有而回无了，无了百会

179

也无了会阴。这儿是百会，也是会阴；这儿是会阴，也是百会，所以这一点既是上也是下，因此就无了——无上无下。百会无上无下，无阴无阳，无提无落，合出来是"一"；既提又落、有阴有阳、有上有下，在一点上分清楚了，但是合出来是一点。百会是这样的，会阴也一样。

浑圆桩功很重要的一个要求就是把有的分开了，合起来合到一个点上。合到什么点上？有而回无，无了。所以浑圆状况是空而不空，是有而回无，是浑圆一体、一气的状态。有没有？有，但是说不清了。

很多人问："李老师，百会这一点上也是下，下也是上，那么中呢？"膻中在百会和会阴之间，分着来说，膻中以上是上，膻中以下是下，膻中是中，这样分没问题。但是如果百会这一点无上无下，膻中这一点也就无下无上了。什么是中？中就是两点之合，就是上和下合到了一点。如果中本身就是上下相合，百会这一点也是上下相合，会阴这一点也是上下相合，这一点是不是中？这一点就是中——上端一点是中，下端一点也是中。所以说"中即太极"。太极就是阴和阳对立的两个要素的统一，统一出来一个中。只要是把对立的两点合到了"一"上就是中。

无处不中，只要有两点就有中。这样看来，分上中下三点，是为了把虚中线打通，合出来一个阴阳相济，合出来一个点。虚中线最终通和不通，就看虚竖开了没有（虚中线通合没有，唯一的检验标准，就是有没有合到"中"这一个点上）。也就是说，我们有一个上一个下、一个提一个落，相反的两个意，但是合到中上以后是一个意。

　　能够合到一个意上，才能通过意找到一心。修为浑圆桩功通过打通虚中线，最后要找到一个意，合到一个心。站浑圆桩功，最终要一心一意，不是三心二意。拿住这个一心一意的状态，不但解决了身体的问题，也解决了生活问题。当面对万事万物各种复杂变化时，都能够一心一意去面对，你将无往而不胜，没有困难、没有阻碍，因为你是合道的。你掌控着两个对立的东西——一个成一个败，一个顺一个逆，并将它们合到一个"中"的状态，最平衡的状态，你能不胜吗？胜在其中，败也在其中，无胜无败。你永远能够本着这一点去发展和变化。这才是太极的真义。

　　在站浑圆桩功的时候，虚中线要站出来一个点。这个点是变的，是动的。在百会是提落、虚实、阴阳的变化，其他地方也是如此。大家会发现，由上到下、由下到上，往复循环，位置变了，快慢变了，急缓变了，但是里面本原的阴阳相济合出来一个中的点没有变。这一点是百会也是会阴，这一点是提也是落，这一点就是中。沿着虚中线向下走，每走一步都不失其中，都是这个中的变化。我们就以这个"一"去应对万变，以这个不变去应对所有的变化。能不能够从容面对、应对所有的变，就在于拿住了"一"这一点没有。我们最终是分而合，有上有下、有提有落、有阴有阳、有虚有实，合起来以后有而回无。

有了合出来的中这个一的滋味，虚中线就会虚而实。人体解剖是没有的，是看不见的，但是真的能够合到一上的话，虚中线就真正实了、通了。大家在站的时候，要反复品味虚中线的内涵。

4.不变在竖

虚中线，是虚是无，要把它站出真实来，虚而实、无而有，标准就是上下相随，合二而一，合出来一个不变的中。修为就是要找这个中、求这个中，中就是太极。老子也告诉我们："多言数穷，不如守中。"说一千道一万，大道至简，只要把两个对立的要素合到一个"中"上，那就是了。浑圆桩功就是在求这个"一"，就是在落实守中。当然这个"中"不只是停留在理论上，还要把它落实到身上，体会到一个滋味。通过无极桩功、浑圆桩功，最终要合出来"中"的滋味。

人身这条虚中线是虚的，但是天和地是真实的。虚中线是无的，解剖看不见，但是天地是有的。以无的这条虚中线和有的天地相合的话，有无、虚实就合二而一了，天—地—人三才也就三合一了。

虚中线是虚的，它之所以虚是我们没有能够把它落实。从本体来说，不管你承认不承认，认识不认识，这条虚中线本身存在。只要有天有地，就有天地之间的这条线，不以人的意志为转移。我们只是去认识它，通过它去体会上跟下、提和落、阴和阳两者之间的对立统一、阴阳相济，而不是要创造出一条虚中线来。

虚中线要虚出来一个沉落——向下落，为什么？因为大地的重力。天与地，上天为阳，下地为阴，上天为气，下地为力。也就是说，天实在气上，地实在力上。

要想天人相合，就要在我们身体当中把力和气具体的落实，要把它们相合。气与力合指的不是有形肌肉的力跟呼吸的气怎么去合，这不是气与力合的本质。我们所说的气与力合的本质是指天之气、地之力，一上一下，合二而一。它们本身是客观存在的，只是人不能与之通合。不是天和地有没有气、有没有力的问题，是由于天和地这两个没有在我这里合起来。天地本来是合的，上天之气、下地之力是相合的。我们要体会到天地之间这一竖，跟它相合以后，在身体里面要合出来不变的一种滋味，把它真正落实。

怎么去体会它？在站桩的时候，竖（虚中线）开的时候，要开出来一个不变的滋味。什么滋味呢？就是沉的滋味，也就是大地对于人体产生了重力作用。这种滋味对于"我"来说是不变的。我们要找到它，而且它不能变。这个滋味具体到人体，就是重——重量、分量、体重。

重是不变的。在这里，我的体重是72千克，到了旧金山依然还是72千克，当然会有微小的变化，但基本上是守恒不变的。要找到一个不变的滋味，这是大地给予你的力的作用，它是不变的。

天地无情，不因为对我不喜欢，就让我变成60千克。没有偏好，所以它无情，才不变。我们能抓住一个不变的东西作为觉知，感觉到它的真实，很重要的一点就是因为它无私，它是不变的、守恒的。在站浑圆桩功这一竖的时候，就要站出这个不变的滋味，这个滋味是沉的。不管怎么动，我现在要向上走，它是72千克；我向下落，它还是72千克；我向左转是72千克，向右转还是72千克。上下、左右、前后变了，但里面这个不变没有变。

说通过这一竖，在站的时候要站出来一个内在的不变的永恒。因此，当他人满眼看到变的时候，我们要看到在这些变当中有一个不变的主宰。肉眼看到的是表象的变化，内在的不变是看不见的，要修为出来，它是真实存在的。有了这个沉厚、有了这个不变，在用这个不变应万变的过程当中，保持了这个沉，你就能够沉稳、沉厚，能沉住气了。修为要出这个沉，沉永远和虚中线是相合的，永远不变。所谓不变，一个是它的重不变，一个是这种味道、这种滋味——内在的主宰作用不变。可以得出一个结论，在所有变化当中，这一竖是永远不变的。

竖是实的、不变的、永恒的，是不需要后天去变的，是本原就存在的，有天有地就有这一竖。现在的问题不是我们再去修一个新的竖来，而是怎么样让这一竖真的为我所知、为我所觉、为我所用，这是在修为浑圆桩功时要牢牢把握的一个核心。不是再练出一竖，是把它真实地落实。怎么体会它？浑圆桩功找到一竖以后，重要的是竖开、上下相随、相通合，合出来一个沉。当然这个沉是有上有下，有轻有重，有起有伏。相合出的"一"是沉，沉是不变的。要从这个角度去认知它。

竖是不变的。不管是走、坐、跳——所有变化过程，我们是不是都竖起来了，是不是这一竖始终如一主宰着所有的变。浑圆桩功要站的一竖，是要站出它的真实，不是为了站它的不变。在变化过程中，不管前进后退、左顾右盼，这一竖始终保持主宰不变的状态——变当中，它能够一直不变。

为什么竖要保持不变？是为了以不变应万变。事物的本原不是不变，不变只是其中的主宰。宇宙万物是无时无刻不变，各种各样的事情分分秒秒在变，变才是绝对的、真实的。之所以找出这一竖，是为了用这一竖约束所有的变化，让变化不要离开这个不变的主宰，别乱变。让它变得有根有序，让万变不离其宗。

二、横要无而生有

1. 变在横

竖是不变，怎么体会它的万变呢？不变在竖，变在横上。为什么说横是变的呢？横散的含义是什么？

一竖是有，天地之间有这一竖，它是恒定的，是不变的，不以人的意志为转移的，先天的、自然的、本原的，本来就有，每个人都有。但横不是，横是无，需要后天修为，把无的横修为出一个实有。这是修为横和竖的本质区别。竖是有——本来就有，横是无。竖有，要有而回无，横无，要无而生有。横是虚的，是没有的，不靠修为是出不来的。在浑圆桩功当中，要站出一竖，更主要的是要修出这一横来。竖在天地之间是不变的，横是无，要无出一个真有，只可用意去感知到它的真实存在。

在浑圆桩功当中，在一竖的基础上，一横要散开。以横向散开来体会横的无而生有，虚而实之。人不缺这一竖，每个人往那儿一站，这一竖自然就在那儿，缺的是横。所以你往那儿一站，如果没有横的话，这个竖是一根杆子，一推就倒，它没有支撑。竖尽管本身就存在着，是不变的，自然而有的，但是没有横去支撑它的话，这一竖是不稳固的，甚至可以说是不堪一击的。

要想让竖真正能够竖起来，必须用横来支撑。我们从无极桩功开始站，体会到这一竖以后，如果没有这一横，对方一来力，摁到我这个竖上，这个竖马上就倒。如果有了一横，对方在横上摁我的时候，他摁不倒这个竖，因为不变的竖在里面主宰着。所以横散了以后，才能保持住竖的不变与通合。横是保护一竖的，竖是主宰一横的。要想竖不变，得用横，得有这横。

在任何时候，只要虚中线保持畅通，身体就稳定、平衡，身体就能守住这个"一"，跟天地相通合，我们就没有病，三腔是通合的，各个器官是一气周流的。对于我们自身来说，是健康的。对于防身技击来说，只要能保持住竖的不变，保持这个"中"的不变，就立于不败之地。之所以败，之所以倒，就是因为不变的这个沉、这个中守不住了，被破坏了。

这个沉，实际上就是我们的重心。当对手一摁到我的竖，马上拿住了我的重心，抓住了我的重心就掌握了我这个人。所以说要想不受制于人，就要保持住守中的状态不变，保持住这一竖的沉稳不变。怎么保持？不是就竖上保持不变。很多人理解为脚下扎根，要用力往下扎，越用力好像就越能够保持住这一竖的稳固，有没有作用呢？不能说没有作用，它的作用就体现在力大力小。当对手来的力小于你用力踩地的力，相对来说你还是可以保持稳定的。一旦遇上一个比你力大的，你想用这种力来解决对手力，不可能做到。力大打力小，你要靠这种竖上的力来保持稳定，只有力比他大。你怎么能保持力比对手大呢？你没有权利选择对手一定比你力小，所以你左右不了整个局面以使自己立于不败之地。遇上力小的，你好像胜了，遇上力大的你必败。胜败不在你自己的掌控，不取决于你，而取决于对手。当你的命运取决于对手的时候，你哪儿还有自我，完全是受制于人。

要想立于不败之地，掌握自己的命运，就要把一竖把握在自己的手里，保持它的不变。不能把这条生命线交给对手。怎么保持这条生命线不变，把它牢牢把握在自己的手里呢？在横不在竖，竖主宰着横，横竖互为其根。横才是决定竖能不能处于主宰位置的因素。因此，要把横真的体会出来，牢牢把握住横是一种什么样的状态，是一种什么样的属性，是一种什么样的滋味。

2. 横散

在浑圆桩功当中，意要在横上体会到它的真实，要站出这个横来。既然竖是本原真实存在的，它是不是真的能够竖起来，在某种意义上取决于横。现在有两个意——一个竖、一个横，在站浑圆桩功的时候，这两个意要有一个侧重点。怎么侧重呢？要在横上体会，用横体会到竖的真实存在和主宰。竖是不是真的能竖起来，保持它的恒定不变，在横不在竖。不用管竖，只要有了横，竖在其中，因为竖主宰着横。出不来这一横，竖就无所主宰。有了这个一，就有了横上的散。横上能够万变，就会有一竖在主宰。这两个谁也离不开谁的，是一对矛盾，又互为因果，相互来证实。

在站浑圆桩功的时候，大家在横上要用意体会出它的真实存在。怎么用意体会到它的真实存在呢？竖是不变的，横是要变的，我们要通过浑圆桩功体会到横的开合聚散的变化。横要散、要开，但是这种开不是死的。只有有合才有开。伸开双臂不叫开，已经开不开了，死在这儿了。我们所说的开是合中开、开中合。也就是说，散、开是动态变化的。在站浑圆桩功体会横散的时候，要体会出它的这种横向的开合变化。

当然，横向的开合变化不是形上的变化。浑圆桩功的变化，"凡此皆是意"。意上的开合，意上的聚散，这才是我们要寻求的真实。

我们说抱球势的时候，手、肩、背、膻中穴是横向的开。但是抱球不只是抱这一横，而是要在一竖当中体会出横上不但有开合的变化，还有横上的无数横的同变。横上的散开，是一开无有不开、一散无有不散，也就是以虚中线为中，上中下同时一开俱开、一合俱合。大家往往只是体会到这一横，实际上要合出一个意，是以这一横为主横，上中下多横同出同变。在站桩的时候，这个意全都在开。一开全开，才形成了一个完整的球。

浑圆桩功不是站一条线，也不是站一个面，而是要站一个体——浑圆一体。浑圆一体就是球。当站这个球的时候，不是要把身体站出一个球的形状，而是站出意的球。要站出这个球的味道，不是站出一个形式。

在站的时候，这一横就体会出来了。沿着这条虚中线，虚中线上的每一点都有横散，所有这些横散又都不离开这条虚中线。在横散过程中，横上产生了一个散和聚的变化，同时又产生了无数个横的变化。

在站浑圆桩功的时候，以膻中穴去体会这条主横线，不断地在意上由少到多地去体会横的变化，最终达到一开俱开，一合俱合。

比如说，我们在这条线的基础上再体会，这是中，这是上，上这儿还有一条线，这条线我们从哪儿找呢？上丹田这儿有一条横线，我们就从这条线来找，这是中。下面我们再画出一条线来，用意来找，下丹田，气海这个地方有一条。当一开——散开的时候，上、中、下全开，这个开就由一而三，分出来上中下。这样在站的过程当中，一个横的意产生了横上意的变化。意一定要体会是变的、是动的，横本身就有聚散开合的变化。不同位置又有横的聚散的变化，就是变中还有变。是不是就这三横呢？不是，但这三横是基础的三横。

一竖当中，任何一点都是中。既然是中，在每一点上都可以有一横。既然竖上的一点可以找到一横，这一点就一定要有聚和散的变化。所以，越站越细、越站越轻。我们说一分为二，二生三，三生万。最后身体会分到什么程度呢？像天地一样，全体透空。越分越细的结果就是越来越能够清楚地认识到事物变化的真实的、内在的本质。这个本质是什么呢？尽管一竖可以分出无数个点，越分越多，但是本质就是一生二、二生三，就是一个阴一个阳相合合出来一个阴阳相济。只要抓住这个本质，就能够认清所有事物的变化。这样就可以让变化更加精细、增多。这个多不是乱，是用"一"分出来的多、分出来的细，其大无外、其小无内。

横不只是膻中穴这一横，起码要在上中下三个位置上找出横上的聚散的意的变化。在"三"的基础上，逐步体会三生万物、三生万变。但是不管横上有多少变化，总是不离一竖。

竖开横散，竖是有，横是无；竖是实的，横是虚的；

竖是本原存在的，天地之间本来就有，横是后天要修为的。横和竖相互作用，就形成了一个浑圆一体、浑然一气的球。

三、横竖合一

1.阴阳相济

竖开横散功法就是为了说明一横和一竖两者之间到底是一种什么样的关系。横和竖代表了一个阴一个阳，阴和阳是一个哲学概念。宇宙万物就是由对立的两种力量构成，一个是黑一个是白，一个是上一个是下，一个是有一个是无，一个是刚一个是柔……总之分出两个完全对立的要素。

比如说人，不管什么民族、什么信仰，只有两种人，一种是男人、一种是女人，在男人女人里面再分高矮胖瘦的不同。宇宙万物只此一理——阴阳之理，不管是不是分了上下、左右、男女、大小、快慢、刚柔，归纳起来就是一个阴一个阳。

我们要在身体上真实感悟到阴和阳。太极内功有八纲——阴阳、动静、虚实、刚柔，在具体修为过程当中，怎么才能真实地感悟到它们？这还是需要法门的。

　　我们的前辈在修为过程当中，发现从这个角度上就能很明确地体会出两个对立的东西在人身上到底是怎么体现的。哪个角度呢？一个横一个竖。因为竖和横对于每个人来说，都有很清晰的认知。说虚实很多人不一定马上成像，一说横竖马上就能够对应，横就是横，竖就是竖。我们在修为当中就是用横和竖来体悟阴阳之理，用横竖的变化体会出一个有一个无，用横和竖的对立关系体会出一个虚一个实。抓住了横竖修为的法门，就能够把握虚实、动静、刚柔，进而找到阴和阳两者之间对立统一的关系。

　　修为太极内功，最终的目标是什么？王宗岳在《太极拳论》当中很清楚地告诉我们，"由着熟而渐悟懂劲，由懂劲而阶及神明"，最高境界是阶及神明。要进入到神明，从心所欲，完全道法自然，回到先天的自然状态，必须先要达到阴阳相济。阴阳相济，方为懂劲。

　　在具体修为当中，浑圆桩功的竖开横散——一横一竖就是去找、去体悟阴阳相济在我们身体中到底是一种什么样的真实状态和滋味。前面说过阴阳，这是一个概念，在生活中比比皆是，有黑有白、有男有女、有上有下、有虚有实、有横有竖。

　　怎么理解相济？浑圆桩功竖开横散功法，不是为了分清什么是横什么是竖，而在于相济。如果不能够相济，分而不合，这不是修为的目的。我们修为浑圆，浑圆就是相济的结果。浑然一气、浑圆一体，怎么得到呢？相济。怎么相济？先分阴阳，再把阴阳合起来。"相"指互相对立，一个阴一个阳是不同的。"济"指同。如果"相"是分的话，"济"就是合。"济"左边是三点水，也就是说它离不开水，它代表的是一种水的品质。右边是"齐"，什么是齐？齐是平了，平就齐。怎么才能齐呢？对立的两个部分同时存在、齐平。怎么做到"齐"？像水一样，水才能够齐。老子说："高下相倾"，"负阴而抱阳，冲气以为和"，一个水一个气，它们才有济，才能济，才相济。水从高处一定向低处流，等流到高低相等，水就不流了，静止了，静之则合，也就是高和低这两个合一了。我们修为的就是这个相济——通过有为功法寻求阴阳相济。作为个人来说，怎么运用阴阳相济之理，来让自己达到心平气和，这是一个关键。

2.一味

人要能够让身体健康，能够抵御外来的侵害，保持最佳的、合适的状态，关键是济——气和、一气周流。阴阳两气不通，不能够阴平阳秘，身体各种病就都来了。当处在不能够一气周流的状态，身体就会僵滞，不能变化，以至受制于人。只要能够一气贯通、一气周流，就没有病。要让一气畅通无阻，不在气，在心。前人告诉我

们"心平则气息"，阴阳不平的原因是心不平，心平了气
就和了。心里面总有分别心，总用对错、好坏去分别你之
外所有的事情，然后在自己心里面产生了一个不平之心，
看到不顺心的，听到不满意的，心里面愤愤不平。心不平
气就不和，阴阳之气就不能畅通。要解决这个问题只能从
心入手。心怎么能平？在意不在心，心不平是因为意不能
相济。意不济，看待事物会出现两种状态，一个你认为的
好、一个你认为的不好。万物都要分出来阴阳对立的两个
部分，有顺就有逆，不以你的意志为转移，可是我们总
用自己的心去分别它、去管它，翻回头来造成自己心的
不平。

　　该出现阴天的时候，就出现阴天，该出现蓝天白云的
时候，就出现蓝天白云，这是自然现象，属于规律，谁也
改变不了。关键是我们能改变什么？在我们心里面让它们
能够合到一上，心保持住平，也就是能够相济。怎么相济
呢？像水一样，往一块流。意如水，流到一个静的状态，
心平气就和。在心里面永远没有对错、好坏，这并不等于
事物彼此不分，而是我们的心不分。

　　具体到太极阴阳之理，怎么把它修为到自己身上？一
个横一个竖，我们去分清它，横是横、竖是竖。竖是先天
的、自然的、本原的，天地之间这一竖是不改变的、是永
恒的。现在问题不是要再造出一个天地之间的竖，而是让

自己怎么和天地之间的竖相合。站浑圆桩竖开横散，就是要与天地之间这一竖相合。这样，天—地—人才能一气周流相通。

说到阴阳二气，大家不能只理解为"是我"的阴阳二气，实际上阴阳二气归根结底不是我的、你的、他的，是天地之间的。没有你的、我的、他的，只是我合了天地的阴阳二气。你不能跟天地相合，天地阴阳二气在你身上就不通，你创造不出除了天地的阴阳二气之外另一个阴阳二气。很多人说练气功练了好多年，练出了自己的阴阳二气。我个人理解这是一个浑沌的概念。你只要把自己和天地的阴阳二气一气贯通，就能达到阴平阳秘。自古华山一条道，就是你和天地之气相合。

通过具体的修为，我们要把这一竖——虚中线，在身体当中虚而实之，找到它真实的贯通一气。

我们本来就有天地之间的一条永恒不变的、先天自然的垂线——竖直的竖线，其大无外、其小无内，没有端点。这条线是有，又是无，看不见摸不着，目前的科学仪器测不出来，找不到它。竖是虚，怎么体会它的实呢？我们必须在实处求得它的真实，不是想象天地之间这条线，而是在身体里面把它落实了。怎么落实呢？借助两个点，一个百会、一个会阴，一个通天、一个通地，才能够找到这条线的开始、结束，才有了它的真实。但不是说这条线的端点就是一个百会一个会阴，这里只是人为规定了两个点——百会和会阴。

找到这两个点以后，就要让它们通合。浑圆桩功竖开横散，做到上下相合就是通了。上下不合，上是上、下是下，就是不通。怎么相合？就是阴阳相济，具体体现在虚中线上的上下相合。通过什么让上下相合呢？只有意才能够把形上的一上一下相合了。形上要把百会和会阴捏在一块是做不到的，但是可以用意把它们合起来——合一。所有修为都要牢牢地把握住意的修为，"凡此皆是意"，分或者是合，在意不在形。我们是用形来求这个意，一定是在意上去找它。

什么是这个意呢？是一种滋味。在站的时候，要品百会和会阴是一个味儿还是俩味儿，如果是两个不同的味儿，说明没有相合。在无极桩功当中要分，百会要上提，会阴要下落。在浑圆桩功只体会到了百会的上提，会阴的下落还不够，说明两个点没有合。

什么叫合了呢？在百会这一点体会到上提的同时，还体会到了下落，这一点分出了提和落，但合出来是一个味道。这个味儿只可意会，说不清。提也能够说、落也能够说，提落一合之后，合出来一个说不清的味。也就是说，在百会这个地方体会到了提中有落、落中有提，提落相济的一个味儿。我们要反复品这个味。品这个味儿要干吗？

用这个味去检验虚中线的另外一端会阴是不是只有落。如果品到落当中还有提，这才是合出来的味。会阴这个地方体会出下落上提合一的味；百会这个地方体会出上提下落合一的味，最后得出一个什么样的体悟呢？百会这个味儿和会阴这个味儿不是两个味儿，而是合出来一个说不清的味，它才是我们求的那个意。这样说来，我们用竖开横散体会浑圆，用虚中线上提和下落体会什么是阴阳相济，体会出来百会和会阴是一个味儿——上下是一个味儿，分而相合，相济合一了。"阴阳相济，方为懂劲"，那个味儿就是懂劲要品出来的味儿。

我们说有上有下，一个百会、一个会阴，很具体，看得见摸得着，但是经过浑圆合一以后，哪是百会、哪是会阴呢？如果只是一个味，用这个味来鉴定、定义百会和会阴，会发现它们跟形没有关系，跟在上还是在下也没有关系，因为它们是同一、合一的一个味儿，味儿没变。我不是从形上去分它们具体的位置，而是从里面的意来分辨它们是一个意，最后浑圆合———两个分别对立部分相济以后，就有而回无了。所以我们就站这无，把"有"合出来一个"无"的结果。但是这个无是有而回无，它还是有，这个有是一，有了一个一，有了一个真的意。这个意是既有又无。站浑圆桩要把百会会阴相济而合，要合出一个意来。

3.超以象外

在无极桩功的时候，百会和会阴，一个上一个下，合到"中"上，合到膻中穴，这是中。百会和会阴合到中上，合到这一点上。用这一点体会，合出来一个空，所以中是空。阴和阳、上和下相合以后，合出来一个平衡的状态，那就是中。这一点的状态是空的，我们说这是空。中只是膻中这一个点吗？不是的。什么是中？只要阴阳相济，两个点合到一个点的状态，就是中。在无极桩功中，我们用膻中穴体会中的味儿。在浑圆桩功当中会发现，中不只是这里。百会是中，因为上跟下、提和落，两个对立的部分在这一点上合二而一了，合二而一就是中。会阴也是中，因为在这一点上落中有提、提中有落，提落合一了，两个对立部分合到一个点上了。

"中"有没有？有，但中是意的滋味，不是几何概念上的中点。我们是用中来寻求意上的合二而一的觉知。沿着虚中线，那儿都是中，无数个中。不只是虚中线，在任何一个空间当中，只要有两点往一块一合就合出来一个"中"。中无定中，处处是中。大家一定要用太极的思维，在修为当中去寻求这种真实的滋味。

我反复强调这一点，原因在于太极内功寻求的不是一个有形有象的动作、招式，而是寻求那个说不清的、无形无象的滋味和意。形只是一个载体，要用它来寻求那个滋味、那个意。我们所求得的是"超以象外，得其环中"。

什么是"超以象外"呢？"象"是表现出来的表象。宇宙万物表现出来的都只是一个表象，我们要超越它，去品尝内里的那个味道、真义。要透过表象直达本质，就不能够停留在表象，被表象所迷惑，要透过它，看它背后的内涵是什么。我们要把可意会的这个方法攥在自己手里，才能"超以象外"，才能看到事物内在看不见的本原。

"超以象外"是中国传统文化的核心。中国的诗歌、戏曲、文学、国画、中医等，都是在寻求"超以象外"，都是透过表象去寻求里面的真义。中国的诗词是以景生情，抒发自己内在的情。内有情外才有景，情景交融。我们读一篇作品，不是看文字本身，而是要通过文字看它之内的那个真意。从文字的表象上看不出来，你只有细细品，以意会，用心去品。

修为浑圆桩功一横一竖的过程，就是在"超以象外"，就是要通过这个形找出里边那个真感实意。我们不是为了站出这个提、这个落，而是要站出提和落合出来的一个味道——既提又落的味道。提和落合出来一个说不清的味儿，既不是提也不是落，而是一种中合的状态。我们没办法把"中"里面的味儿用文字表示出来，只可意会。提、落可以说，向上就叫提，向下就叫落，提和落是对立的两种状态。但是这两个合一以后，合出来既提又落的滋味，只可意会不可言传，无法用文字来表述它，因为它是文字之内的看不见摸不清的内在之意。我们就是要把文字写不出、语言说不清的内在的那个意，变成自己真实的觉知。我们就是修这个，而不是修一种形态。

通过浑圆桩功竖开横散，找到了这一竖。这一竖是先天的、自然的、本原的，天地之间本身就有的，不以人的意志为转移。只要让人体的虚中线和天地之间的这条线相重合，天—地—人就合一了。天地之间这条线不变，人在不变当中，我们就要找横，横是可变的。在站浑圆桩功竖开横散的时候，竖上的开合是天地之间的开和合，我们在这条虚中线上要找出横上的开合。

膻中穴在有形身体当中是天—地—人三穴合一的，我们要用它来找横上的开合。横上膻中穴这一点怎么体会它呢？人的背是一个实的夹脊关，胸前是虚的膻中穴，一虚一实，这两者之间产生了一个鼓荡和开合。像一张弓一样，弓背是实中线，弓弦是虚中线，它们之间产生了一个横向的开合。当横向开合的时候，虚中线是定的、不变的，我们就是要在虚中线体会横的开合鼓荡。

我们找到了一个虚一个实、一个膻中穴一个夹脊关。找这两点只是为了找到横上开合，去体会由虚中线能够左右、前后开合鼓荡的一种真实的感悟。从意上讲，依然是前无端无极，后无端无极，完全是意的开合变化，依然是其大无外、其小无内。

我们的虚中线是不变的，这个不变是指天地之间这条竖线是永恒的、天然的、不变的。横竖相交以后，就形成了一个横竖的浑圆体，形成了一个球。我们就是要用这一横一竖体悟到球的真意。所以我们不是为了找一个球的形，而是找球之义。

最近有学生给我提了一个问题："李老师，我要形成一个球，可是我现在这儿抱一个球，这儿顶着一个球，这儿还夹着一个球，这些球到底相互是什么关系？我们说一横一竖，这个虚中线在球里面，还有一条横线，形成我怀抱着这个球，还是这条虚中线在这儿形成了这样一个球？"我想告诉大家，不管是怀里抱着球，颏下夹的球，指尖夹的球，顶的球，还是圆裆下面这个球，不管是大球小球、内球还是外球，都是为了求出一个球的滋味和意。大家一定不要从空间位置上和形状上去寻求这个球之意。

什么是球之意呢？就是道生一，一生二，二生三，形成一个球，圆满了，生万物了。就是由开始这一点转一圈，最后又回到了起点，始终如一就是球。我们通过球，求得了一个始终如一的"一"。不是找球的形，而是找球的意，超出这个球的形象去寻求一种球的真义。

球的真意无非就是"超以象外，得其环中"，一个环一个中就是球。所有的球一定是有一个中。这个中是定的，变化的时候中总是在球当中。一个变一个不变，一个动一个不动，合到了一就是球，我们抱球是为了找到这个球的一。修为出来这一个滋味，那就是球。从形上说，有无数个球；从意上说，就一个球，合到一上就是球。说到这个球的时候，不要以这个象说这个球、想这个球，而是由意来说。只要两个对立的合到一上，就合到了中，始和终合到了一上就是圆。无数个球，处处球，都是一个意。

问　答

学员A：竖可以通过膻中穴体会，是不是在膻中穴这个点上，其实三百六十度都可以找出各个不同的横呢？

李光昭：对的。一竖可以出无数的横。前后是横、左右也是横，斜是横，正也是横，所以它有无数的横。但是横之意就一个，就是散聚的意。不管前后左右，都是一开一合、一散一聚。横与竖是垂直的，横向的坐标都是横。不管有多少横，最终找到的是一个滋味、一个意。大道至简，因繁就简，从膻中穴——中线的中这点体会横的开合、聚散的变化，去尝这个滋味，然后举一反三，再找其他横是不是跟这个滋味是一样的。这样不管前后还是左右，不管是有多少个横，最后站出来的都是一个味道，是一个意。横本身可以有无数个横，但是从意来说还是一个意。所谓一个意就是一个滋味。我们站出来一个球，是无数个横在变化，但是味道就是一个味儿。

学员B：请问老师，我们平时说胸前抱一个球，但今天说，虚中线等于是圆心，因为这个横线可以往前往后往左往右，好像胸前只抱了半个球，是这样吗？

李光昭：浑圆桩功从抱球势开始，胸前要抱着一个球。不管是抱球还是夹球、顶球，都是为了找球之意，找对立的两个部分往一块合，最后合出来完整的球。只要合成这一个完整的球，虽然处处都有球，但是总此一个球。其实我们是用这么多球最后寻求一个球；这么多个球，每个球的滋味、每个球的球之意是一个意，这与"总须完整一球"是意上的统一———一意。

《太极拳论》讲"一处自有一处虚实"。任何一个点都有虚实，所有的点都分出无数个虚实。但是不管有多少个虚实，无非就是一个虚一个实。拿住一个虚一个实，就能够产生和认知无数个虚实，依然是一和万的关系。我们是由处处球、处处成球，最后总此一球。这个球在哪儿呢？可大可小，大到天地之间就是一个球。我就是天地之间这个球，天地之间就是我这个球，我就是天地，天地就是我。我们容易出现的问题是，一说到球就想到球的外观、球的数量。当然在修为的时候，这些东西也都能够帮助我们去体会球的真义，但是我们要找的不是形、不是数量，而是球的真意、那个滋味。

学员C：三夹一顶、竖开横散这两个功法是分着练还是一起练？

李光昭：这个问题本身已经给出了答案，我们是既分又合。首先，三夹一顶和竖开横散是两种不同的功法，要分别体会，因为指尖夹球、顶球、腋下夹球是功法的实修内容。竖开横散是在这条虚中线，特别是膻中穴，寻求横和竖之间的关系，练的时候要分着去体悟。在体会竖开横散的时候，要检验三夹一顶是不是跟竖开横散合出来一个滋味。也就是在竖开横散的时候，一定要有三夹一顶之意。我们是将两个不同的功法合在一起，合出来一个共同的滋味，最终修的是一个意。不只三夹一顶、竖开横散，浑圆桩功九个功法最后合出来是一个球的意。

学员D：遵循合一的精神状态，像灯笼一样撑开这个我，在三横一竖的开合中去找内气运行一气周流的感觉，跟现在说的三夹一顶、竖开横散到底是什么关系？

李光昭：我们说竖开横散、三夹一顶是进一步落实前面所讲的合一、撑灯笼、体内一气周流的这种真实状态。在三夹一顶、竖开横散当中还要去寻求合一的状态，只是从不同的角度去寻求一个共同点。我们强调牢牢抓住修为的核心，"功夫无息法自修"。我们所给大家传授的具体方法只是过河的船，你可以乘这只船，也可以乘那只船，甚至可以游泳过去，都没有问题。只要找到自己适合的方法就行，但是主旨不能变、方向不能变。

学员E： 在修为竖开横散时，竖开当中很难体会到横散，横散当中有时候也体会不到竖开。要在竖开当中体会到横散，竖和横此两者要"同出"，但是如何才能同出？

李光昭： 在竖开横散过程当中，对立的两个部分要同时存在，要找到一个意、一个味道，如何找到这个味道？分着是两个味道，一个竖开、一个横散，但是我们不是为了分什么是竖开、什么是横散，而是要把竖开和横散合二而一，这才是太极内功所要寻求的那个真义。关键是如何能够找到这个"一"。

第八章　内抱外撑

一、内外合一

1. 内和外

所有功法都围着一个主旨——浑圆成球。修为太极就用有形有象的、有真感实觉的球来寻求太极的意。我们不是为了找这个形，而是为了找里面的意，为了形成一个球之意。也就是说，通过浑圆桩功的修为和学习，找到一个球的滋味，用这个球的滋味来规范我们的一言一行。所有行为都能够用一个球应对的话，我们就能够圆满、顺利。

要想成球，需要通过一个又一个具体的功法，最终品尝到这个球的真实滋味。竖开横散，是用一竖一横两个完全对立的部分去找它们的相通点，而后合一，形成这个球。内抱外撑是由一个内一个外，最后形成一个球。内外对于我们来说，是有明确概念的，就跟横竖一样。我们用它们去寻求成球以后的味道。内和外很容易理解，可是要用内和外这两个完全对立的部分，来寻求这个球的真义的话，我们就得从太极的角度对内和外进行认知。

常人认为的内和外好理解，屋里面是内，推门出去就是屋外。但是用太极思维来说，就不仅仅是看得见摸得到、有形的内和外的区别，还要有意上的内和外。

从最根本处说，有形身体是外，看不见的无形的心是内。外边的身形是看得见的、有形有象的——高矮胖瘦宽窄，它是有。心是无形的。虽然心是无的，但是我们要找到一个心的代表，那就是意。如果形是身之外的话，心就是身之内，内心生出一个内意。形是外，意是内，这里又分了一内一外。

是不是意就是内、形就是外？形和意，一内一外，它们本身还要分内外。形还要有内有外，内脏在身体之内，四肢就是身体之外。我们有骨有肉，骨在肉之内，肉在骨之外。意是不是只是内呢？不是，意同样分内意和外意。

讲浑圆桩功的时候，我们有一个意在抱球，这个意是虚的、看不见的内意。但是还有一个外意，身外空间不是空的，是有意的。在抱球的时候，身外的空间，仿佛海水的波涛，这是意。并不是我们真的站在海水当中，但是要有水意，这个意是外。这就是意上也同样分了一内一外。

　　内和外这两个概念，一定要用太极思维去理解它——永远是有内就有外，是层层可分的。形与意的层层分，是怎么分出内外的呢？我们说要符合一个阴一个阳，一个虚一个实。形分内外，看得见的这部分，外边就是实的；看不见的、里面的那部分，它是虚的。因此外形分出了内和外，分出了虚和实。

　　意是由心生的，同样也分出来虚和实。从心和意来说，心如果是虚的，意就是实的，我们要虚其心、实其意。为什么实这个意？因为意就是心的代表，心永远要处在虚中。要虚其心，心要处无，意就要真实。站浑圆桩功内抱外撑的时候，形和意是对立的，一内一外，看得见的是有形的身体，内在的是无形的意。形对意来说，形是外、意是内，意在形之内。意对形来说，外形是实的，看得见摸得着，内意看不见摸不着，它是虚的，所以一内一外、一实一虚。

　　作为意来说，相对形它是虚的，但是，对于心来说它是实的，是真实的。意要找到一个落实的、能够把握住的真实存在。那么，意到底是内还是外？对于意来说，形是实的，是外；对于形来说，意是虚的，是内。但对于心来说，这个意是实的，是在心之外的，是心的表现。所以内和外这两个永远是相对的，没有一个绝对的内，也没有一个绝对的外，这就是太极思维和常人思维对内外理解的本

209

质的不同。常人的理解，内就是内，外就是外，是两种完全不同的、相对立的要素。可是从太极思维来讲，内外是对立的，但是这两个谁也离不开谁，分开以后还要合，合了以后还要分。内里有外，外还有内。内外是一，是不同而合。

浑圆桩就是要用内抱外撑这个功法去寻求内外合一的那个味道。这个味道说不清，但是它存在，它是内外两者统一到一个点上。

浑圆桩也叫太极桩，太极就是一，就是由阴阳合出来一个不阴不阳、又阴又阳的状态，也就是"道生一，一生二，二生三"。所有的变都是由这两个对立的东西统一以后，生出来的变。

2. 外拳与内权

古人说"拳者，权也"，我们是用拳来修权，在权当中能体现出拳的内涵真义。拳在外，权是内。拳是可以表现出来的，包括无极桩功、浑圆桩功都属于外。无极桩功两手自然垂立，与肩同宽；浑圆桩功成抱球势、抱球桩，都有形上外在的表现。桩动起来了、成拳了，也就是太极起势盘拳走架，这些都是看得见的，有形有象属于外。但是内在是因拳而权。什么是权呢？就是两个对立的东西，两个完全相反的意统一到"一"的滋味。所以拳是有形的，权是无形的，一内一外。

拳和权，又分出来一个内和外。这个内和外要遵循一个主旨。什么主旨呢？内和外这两个是"此两者同出"，但是从太极内功修为来讲，它们是分主次的。

外是表象，内是主宰，要把内和外这两个分得很清楚。我们是以内主宰外。太极内功修为有一句很重要的拳论，就是"在内不在外"。你所看得见的外都是因内而表现出来的，是内的表现。所以，内和外的关系，一主一次。

分清内和外、一表一里，要把这两者合到"一"上。也就是说，外边所表现出来的是内里主宰的结果。它表现的是内，把无形无象的内，通过有形有象统一起来、表现出来。太极内功修为的是内。内是主宰，事物的发展、所有外在变化全是表象。只有抓住了内在的因——变化的主宰，才能掌握事物变化的规律。所以要找事物变化的规律，把握事物发生各种变化的因。

宇宙万物无时无刻不在发生着各种各样的变化，但是从太极阴阳之道去认识这种变化，尽管形式各异，归根结底就是一动一静。我们能看到的不是动就是静，不是静就是动。眼睛看得见，能够清楚表现出来的，都是外在的。透过外在的动和静，要找这个因。为什么会动？为什么会静？不在动和静，而在谁主宰着动，谁又主宰着静。也就是说，要寻求动和静表象之内的那个主宰的内涵。

透过表要直接找里。外面表现的动是因为内里面的主宰所产生的动，外边表现的静是因为内里面的主宰表现出来的静，权在内。在修为当中，在内不在外。要修内，要找内，内是看不见摸不着的，是虚的，怎么找呢？

太极内功的修为，就是告诉我们怎么找到内。从哪儿找呢？由内去找外，由表去及里，这是修为当中很重要的一个法门。内是看不见摸不到的，外是看得见摸得着的；外所表现出来的，是内在主宰的表象，看到外就知道内里是一个怎样的主宰，所以我们是由表及里，由外而入内。内和外这两个是"一"，是谁也离不开谁的。

浑圆桩功内抱外撑，就是从外当中去寻求内里的变化。

二、一须三要

内抱外撑是浑圆桩功一个重要功法，通过这个功法，要达到浑圆一体的、浑然一气的状态，这种状态是太极态。这个功法跟其他功法一样，就本身的形态来说非常简单，就是一个抱球势。没有变化的一个形，为什么还要体会竖开横散、内抱外撑？这是问题的关键。我们练的不是一个形，而是通过形去寻求里面变化的意。

　　我们不是为了站这个形。当然这个形要守规矩，无极桩功的规矩包括百会上提、足下平松而落、竖颈、收颏、叩齿、挂肩、垂肘、塌腕、展指、含胸、拔背、空腹、活腰、坐胯、敛臀、屈膝而扣，脚踝要舒，最后要圆裆。要体会到重锤向下落之意。这些形上的规矩是要守住的。

　　但是更主要的，我们是用形求意。不是要站一个外形，把这个身体站出一个什么样的状态，而是通过形来求里面的意。无极桩功是这样，浑圆桩功更是如此。大家不要拘泥于形来站这个桩。我们是用形找到意，找到一个内在可变的意。学习浑圆桩功，大家会发现，到最后这几个功法是一个形，但是里面要求出不同的、丰富变化的意来。

　　实际上，所有的功法最后要达到的目的很简单，就是懂劲。通过功法的修为，由形而求意。求没求出这个意，有没有达到一个应该达到的目的，就看你有没有懂劲。如果站了半天，不管无极桩功、浑圆桩功，最后还是没有懂劲，可以说太极内功还没有入门，没有真正修为出太极内功的真意来。这里需要对懂劲有一个认知。王宗岳《太极拳论》上很明确地告诉我们，"由着熟而渐悟懂劲，由懂劲而阶及神明"，懂劲是修为入没入门一个重要的分水岭。

　　内抱外撑最后要懂劲。要达到懂劲这个目标，得知道什么是劲。我们常说浑身带劲，有一种使不完的劲。什么是力、什么是劲，这两者很容易误解。如果分不清，把力理解为劲，劲理解为力，就"差之毫厘，谬之千里"了。劲不是力。

力是什么？力是有形身体的一个真实的作用。身体的力，是外力，是身体本身肌肉的力。

劲是什么？劲不是身体的力，不是浑身用力，而是身体里面产生了一种弹性作用，是身体里面一种真实的反应和结果。它是一种内在生命能量的真实存在。肌肉发达、浑身力量很大的人，他的身体不一定有充满了活力的劲。有的人，包括年岁大的人，肌肉看似不发达，好像也没有多大的力量，但是看着他就带劲，浑身有一种使不完的劲。

力和劲的重要区别是什么？力有用尽的时候，劲"取之不尽，用之不竭"，它是一种内在的能量。力越用越少，劲总使不完。《杨氏太极拳谱》告诉我们，"力出于血、肉、皮、骨"，出于有形的身体；劲出于内在的神意气。所以力是有形的，劲是无形的。

劲不只是表现在身体当中，它是有形身体中旺盛的生命状态。王宗岳在《太极拳论》上很清楚地告诉我们："阴阳相济，方为懂劲。"劲是阴阳的相济，相济就是劲。也就是说，阴和阳是对立的，但是要把它们相济。相济就是这两个不同的要向一块去合。

济的左边是三点水、右边是齐字，说的是像水一样，从高向低处流，流到了平，就齐了。也就是说，分出不同的两个对立部分，要向一块去冲合、去相济，这就是劲。懂劲的表现就是我们经常说的"把式好练劲难拿"。懂劲是懂得了阴和阳的不同，以及如何相合，懂得了如何把握两个不同的部分向一块合时的分寸、火候。因此，懂了这个劲后，将它应用于任何事物的变化中，就能够知道如何把握时机、掌握火候和分寸。太极修为最后要达到的就是这么一个结果。这个劲一方面使我们的身心充满了一种"取之不尽，用之不竭"的内在活力和能量，另一方面使我们在为人处事，面对世界万物所有的变化过程当中，能非常正确地把握住分寸、火候。

懂劲修为起来就是阴阳相济。在站浑圆桩功内抱外撑的时候，首先要分清楚阴和阳，然后要相济而懂劲。

1.须知阴阳

浑圆桩功内抱外撑首先要知阴阳。如果站了半天不知阴阳，那就只能说站了一个外形。

想通过内抱外撑这个功法达到分阴阳、合太极，你就得要知阴阳。如何知阴阳？就是"一须三要"。在做内抱外撑功法时，一定要遵守我所提炼和归纳出来的"一须三要"法则。

"一须"是须知阴阳，"三要"是明动静，分虚实，辨刚柔。也就是说，具体要从明动静、分虚实、辨刚柔当中去体会阴阳的分合变化，才算真正知了阴阳。

具体到修为过程，首先要把阴和阳在身体当中得到具体的落实。阴阳是道——"一阴一阳之谓道"。宇宙万物内部都存在着决定其发展变化的根本原因，也就是一个阴一个阳。阴和阳为什么能决定事物的生存、发展、变化、灭亡呢？原因在于，阴和阳这两种力量存在着三种特性。首先，阴和阳是相互对立的。我们要知阴阳，要知道它是对立的。找到了对立就找到了阴阳，两个不同就是阴阳。上与下是对立的，它们的属性就是阴阳。前和后、左和右，包括内和外，同样是阴阳属性。这样阴阳对于我们来说就不只是一个理论上的认识，还能够从具象中找到它。只要找到了两个对立的东西，就是阴和阳，这样就把它落实了。

其次，阴和阳是互为其根，阴不离阳、阳不离阴。《太极拳论》说："须知阴阳。……阴不离阳，阳不离阴，阴阳相济，方为懂劲。"就是说，阴阳谁也离不开谁，阳是阴的根，阴是阳的根，阴极而复阳，阳极而归阴，它们互相之间既对立又互为其根。在找阴阳的时候，不管是上下、前后、内外，只要是两个对立东西，一定要运用太极思维、太极阴阳学说的理论去分清它们的对立，同时要找到它们互为其根的内在关系。这样在理解上下、前后、内外的时候，就不会内就是内、外就是内，上就是上、下就是下。你会知道它们之间内部存在着互为其根、谁也离不开的必然联系。

最后，阴和阳是相互变转的。正因为相互变转，事物才有了各种各样的变化。如果阴就是阴、阳就是阳，它们没有变化了，就没有事物的生存发展的变化了。阴阳怎么变？"反者道之动"，总向它的反面去变，阴极了就要复阳，阳极了就要回阴。也就是说，它在变化的过程当中，总有一个向它相反方向去变的趋势。

这样去理解两个对立的东西——前和后，当有前的时候，一定有一个后，而且在前变化的时候，一定要向它的相反方向回。

具体到人身，首先要分清阴阳——一个有形的身体、一个无形的内心。我们把看得见的、有形的身体叫作阳的话，看不见的那个无形的心就是阴。

在修为过程中，要身心同修。身是形，心是意，以形和意来修我们的身和心，来修阴和阳如何对立和统一，如何相济。这样就把理论变成了一个可操作的实修实证。

2.要明动静

形和意之间，形是外，意就是内。这两个既对立，又互为其根，又可以相互变转，怎么去体会和修为呢？在太极内功修为过程当中，我们把它提炼为三个核心因素，一是明动静，也就是阴和阳、心和意，它们既对立又互为其根，又相互变转。我们从哪儿开始入手呢？从动和静入手。因为一动一静是日常生活当中大家都可以分得清楚的两种不同的作用。我们就用动和静在形和意当中去体会阴和阳的内在关系。

要想在"明动静"当中具体体现出阴和阳的既对立又互为其根又相互变转这三个内在关系，必须要运用太极思维。我们要用常人理解的动和静，通过修为进入太极思维的动和静的认知，这就是修为的一个目标——用动和静进入太极。因为常人的思维，动就是动、静就是静，这两个完全是对立的，很难理解它们互为其根，又相互变转，通过太极思维去理解动和静会得出完全不同的结论。从太极思维来讲，动和静是两种状态，但又是"一"的两个表象。也就是说，它们表现出来的是一个阴一个阳、一个动一个静，但实际上它们是互为其根，是"一"的两种对立的状态。从这个角度理解动和静，动也是静、静也是动。为什么这么说呢？所有眼睛看到的动，都是表现出来的动，是事物的表象，都不是内在主宰着这个动的根本。内在有一个主宰，外在随着内在的动而被动、随动，这是太极思维。

所谓看见的动是假象、表象，它本身是静的，是不动的。既然看到的动作为本体来说是不动的，那就得找到它因什么而动。我们看不见的、内在的那个动，才是真动，才是主宰的动。作为有形身体来说，所有的动，包括太极内功下一步的动功、拳架，以及外在练出来的动，它本身是静、是不动。

有形身体是静，但是我们看到的是动，是被意所动。因为内里的意是动的，意动形才随着动。

在站浑圆桩功的时候，无论内抱外撑，还是三夹一顶、竖开横散，身体都处在静的状态，没有变化。所以，功法修为很重要的一点是外要静下来，形要不动。

说到形不动，就认为往这儿一站，一抱球，身体一动不动。如果这样理解，就违背了太极思维。形的动是表象、假象，形自己不动，跟风吹树枝动一样，是意和气催动着它，它才动。形所谓的动是不动之动。同样，身体是不动的、是静的，依然是表象。

从太极思维讲，看似形是不动的，而实际它是动的。为什么它是静的又是动的呢？这就是站内抱外撑要站出的状态。我们要站出一个劲，这个劲在身体上是要有所体现的，而不是剥离开这个身体，不要这个身体。

这种劲要在身体上表现出来——懂劲了，有了劲了，它就是动静合一——动是静，静也是动；看似形是静，实际上它是动。动就是静、静就是动的话，这种状态就是无动不静、有而回无——回到了无上，没有动和静了。没有了动和静，就是有动有静，两个相济。相济而合在身体上表现出来的是没有动没有静，回了无了。这种状态就是中。为什么说是中呢？就是虽然静，但是欲动，随时可动。表现出来的是不动，但是内里面已经处在随时可动的状态。它是动静处中的状态，表象是静、不动，内里是一直不停地在动。

在站内抱外撑的时候，要站出来这样一种发而未发、随时可发但是不发的临界的中的状态。处于这种状态，随时可进可退可左可右。它是中定，看似不动，可随机待动，该怎么动就怎么动，需要它怎么动，内气马上发动，就能够随意而为。这种状态就是劲的状态，就是在中的基础上产生了一种随势而可发、随机而可动又守住中定的状态。

劲的状态就像一个战士，他自己不动，但是长官一发命令前进，他马上就能前进、后退。进可攻、退可守，就是这么一种临界的状态。劲就是弓上弦，随时可发，就等那个机、那个势，需要发的时候随时就能够发出去。

劲在身体当中会有这么一种弹性的、发而未发的真实作用。所以在站内抱外撑的时候，并非是站一个死的形，而是在这个形里面要站出来一个劲，这个劲产生于阴和阳的对立。也就是说，动和静同时存在，看似是静，但它是随时可发的内在萌动状态。

浑圆桩功就是要把自己练成一粒种子，浑圆桩功就是练种子的功夫。比如两颗黄豆，一颗是有生命的，一颗是没有生命的，放在一起，看上去没有区别，外观都是静的，但是有生命的静是活的，是静当中的动。它是待机而发，只要给了它合适的温度、水分，里面的生命能量就要释放，就要生根发芽。而那颗没有内在生命的黄豆，是死的，它的静是死静。这两粒黄豆外形看不出来，关键在于内里存在着一个生命的活力，就是劲。

因此，在站浑圆桩功的时候，要把自己站成一颗有生命内在能量的种子，而不是站成一颗静止不动的、死的形态的黄豆。

怎么才能站出这个种子的内在活力呢？在内不在外，动静合一。我们在修为当中，通过具体的功法，要能够让身体里面产生这种充满活力的内在能量——内劲。

3.要分虚实

具体修为方法的第二个要求是分虚实。如何能够明动静，能够懂劲，关键在于能不能够分清虚实。杨澄甫在《太极拳术十要》里专门告诉我们："太极拳以分虚实为第一义。"也就是浑圆桩功在修为过程当中，其核心内容是要分清虚实。

很多朋友说："李老师，这个虚实我分得很清楚，看得见摸得着的、有形的身体是实，那个看不见摸不着的意，是虚的。形实意虚，我分清了。"看得见的摸得着的就是实，看不见的就是虚，这是常人理解。我们要通过内功修为，特别是通过浑圆桩功，包括内抱外撑，进入太极思维。实际上修为入门没入门，就要看脑子变了没有，思维意识变了没有，思维习惯变了没有。如果还是常人的思维习惯，等于没有入到太极内功的门里来。入门与否一个重要的分水岭就是思维习惯的转变。虚实分清，指的是有形的要实而能虚，内意的虚要能够虚而能实。也就是说，看得见摸得着的身体只是表象，它的本原、本质是虚。我能够在实当中发生一个虚实的变转，这才叫分清了虚实。分清虚实，不是虚是虚、实是实，而是两者发生了一个变转的作用。《十三势歌诀》说："变转虚实须留意，气遍身躯不稍滞。静中触动动犹静，因敌变化示神奇。"功夫体现在变转上，要变转，要能变。也就是说，身体这个所谓的实，要让它虚了。

实的虚了，不是常人理解的那样，看得见的身体是实的，要把它转化成虚，就像变魔术一样，一下把它藏起来了，看不见了，就是虚了。不是的。形没有变，实的还是实的，但是这个实已经发生了一个虚实的变转。我们的功夫就在于能够让这个实，实而转虚——形还是实的，看得见摸得着，但是它已经是一个能够转虚的实。

　　这就叫虚实同体，二者是一回事。看似同样一个没变的形，它既是实，又是虚。功夫就在这儿。不在形的变化，也不是把它藏起来，而是在内不在外，在意不在形。能够把实的、有形的身体实而虚之的关键在意。只有用意才能够把看得见的实虚了，把两个东西统一到"一"上，让虚实两个对立的东西可以发生变转，而且在"一"当中体现出两个东西同时存在。

　　在做内抱外撑的时候，看似形没有变化，但是一定产生了向内抱、向外撑两个同时存在的作用。这种同时存在如果离开意，从形上来说是做不到的。有形身体离开意的话，是无法真正达到内和外、抱和撑对立的两者同时存在的。抱从形上来说就是向里抱，撑就是向外撑，大家都能看得见，它是两回事。但是要做到内抱外撑，形没有变化，既要有内抱又要有外撑，只能用意。所以《太极拳论》说："动之则分，静之则合。"动是分，静是合，凡此皆是意，指的是意的动分静合。在虚实变转当中，动就是分，分了就要动。分出高低了，它就要由高向低走。

分出前和后，就要前后相随。什么是静呢？在虚实变转当中，静就是合，合就是此两者同，出和入、内和外同时存在，同时把对立的两种作用统一到一个"一"上，统一到一个状态上。这个状态是眼睛看不见的，只有意才能够产生这种真实的作用。

做内抱外撑，一定是在意上去求虚实的变化。所谓虚实变化，实的是有形的身体，实的要虚了；虚的那个意要实了，而且动之则分。意要分出来一个抱一个撑、一个内一个外。我们用抱球势来分出一个内外、一个抱撑，通过这个形要站出意的滋味。

这个意的滋味是什么？只有意分出来两个对立的部分——一个是向内入，叫抱；一个是向外出，叫撑，这两个意（抱之意和撑之意）同时存在。把这两个意同一，同出来一个说不清的滋味。如果从意的分上来说，抱向内，撑向外，但是这两个同一以后，两意合一意，合出来一个说不清的味道。在做内抱外撑的时候，最后要通过内抱和外撑寻求一个滋味，找出一意。

内抱和外撑最后要达到一个什么样的作用呢？品到了一个味。所有内功功法的修为都是在品味，因为我们在找这一个意。这一个意最后是一种味道、觉知，是心知肚明的一种滋味。这种滋味是要用心意品尝的，是很难用语言说清的。如果通过两种完全对立的意，站出一个说不清的、合起来的滋味，恭喜你，站对了。一个抱、一个撑，分开说，每一个都很清楚，但是这两个一合以后就说不清了，它是抱，但是抱中要有撑；是撑，但是撑中还要有抱。这种滋味是对立的两种滋味，在动当中产生相济，相济就会产生平。分出来了两个不同，但是这两个最后总是向"此两者同"进行变化、变转。

在站的时候，形看似是静的，但意是动的，而且两个意（抱和撑）同时存在，最后合出来一个外面看似静而不动，内里能够品味到一个既抱又撑、既撑又抱的"动之则分，静之则合"的两意合一意的滋味。也就是说，在外静的基础上，里面产生了一个动态平衡的结果，这个结果就是内和外的统一，抱和撑的统一。

达到了这么一种结果，一定是动态的平衡，是调整的一个结果——在抱当中要撑、撑当中要抱，产生一个意的变化。不是抱就是抱、撑就是撑。抱要撑、撑要抱，两个意总是在相互冲和，在不断地变化过程当中，以中、平为准则，产生相互变转。

在站内抱外撑的时候，要站出内里的意的动之则分——两个完全不同的意产生相互作用。从有形的形态来说，是相对静的、不动的，但是里面的意一定是两个意在不断地发生着作用，是动的。这种动是向着平衡、向着静去合的。

　　理解内抱外撑，要用太极思维。向内是抱，但是向内抱的同时，要有一个向外撑，这两个要同时存在。为什么内抱会出现一个外撑呢？因为撑是向内抱的一个反向作用的结果，向外撑的时候，就要有一个向内的抱；向内抱的时候，就要有一个向外的撑，它们是互为其根的，谁也离不开谁。

　　如何体会到在抱当中要有撑、在撑当中要有抱？这就是前文所提的第一个问题，怎么体会到竖开的时候要有横散，横散的时候要有竖开。竖开横散和内抱外撑异曲同工，是一个主旨。如何体会合到一个意上呢？在竖开的时候，体会竖开之意，在竖开之意的基础上找横散很难，但是当竖开和横散是一的时候，这两个就会同时存在。什么时候它才是一？这就要抓住一个点。

　　抓住什么？中。竖开和横散是同时出现的两种不同的作用，但是它们是同出的。它在哪儿同出呢？只有站在中上、站在它们的交点，也就是要把自己合到一个球的状态。我们不是在有形的身体上去体悟，而是我就是这个球，球就是这个我，我和球是合一的。我就在这个球的球心。你在球心体会的时候，只要一动就要分，它要是一竖开的话，这个球由球心出一定是横散。球心要动的话，动之就要分，分出来了上下、左右、内外，像开花一样，由里向外开。所以有竖开就有横散，只有在中才能体会出横竖同时存在。

内抱外撑也一样，从中去体会。内抱是向中而抱，由外要向内。为什么能够向中而抱呢？是因外。这个时候意又要分了，一个中一个环、一个内一个外，向中而抱是因为环上的作用。这个时候要意想，我们在茫茫大海中，外在有一个涌的力量，让这个球有一个向中而合的作用，不是我想要用力做，而是外在的这个意要向内抱这个球，产生了一个向中而合的作用。

内抱外撑同时存在，内抱时向中一合，中马上就会同时产生一个向外的作用——一个相反的作用。也就是说，撑或者抱，都是因中而抱、因中而撑。抱是向中抱、撑是由中撑，这两个是同时存在的，一定是由中而发。归根结底，通过内抱外撑，通过竖开横散，通过浑圆桩功的有为功法的修为，要站出中来，站出一个滋味。这个滋味是由横和竖合、内和外合、抱和撑合，合出来一个中的状态。我们要守住一个滋味，这个滋味就是中的滋味。

4.要辨刚柔

通过明动静、分虚实，知道这个滋味、这个状态，最后怎么体现出这个劲呢？虚实没法具体的用，它变转可以。我们最后要用它，怎么用？辨刚柔。最终我们要出现一个状态，有形的身体实而虚了，它不用力了，它轻柔松

通了，内在无形的意成为了主宰。《杨氏太极拳老谱》说
"外操柔软，内含坚刚"，一内一外，外显是柔，以柔应
敌，但是内里面有一个坚刚；虚的意是坚刚的，实的形是
柔的，里面的意气是虚的，但它是坚刚的，它是主宰。

　　刚和柔最后合出来一个劲。我们先对刚和柔有一个理
解。所谓柔不是软弱可欺，不是松软的那种柔，像一根软
绳一样。柔是有韧性的、有弹性的，像一根钢丝。当年我
父亲讲绕指钢——钢丝很柔，能够在手指头上绕出圈，但
是一松手，钢丝马上又弹了出来，它是这么一种柔。所谓
的刚，不是宁折不弯的那种刚硬。刚是内含坚刚，是一种
刚的气质，是一种刚的主宰，是一种刚正不阿。这种刚不
是靠用力练出来的那个刚硬，而是刚强，是柔出来的刚。
站浑圆桩功的时候，就是要让有形的身体柔化。所谓内在
之刚，是积柔成刚，柔积起来就是刚。刚不是常人思维理
解的用力的那个刚硬，它是柔的，但是这个柔积起来以后
就是刚。像水，水非常柔，但是水内在是坚刚，它在由高
而下的过程当中，聚积起巨大能量，能够把石头击穿。水
为什么有这么大的作用呢？水不是自己用力。水由上而
下，在冲的时候，产生了巨大的作用——具体的内在能量
的释放，势不可当。水是非常柔的，但是里面坚刚的作用
随时能够摧枯拉朽。水自己不用力，它积合起来，在高下
相倾的时候，释放的是地球赋给它的能量——重力作用。

这种重力在高下相倾过程当中产生了巨大的能量的释放。

所以通过内抱外撑，最后要站出来外柔——柔软，像水一样，但是里面要站出来坚刚的气质，在柔当中柔出来一种刚正不阿的内在主宰作用。

通过内抱外撑功法，我们分出来一个内和外——内要抱，外要撑。结合"一须三要"——须知阴阳、明动静、分虚实、辨刚柔，大家会找到一种真实的意境和滋味。这种滋味是无法说清的，但是是真实的。它能够改变我们的思维习惯、行为习惯，起到真实的主宰作用。

实际上内抱外撑，就是由中去寻求一种对立的，但是同时存在的、由中而开、由中而合的结果。只要在"中"当中体会内抱外撑，就找到了二合一的真实味道，此两者就同出了。

问　答

学员A： 内抱外撑，提供了一个内与外。我们都知道外和形，认为外就是形，形就是外，从太极内功的角度应该如何去理解这个形和外呢？

李光昭： 从太极内功的角度来说，我们不但要分出来一个有形的身体、无形的内心，身体我们称之为形，无形的内心表现在意上，一个内一个外。用常人的思维去理解外和形，外就是形，形和外两个画等号。如果我们用太极思维去理解，这两个是有密不可分的关系，但绝不就画等号，不是说外就是形、形就是外。形可以是外，但外不等于形。

我们进一步用太极思维去分析这个形，有形的身体是属于形，但不是形就指有形的身体。这个一定要颠倒颠地去理解，用太极的阴阳之理去理解它。

形是指一切表现出来的行为方式。不管你的语言、不管你的动作、不管你的行为处事，所有表现出来的、外在的都是形，就不局限于这个身体了。当然身体所表现出来的这一切，我们说都是外在之形。只要是表现出来的，就是外、就是形。通过身体表现的，它是身体的外和形，通过其他各种方式表现出来的，也是外在之形。这需要我们建立一个太极思维。

学员B：老师好！您讲的内抱外撑的内外更多的是指意的内外。所以我们在站形不变的时候，是要站出里面两个完全对立相反的意之间发生的作用，那么怎么去理解内、外和抱、撑？

李光昭：内抱外撑在一个不变的外形的基础上，我们要求出来内在的那个意的内外，两个对立的意的滋味。这个内外在意上的分，动之则分，就体现在一个抱一个撑上。同样一个外形，两个意出来了。一个是向内的意，是抱之意，同时还要有一个向外的意，是撑之意。向内的意为抱，向外的意为撑，抱和撑两个意同时存在，一个向内一个向外。跟形没有关系，内和外全指的是意。这是浑圆桩功在修为当中要牢牢抓住的主宰的认知，离开了这个主宰的认知，就很难体会到内抱外撑所要修为的形和意最后达到的一个浑圆的结果。我们要从这个角度去理解内和外、抱和撑。

　　抱和撑，一个是内一个是外、一个是抱一个是撑，抱就是向里抱，撑就是向外撑。在太极内功修为过程当中，不是要把内和外、内抱外撑这两个分出来，浑圆桩功是分而合。我们需要在分清内和外两个对立的意的基础上，求得的是合一、求得的是合。也就是把内和外合起来，把抱和撑合起来。

第九章　人随球浮

一、人球相变

　　人随球浮是浑圆桩功当中一个重要功法。通过浑圆桩功抱球势、内抱外撑、竖开横散、三夹一顶等，大家会发现，浑圆桩功修为一个很重要的内容就是人和球。通过球之意使浑圆桩功的内涵在我们的身心当中得到真实的落实。也就是说，在浑圆桩功的修为当中处处离不开球，要假借球，以自然之理去把握人和球之间的关系。从无极桩功，到现在的浑圆桩功，以及以后的功法，太极内功的修为归根结底就是解决一个关系问题。从大处说，我们面对宇宙万物要解决的是阴阳关系。阴阳是存在于宇宙万物当中的一个最根本的关系，我们把它称之为"道"——一阴一阳之谓道。宇宙万物的生存、发展、变化，离不开一个阴一个阳。阴阳的关系是既对立又要合一、又要相互变转。

1.身心同修

对于宇宙万物最本原的阴和阳的关系，不能停留在理论的认知上。既然它是宇宙万物生存发展变化的一个根本的、内在的、规律性的关系，就要在自己的身心当中，在整个生命当中，在日常生活当中，在为人处事当中，去运用和把握它。让它把我们的身心调整到一个最佳的、合乎这个根本规律的状态。这是修为的核心。

在浑圆桩功修为过程中，要假借球来体会阴阳的关系。人是有，是实的。我的有形身体，包括无形的心都是真实存在的；球是假的、是没有的、是无的。我们就是要假借无的、没有的球来修为我们的身跟心，也就是借用球来改造我们自己、改造我这个人，重新打造一个合乎阴阳之道的我。

什么是"我"这个人？指实的有形的身体，以及一个无形的心。要重新打造"我"这个人，要把"我"改造成、修为成一个合乎阴阳之道的真我，就要把有形之身、无形之心——一个实的一个虚的，合到既对立又统一又相互变转的这个大道上来。

在修为过程当中，身和心两个都要修，要同修，即身心双修。这是我所传承的太极内功。

在我们的生活当中，修身修心的方法都不缺。修身的方法很多，比如跑步、健身房健身，锻炼肌肉的力量、身体的反应和速度等。修心方法包括读经、静坐等。但是很难找到一个身和心两个一起修的方法——修心的同时就是修身，修身的同时就是修心。从道的角度来说，阴阳是分不开的，阴不离阳、阳不离阴，这才是太极。太极就是阴和阳两个对立的统一。要让自己体会到这两个既分清又不可分。也就是说，身和心——一个有一个无、一个实一个虚，一个看得见、一个看不见，分得很清楚。但是这两个分不开，没有一个人是有身无心，或有心无身，它们谁也离不开谁，身不离心、心不离身，这是真实的我。现在的问题是身和心这两个虽然有，谁也离不开谁，但是没有合到一个最圆满的、最佳的状态。

这是我们的真实情况。有没有全人、完整的人、理想的人？有。那是老子所说的圣人，或者真人。凡人是不圆满的，人无完人。因此，要用一个有为的方法，让我们能够趋于圆满。

这个方法就是身心同修，不是先修身再修心，或者离开身修心、离开心修身。我所传承的太极内功高明之处就在于同修，就在于"同"上。两个对立的东西，抓住这个有为的方法一修全修，难也难在这里。看不见的心、看得见的身，能够找到一个方法，既修这个看不见的，也修那个看得见的，于是我们的老祖宗就创造了这样的有为方法。

这个有为的修为法门归结到一个字上，就是"意"——意的修为。我们所有的修为就要抓住一个"意"字。

修身是用意，修心也要用这个意。这个意怎么能够做到身心同修呢？在我的传承当中，一个很重要的方法是假借、假修真。把假的借过来，无的要让它有了，假的让它真了，虚的让它实了，这样就实现了既修身又修心、身心同修的目的。

2.借球修身

在浑圆桩功修为中，古人创造了一个有为的修为法门，就是假借球，借球之意来修我们的身，也修我们的心。

假借球怎么修有形之身呢？球是圆的，是不是借这个球以后要把有形的身体修成一个球的形状呢？不是的。我们只是借球之意来修我们的形。球之意是什么？抛开球的有形的形状，把握球的特征、特性、本质。也就是说，球之意不只是球的几何形状，更应把握球的特性。

《太极拳经》告诉我们："一举动周身俱要轻灵。"为什么球能够达到一举一动俱要轻灵呢？下面告诉我们："尤须贯串。气宜鼓荡，神宜内敛。"当你是一个里面充满了气的、有弹性的球的时候，就具备了球的三大特征：一是无缺陷，二是无凹凸，三是无断续。只要是具备了这三大特征，就符合了球的真意。因此，要把自己修为成一个球的话，不是要修出一个球的外形，而是要修出球所具有的这三个内在品质。

我们用这个假借的球之意，修为出一个无缺陷、无凹凸、无断续、"气宜鼓荡"、"总须完整一气"完整的状态，这是我们修为的目的。

修出一个具有球的三大特征的完整状态后，形是一个什么状态呢？

很多人走入一个误区，一说"凡此皆是意"，似乎就不太重视这个形，好像这个形不重要了。浑圆桩功的修为，不是轻视这个形，恰恰是以意修形，通过球之意修为出一个更加符合需要的有为的形，这个形一定要符合无缺陷、无凹凸、无断续的要求。

这里有一个问题需要强调，身心同修，这个身是从形上来修，这个心是以意来修。问题是身和形、心和意，一定要分清。身与形这两个不能划等号。身，就是这个实实在在的身体，这个身体是真实的。形是身表现出的特征属性，比如某种行为动作，高矮胖瘦。我们的修为要把有的修无。有形的身体是实的，实的要修虚，有的要修无。有的修无并不是像变魔术一样把这个身体由看得见变没了，把无认为就是没有。我们说的有而回无，身体还是有的，但是要把这个身体修成一个无，就要有身而无形。

我们现在的身体是有身也有形，任何一个动作都看得见，形是能够表现出来的，比如举手。为什么要把它修成无形呢？因为看得见的形都是有形，而且是不能变的形。长方的就是长方的，想让它变圆，是变不了的。我们的身形是固定的，上就是上、下就是下、前就是前、后就是后、圆就是圆、方就是方，而我们现在要修为的无形是在一个不变的形的里面变出不同的形之意。也就是说，虽然是无形，但是它可以变万变之形，需要它是圆就是圆、需要方就是方、需要长就是长。我们的修为要达到这种效果。

宇宙万物有两种物质属于有身无形，这两种物质是真的有身，也是真的无形。哪两种呢？就是老子在《道德经》中经常借用、推崇、基于道的：一个是水、一个是气。水是有，有身，水是真实的有。杯子里的水，是真实存在的，但是它属于有身无形。水本身没有形状，放到圆杯子里面它就是圆形，放在方杯子里它就是方形的。恰恰因为它无形，才真有形，因为它有无数个可变之无形。正因为水是无，它才是真有，这个无出来的有才是真有。所以修为就是要让自己的身体像水一样，本身无形，但是它又能够有真的、无穷的可变之形。如果身体能够做到像水一样，这个身体就有了真用了，就能够随势而为、随机而变了——需要圆的时候它就能圆，需要方的时候它就能方，需要它怎样它就能够怎样。这样才能修为出来一个真身——真正的身体。

我们应当怎样修为呢？身是无不了的，永远看得见摸得着的，但是我们可以从形上入手，让它无形而有万变之形。水的性质、特性，像球一样，无缺陷、无凹凸、无断续，它就成了球。只要让水的特性在我们身上得到具体体现，就能够像水一样做到无形而无不形，无而修出真有——真有形了。

我们的修为就是要像水一样，始终遵循着高下相倾的规律。水没有自己的想法，水永远是处下的、永远向低处走，它是随屈就伸的。水又是非常柔软、柔弱的，水是自己不用力的。水之所以产生巨大的力量和作用，是因为它自己无，无形而无力——没有自己的力才能把内在的、真正的能量释放出来。水由高向低处流的时候，滴水能穿石。水在地球的重力作用下，把它的作用完全运用了出来，有取之不尽、用之不竭的力。我们就是要像水一样，让自己没有了自己的想法。要柔弱似水，要不用自己的力。既无了自己的想法，也无了自己本身的力，而随自然的规律去走，把天地赋予的自然能量运用出来。我们以形修身，借水之意来让身体化有形回无形，无形而又真有了无不形的万变之形。这样就把我们的身体打造成了一个真的、有为的身体了。

所以修为不是不要这个身体，不是离开了这个身体——离开形去说意，而是用这个意来求得一个真形，得到一个真正有为的身体、真正有用的身体。

3.以意成象

浑圆桩功是借球之意来完整我们的身和心。一个球之意就能够把我们的身像球一样无缺陷、无凹凸、无断续，触之即旋，而且总须完整一气，它永远是完整的。所以通过修为，要体会出球之意，用球内在的品质，修为出一个有形有为的身体来。

以意修形，具体的意为什么能修形呢？这里面很关键的一个问题，是这个意要虚而实，真实地品味出球的品质——无缺陷、无凹凸、无断续的感觉，要让它真实了。不是在有形的身体上修成一个球形，虚而求实的一个关键是要成象。

很多人修为无极桩功、浑圆桩功，总是不能把实的修虚、虚的修实了，其中一个重要的问题，就是没有真正形成由意而求象。我们经常说"形象"，一个形一个象，一个有一个无。形是看得见摸得着、固定不变的，它是方的就是方的，圆的就是圆的，它是有、是外在的；任何一物体的形你都可以看得见，而且它是固定的。

关键问题是成象。形不变，我们要用意来成象。"象"是意想出来的。在浑圆桩功中成象的问题非常重要，成不了象就不能够让虚的意真实了，也就不可能修成一个无形有意、随意而为、有用有为的真身。

象是怎么成的呢？意想，意想成象。韩非子有一篇重要的文章叫《解老》，将什么是象以及意和象的关系说得很清楚。他说"人希见生象也"，就是世上的人很少能够见到有生命的大象。古代不像现在去动物园，马上就能够看到大象。那时候人很难见到活的象，所以希，非常稀奇、少见、见不到。"而得死象之骨"，在一个树林当中看到一头象的骨头、骨架。"案其图以想其生也"，人们通过死的象的骨架，想出来一个活生生的大象是什么样。"故诸人之所以意想者，皆谓之象也"，世人所以能够意想，象就出来了。因此象是意想出来的——想出它真实的、活生生的那个状态。形是看得见的，象是想出来的，是想象而成的，因此，意是想而成象的真实。"形"和"象"两者之间的关系，是一个外一个内、一个眼见一个是意想。为什么我们能够假修真呢？因为形是看得见的。一说到球，连小孩都知道，马上形成一个球的意想，成了象，就想真实了。

成了象以后，再进一步，以成象的这个意去改造和修为看得见的有形的身体，把形修成意想出来的那个象，把形和象统一起来。形和象的统一，并不是说我们想象出来一个圆的球，就要把身体也修成一个球的形状，而是修出球的真义、球的品质。

浑圆桩功的抱球、三夹一顶等功法都离不开球。在脑子里意想出球的形象，成象以后，通过这个形去品味到球的特征、特性，也就是无缺陷、无凹凸、无断续。然后用这种成的象修为有形的身体，让它在任何时候都无缺陷、无凹凸、无断续。这样形和象、内和外就合一了。

太极内功的修为，功法很简单，形式也很简单，但是里边要形成球的象。球的象要具备球的特性和品质，翻回头来，在我们的身体当中用这个形来把握和运作出这个球的特性和品质来。这才是修为的真义。也就是说，这个形是无缺陷、无凹凸、无断续的。它要像水一样，形不自动，没有自己的想法。它无处不形，随时可以变。我们是用形来求出这个意来。我们说抱球势这个形是可以变的，只要能够在变的过程中保持住无缺陷、无凹凸、无断续，就是我们要求的那个球的真义。

在这个过程中，我们站的是一个形、一个意，一个内、一个外。假借这个球把有形的身体通过形来成象，翻回来修这个身。用意让我们无了心，有了意，把身和心统一到一个完整的球的状态下。我们需要去品味它。

4.不变是永远可变

前面几个功法都是我抱球，以我为主，现在是人随球浮，发生了一个颠倒变化。这个时候是我随球浮，以球为主、我为辅，从我抱球转化为球浮我。同样一个形，大家会发现，从第一个功法抱球势开始，形没有变，一直是这个抱球的状态、形态，看得见的就是这个形态。但是人随球浮，形依然跟前面的四个功法一样，是一个抱球势，没有变化。大家要牢记，太极内功的修为，特别是静桩功当中，都是形不变而求的是意的变化。同样一个不变的形，要品味出不同的意——内抱外撑之意、竖开横散之意、三夹一顶之意。形不变，意要变。

为什么意要变呢？因为这个可变之意，能够在不同的变化当中去形成不同的象。每一个意的变化所成的象，翻回头来让形随这个意象而产生一个相应的内在的变化。这样一个随意而变的形是无形的，但是它会无而生有，像水一样产生各种各样的、随机而变的、有为的一个真形。我们就是要让这个不变的形，能够修为出一个随机而万变之形。这样形才是真形。

有很多学生问我："李老师，我站浑圆桩以后，在各种变化当中，我是不是就要保持不变呢？"对于这个问题，大家一定要建立太极思维。对于变和不变，我们经常进入一个误区。

　　一说到不变，很多人就理解不变就是不能变。有了太极思维以后，就会知道不变，在任何时候、任何条件下，都能够随机而变，而不是说不变是不能变，是不可变。不变是永远可变。你在任何情况下、任何环境下、任何条件下都能够按照需要该怎么变就怎么变的话，你就遵循了一个不变的法则，永远可变就是不变。大家一定要从这个角度去理解。

　　变是永远能够遵循一个不变的法则。我们既不是求不变，也不是求乱变，而是求不变之变。变之不变，永远可变，在任何时候都能够顺势而为、随机应变。当变遵循了不变的法则，不变的是能变，永远能变就是不变。

　　大家看似是在站一个不变的状态、形态，但是站不是求不变、不可变，而是要求得这个不变能够产生万变。不变是为了要求得一个真变、真能变。什么真能变呢？一个形一个意，形不变，意要变。这是我们遵循的一个法则。

　　从前面四个功法到人随球浮，一直是在解决人跟球、形和意之间的内在关系，即变和不变。大家会发现，站的时候形不变。前面四个功法，看得见的形是抱球势。人随球浮还是这个形，没有变，但是里面的意一直在变。前面四个功法是我抱球，现在要变成一个球浮着我、我被球浮。我们就是要用这个不变的形求出一个可变之意来。

　　有人会问："李老师，用不变之形求可变之意，这个形是不是以后就不变了呢？"这又是一个误解。我们所说的形不变，是自己不变。我们练的形不主动、不自动，形自己不变，变的是意。意要能变，随时变、随势变、随需要变。需要竖开横散的时候、需要三夹一顶的时候，能随时按照需要变换出那个意。为什么要让意变？是为了让不变的形能够随这个可变之意去变，是为了让我们像水一样、像球一样，能够触之即旋，随机而变，在任何时候都能变。

　　形为什么能够随时可变、随机而变，任何时候都可以变？因为它自己不变。正因为自己不变，才能够形成一个完整的状态，服从意的指挥，听命于意，随意而为，才能随意变、随意动。

　　我们要修为出一个变一个不变。为了修出意的变，这个形要不变。但是不变的形可以随意而变，它听命于可变之意，总是产生着各种各样的变化。这样形跟意、变和不变，就合二而一了，合出一个完整的状态。这个状态就是我们所求的浑然一气、浑圆一体的太极状态，我们叫它浑圆。只有这样一个状态，才能够打造出一个分阴阳、合太极，合乎阴阳之理、太极之道的有为的我。

　　当年白旭华师爷和其他门派的弟子有一次交流。后来我问白师爷："他怎么刚一接触到你，你只要一站起来，再一坐下，对方就被打出去了呢？"白师爷跟我说："你看我站起来了、我动了，他被我动出去了，是因为我自己的身体没动。"当时我不理解，为什么不动，反而出现了这个结果呢？后来我自己有了体悟以后，才明白到底是什么原因。当对方来的力接触到你有形身体的时候，常人没有经过训练的反应是什么？他摁到我有形的身体，我有形的身体自己就做出了一个相应的变化，以形来变形——以身对身、以实来对实、以力来对力、以变去对变，看谁变得快、看谁力气大。可是太极内功修为的结果，恰恰相反，是以不变来变。也就是说，当对方来的力接触到白师爷有形身体的时候，不是把白师爷身体触动了，而是把内在无形之意触动起来了。白师爷当年跟我讲，内里有一个开关。只要一摁这个开关就把里面点亮了，灯在里面，身体就是导线。你摁到这儿，这儿就亮了。当他接触到白师爷身体的时候，白师爷内里的意马上动起来了。对方摸到白师爷有形身体是摸到一个自己不用力、自己没有变化的身体，可里面的灯亮了。即，对方的作用反应到我的意，我的意就能够根据他来的状态产生一个自然而然的变化，像水一样，产生了一个自然的反应。这个自然的反应翻回头来指挥我的身体，这个身体能够随着这个意产生一个变化。

　　这个意动起来了，不但自己动，它还产生了一个动力，催动身体随着意而动。当意动起来以后，又产生了一个动力，催着身体按照意的引领而动。意的流动过程，产生了催动身体的内力，这就叫劲。这个力不是身体肌肉的力，而是由里边产生的一个催动身体的内动力。当意流动起来，产生了内动力，此时，我们就像有一股气在催动，所以杨澄甫大师讲"意之所至，气即至焉"。当有了意以后，就产生了内气催动的身体的动。这才是太极内功修为内和外、形和意、变和不变、动与不动真实的内在关系。

我们是通过具体有为的功法，修为出一个自己不变而能够随意而变的有为的身体。举个不恰当的例子，有时候我们的身体就像变形金刚，胳膊腿可以变化各种各样的形状。这个时候身体就似水了，没有了自己的固定形状，可它又能够随时而变，怎么变都是无缺陷、无凹凸、无断续。这样一个身体之所以能够做到自己不变，又能随机而变、随势而变，在于它不离其中不变的原则。这个不变的原则就是球的特性，就是无缺陷、无凹凸、无断续。在这个原则主宰下去变，该怎么变就怎么变。要打造出这样一个身心合一、内外合一、变和不变统一起来的完整的我，这是浑圆桩功修为的一个核心。

5.有意无意是真意

所有功法的修为都是假借球之意来修出一个完整的身

心合一的我。

　　既然是借球之意，就离不开人和球，这两者之间是实和虚、有和无的关系。人是实的、有的，球是假的、虚的、无的，我们要借这个球来修为我们这个人。

　　前面讲的四个功法是我抱球，在修为过程当中的意以我抱球为主，我和球的关系是球被我抱。从现在开始，进入到了以球为主的修为。

　　为什么说前面的功法以我为主、球为辅，现在又变成以球为主、我为辅、我随球浮呢？实际上依然是通过意的修为，产生一个有意无意是真意。我们要修真意。修意没有问题，但是要修出一心一意。意也分阴阳和虚实。在我所传承的太极内功心法当中，除了假修真、反向求，更主要的是层层分。也就是说，万事万物无时无刻、无处不分一个阴一个阳。

　　以球意来修为我这个人的时候，这个意依然是动之则分，分出一个有和无。意在有无之间。在修有无之间的时候，依然要运用太极思维，这样才能真的修出这个真意来。

　　有人练了太极内功，也遵循着凡此皆是意，但是多年以后，仍停顿在执意不放的层面，很难进入到真意当中。真意是什么？有意无意是真意。许多人修意，拿住意就不放了。凡是拿住不放的就不是在修真意。我们是在有无两者之间来求那个真实。有和无这两个是相生相变的、是要变的。什么是有？能够回无的有才是真有；什么是无？能够无出有的无才是真无。老子告诉我们，有和无"此两者同出"，而且是"相生"。在太极内功，特别是浑圆桩功的功法修为当中，就体现出了有和无的相生相变。

大家在修为过程当中，要形成一个习惯，一看到有，马上就生成一个意——这个有能不能够无，能够无的有才是真有。当一说到无，马上就想到，它能不能生出有来。能生出有，这个无才是有用的无，才是要求得的那个无。

形成这样一个思维习惯以后，就进入到了分阴阳合太极模式，这样就永远能够有无相生相变，求得一个真意。用这个真意来指挥我们的身和心，才能够总须完整一气，形成合乎太极阴阳之道的一个真我。有无总是相生相变的，一有马上就无，无又能够生出有；一生出有，马上就能够回无。有无是分而合的，谁也离不开谁。有和无是动态的变化的。比如，太阳升起的时候，天一点一点在亮。在太阳升的过程中，降就同时存在着，没有一个绝对的切分点，切分点都是人为设置的。就像水和气，永远无法把它们切分开，能够切分开了就是人为的、假的。在寻求意的过程当中，总是在有和无、去和回两种对立的变化中产生相生相变的内在的真意，这是我们要求得的。

古人告诉我们，要通过修为让自己成仙。一说成仙，有人就以为得到山里面去，不吃不喝就成仙了。但是我们所说的成仙是通过有为的功法修为——无极桩功、浑圆桩功等，让自己成为仙。怎么成呢？凡中仙。我们还是人，还是吃喝拉撒睡，有正常人的七情六欲。但是我们怎么能够成了仙呢？古人告诉我们，也是太极内功修为的一个主旨，叫作"阴阳颠倒颠，赛过活神仙"。要想成仙，就要能够把阴和阳这两个总是相生相变，颠倒来颠倒去。能颠倒了，就是仙。你能够在好中找出坏的可能，在不顺当中找出顺的、成功的那个苗头，你就是仙！当别人遇到失败就垂头丧气，遇到成功就认为永远是胜利，你却能够在胜利当中防微杜渐，在挫折当中寻求出转危为安的那个苗头，你就是仙。两个对立的东西，你总能够在两者之间找到那个机，就是神仙。

我们怎么修呢？颠倒颠。人随球浮就是遵循着这样一个主旨，由前面的四个功法，以我为主——我来抱球，进入到以球为主——我随球浮，球跟人产生了一个颠倒颠。在相互颠倒当中去寻求意的滋味、意的真实，我们就进入了有无相生、有无变化、相生相变的"有意无意是真意"的修为当中。

二、修出随之意

人随球浮功法在前四个功法的基础上发生了一个变化，开始转向以球为主，我要随球浮，发生了人和球关系的颠倒。虽然都是球跟人之间的关系，但是产生的结果和效率是不一样的。

1.站的是"关系"

浑圆桩功所有的功法实际上都是解决一个关系问题，就是用人跟球两者之间的关系，来体会宇宙万物相互之间各种各样的复杂关系。

其实一个人的能力，就是处理关系的能力。从无极桩功到浑圆桩功，包括以后的功法，太极拳内功修为的就是"关系"二字，就是解决关系。不管哪一个功法，我们往这儿一站，用人跟球来体悟和把握，就是天一地一人三者之间的关系。你一站，不管站在哪儿，只要在这个地球上，就是在站跟天的关系、跟地的关系。

这三者之间是什么关系呢？一上一下，人在其中。所以说浑圆桩功归根结底是站关系。大家要从这个角度去理解。很多人练习桩功，没有真的认识到站的是什么。我们站的是关系，就是要把天—地—人之间的关系，通过自己的身心得到一个真实的体悟。在人的一生当中，唯独离不开的就是天—地—人这三者之间的关系。因此，这个关系是人一生当中最根本、最需把握住的关系。

我再次强调一下，浑圆桩功站关系，站的是天—地—人三者之间的关系。天—地—人之间到底是什么关系？是分而合的关系。老子告诉我们："人法地，地法天，天法道。"也就是要分清天—地—人。分是客观存在的，天就是天、地就是地、人就是人，但是分清的目的是要把天—地—人合而为一，也就是总须完整一气。天—地—人要想一气，就需要修为了。

虽然生活在地球上的每个人都离不开天—地—人的关系，但不是每个人都能将天—地—人三者合为一气。我们必须要经过后天的修为，才能够逐步把握和趋近于与天地相合。

2.把我站无

浑圆桩功要站出天—地—人三者的合一，怎样才能够合一呢？天地是永恒不变的，要想跟天合、跟地合，只有一条道——变我，把我改变。只有把我改变，才有可能合了天、合了地；把我无了以后，才有可能天和我合、地和我合。拿住这个我不放的话，跟天地永远不会相合。你不

251

去合天地，天地更不会来跟你相合。跟天地相合就是把这个"我"站无了。

从无极桩功到浑圆桩功，一个核心理念就是无我，把这个我要站无。很多时候我们要去和天合、和地合，可拿住这个我不放，这样的话，不管你用什么样的功法、用什么样的招数，都不会跟它相合。只有无了这个我以后，才会得到相合的结果。

相合之后，不仅可以强身，还能够防身。一般说来，当受到外来的力量侵害的时候，有两种解决方法：一种是以力量对抗力量，我的力量比它大，我就战胜了他；另一种是速度对速度，我的速度比它快，就战胜了他。但是，太极拳内功的修为是把这个我给化掉，无了这个我。我要想战胜他，就要跟对手相合。如果你拿住这个我不放，用你的想法、用你的力量、用你的速度去和对方相合，而对手也想拿他的想法、拿他的身体，想要战胜你，你怎么可能跟他相合呢？

要想跟他相合，就要让对手走进我们的圈子。有一个办法，就是把自己化无了。把自己化无了以后，就能进到对手的圈子里面，进而可以把握住他，这才是取胜的砝码。对手不进来，那我就进去，我进去跟对手进来，最后都是相合的一个结果。如果我拿住我不放，对手进不来，我也进不去，也就无法相合。我要想进去，就得把我给无了。水和气无形无象，没有自己的想法，所以能见缝就走，逢高就低。浑圆桩功修为很重要的一个法门，就是把这个我化成像水和气一样，无了这个我。通过站桩，把这个我给无掉；无掉这个我，才能进天地这个大圈子，把我与天地合一。

浑圆桩功的修为，通过把这个我站无，站出天一地一人三合一的关系。三合一合出的是浑圆一体、浑然一气，合出的是周流不怠、完整一气。

具体到站的时候，把这个我化无，化有回无。怎么化呢？人随球浮就是化我之功，就是要借球来化这个我。我是有，有形有象，看得见摸得着，怎么把它化无了呢？无了这个我，并不是指肉体的消失，而是把看得见的我变成一个视之不见的我，摸不着看不见，像变魔术一样。这个我还在，但是发生了虚实的变转，变出来另外一个同样的我。也就是说，要把有的这个我，有而回无，实而虚了。通过浑圆桩功的修为，让有形之身有而回无，不再用有形身体的肌肉之力，把有力转到无力，把有自己的想法变成了无自己的想法，这样就完成了一个有我向无我的转化。

3.从我抱球到球浮我

要实现有无的转换，具体的功法修为就是以意修身、以意修我，借助虚的、无的、看不见摸不着的一个球的意来修有形有象的这个我。当这个球的意真实了，无而有了、虚而实了，我才真的能够有而无、实而虚了。在站浑圆桩功、站这个人和球关系的时候，要把球意站实、站有，从而达到有形之身有而回无，实的转化为虚。

在整个修为过程中，要实现有而回无，就必须处理好球和人的关系。第一步先要有这个球，由无球到有球。一开始修为的时候，我抱球，有我，也有球，这是修为入门的台阶。马上做到有球无我，是很困难的。因此要在功法修为上分出次第，在这个阶段要有我、有球，我还是主要的。也就是有我的想法、有我的这个意愿，以我的意念为主——我要抱这个球。

这只是修为的第一步，先要用自己有的意，把无的球修为出一个无而有的球。虽然这个时候还是有我自己的意——我要去抱这个球，但是这个有我意，通过第一阶段的修为，已经开始产生了变化。原来没有我抱球之意，常人从来没有想过怎么把一个虚的球抱实了。修为第一步先要有这个意，用这个意来抱，这个球才能抱真实。

前面的几个功法都是以我为主，有我、有球、有我意，最后慢慢把这个球抱真实了，我意跟球意两个"同出"。现在要逐步过渡到人随球功法，由以我的意为主抱球，转化成以球意为主，因为我们最终是要让这个我有而回无。最后是无形无象、无身无心，彻底把我无掉——把有的这个意无掉，把以我为主的意无掉。这个时候只有球意，我意和球意合到了一个意上。无我意而有球意，才是拳谱上所讲的"有意无意是真意"。真意发生了一个有无的变化。有和无这两个是"同出"的，无了我意有了球意，有球意无我意。无我意有球意，同时合出来一个状态，这才是要求的那个真意。浑圆桩功求出的那个真实的意的主宰，就是在有和无之间。把这个我无了，把那个球也无了，从而产生一个由我为主——我抱球，到以球为主——球浮着我的意的变转。

太极内功所有功法修为的宗旨，就是把两个对立的关系颠倒。人和球两者之间的关系，由我抱球、我为主，要能够变成以球为主，实现意的转化。

《太极拳论》讲"动之则分"，就是分出两个不同的部分。为什么说"变转虚实须留意"？这是指意的转化，谁能够实现意的转化，谁就把握住了事物发展变化的内在的主宰，因为所有事物的变化在内不在外。事物内在存在着两种对立的力量，当两者发生转化以后，事物就产生了质的变化。前人告诉我们："阴阳颠倒颠，赛过活神仙。"宇宙万物就是由一阴一阳两种对立的因素构成，当阴阳发生变转、转化，事物也就跟着发生了变化。事物发生的所有变化，都是阴阳两种力量发生转化的结果。因此，要想把握住事物发展变化的结果，就要从事物内部当中去认知和把握，甚至掌控这两种对立力量的相互转化、变转。变转以后为什么说赛过活神仙呢？就是当别人看到的都是事物表面变化的时候，你能够透过现象直达本质，能够把握和认知事物内在的两种力量的变化。你就可以在事物没发生变化、没发生外在的有形有象的转化的时候，预知到、掌控住事物即将发生的变化。

4.要在"同"上下功夫

《淮南子》："见人所不见谓之明，知人所不知谓之神。"当别人不知道的时候，你已经知道了，你就是神。能够掌握事物的发展变化规律，就是神。我们说的成仙，不是到山里面不食人间烟火，当然那也是一种修行，而是把握住事物发展的内在的根本规律。也就是说，一个阴一个阳对立的两种力量发生着变转。

怎么去把握这种变转？这种变转是不以人的意志为转移的。你可以去认知它，也可以去掌握它，但是首先要遵循它。这种变转有没有规律呢？有，就是总向相反的方向去变——颠倒颠。古人告诉我们："阴极而生阳，阳极而负阴。"阴和阳会物极必反。到了这个时候，就会发生质的变化，向相反的方向变化。同时在变的过程当中，"此两者同出"，就是阴向阳变的时候，阳就向阴在变。比如说在站浑圆桩功人随球浮的时候，要把有我的这个"有"意——有我之意，无球的"无"的那个意——没有球意，无而生有、有而回无。这两者之间是动态的，是同时存在的。球的意越来越有，我之意就越来越无。这两个是同时的。

既然是同时的，就要把握住它们之间内在同时存在的关系。在修为当中，就是在同上下功夫。我们既不是离开了有形的身去求那个球的意的无而生有，也不是离开了这个球来寻求有形的我的意的有而回无，这两者之间是同时的。

在浑圆桩功功法修为的时候，一定要把握住这两者——两个意变转过程——是同时同在的，要在同当中去寻求这个真意。

现在，在修为过程中存在着一个误区，往往下了很大的功夫，却找不到那个真意。之所以如此，是因为顾此失彼。在站浑圆桩的时候，站形就是站形，求意就是求意。离开形求意，离开意求形，把形和意看作是两个东西，这样就找不到真意。真意恰恰是在这两者之间，在站的时候一定要在两者之间去寻求那个味道。在这儿我再给大家提个醒，在站的时候，一定要从这个角度去把握它，你很快就会品味到什么是人和球之间有无相生的意的真实。

5.随之意

这个真意在人和球之间有要回无、无要生有，实的要虚、虚的要实，它们是同时存在于意上。那个意是一种什么样的真实呢？有形的人要有而回无，无的球要无而生有；实的人有要实而虚，虚的球要虚而实，最终通过功法找出这个真意。这个真意体现在"随"上。人和球，通过修为求得一个什么样的真意呢？随之意。

球的意真实以后是我抱球；当球的意逐步为主，我要随着球来变，球动我动，球不动我不动，我被球动。要在意发生变化的时候体会到以球意为主，那才是人随着球。

在人随球浮功法中，一定是球为主、人为辅，人随球，球主宰人。人和球是什么关系呢？球实了，人虚了，球动人静，人不动。在站浑圆桩功抱球势的时候，形不动，形是静的，我的意也是静的，这个时候我自己无意，以球的意为主。怎么体会到有了球意无了我意呢？在动的过程中，动之则分，球和我合一以后，球意为主，球意要动，我不动意，但是我随球意而动。我们指的不是形，是意。也就是说，在站抱球势的时候，人随了球以后，意是变的，球意在变。这个时候要去品味球的意是在变的，它是鼓荡的，有开有合，里面像充了气一样——"气宜鼓荡"，产生了一个开合鼓荡。我是静的，但是我和球是相合的，球的开合鼓荡在我的身心当中也同样产生出一个真实的味道。我现在要品的就是这个味道。这个味道是因为球的开合鼓荡、内在变化，在我的身心中产生了一个真觉实感。这个时候球意的变化，虽然是假想的，但是它产生了一个真实的结果。这个结果在我们的身体当中得到反应。

在修为当中一定要解决一个认知问题。我们说把这个"我"无了，跟天地相合了，才有了一个真我——和天地相合的真我。无了这个我，很多人就理解为这个我——有形的身体没有用了，不再用这个身体了，我也不用自己的心了，我的心也没有用了。这个理解是不对的。所有的修为，最后的结果都是为了打造出一个合乎阴阳之道的真实的我，是为了求真；不是不要这个我，而是改变现在的我，让有形身体真的能够随机应变、随之而为，让自己无形的心永远能够与天心、地心相合为一心，遵道而为。这个我无了原来的那个"为"，才有了现在的"真为"，才真的成了一个有用的真我。我们的修为，最终是要得到一个真实的结果，而且所有修为都要在自己的身心当中得到实证实修和真实的检验。

人随球浮功法，人和球之间的关系是随的关系。随和不随，能不能随球，一定是在自己的身体当中有一个真实感悟。这个感悟不但在内心有一个意会，也会在身上产生相应的觉知和变化——有形的身体一定会产生一个变化。这个变化完全是随着球意的变化而产生的一个真实的结果。

要真实地去感悟我被球开、被随球合到底是什么样的感觉。球的开合完全是内在意的变化，所以是形不变而内在变的一个真实的状态。要去品味它，最终修为出一个有真意的真我、一个身心相合的有为的我。

6.以意修心

在日常生活中，大家会发现，有形身体出现的所有问题，都是内在无形的那个心产生变化所致。比如，当遇到一件令人紧张的事情时，内心就会产生一个恐慌的变化。这时候身体会僵紧，呼吸不通畅。身体一定会随着内心的变化而产生一个相应的变化。内心的这种恐惧和恐慌，造成了身体的紧张、不通畅，久而久之就造成了身体本身各种各样的疾病。而当遇到一件令人高兴的事情时，我们是心平气和的，呼吸是通畅的，身体是松通的，这种状态下身体是最健康的。所以心产生什么变化，身体就会随之而变。

怎么让我们的心能够不受外在变化的干扰，保持一种平静状态，这是关键。遇上不高兴的事，身体会产生消极变化，遇上了很高兴的事儿，乐极也能生悲。只有让自己的心保持住平静、平稳的状态，身体才能随着心的平静达到一种平衡的、平和的状态，所以我们要从修心入手。

为什么心会随着外界的各种变化而变呢？这是因为外在的变化对于我们的心产生了极大的干扰，使心不能始终保持平和的状态。让心保持平和，这才是我们要修为的。我们无法解决外在事物的发展变化。现在要解决的是我能够保持住平衡、平稳的状态，我的心不随着外在事物的起起伏伏而有起伏的变化。

修心就是要能够调控心的状态。怎么调控呢？用意。用意来调控心的平稳，心的平稳可以使身体平和、平静。我们是通过对意的修为，从而实现修心的目的。

浑圆桩功实际上就是用球之意来修我们的心，从而让有形的身体也随之达到平衡、平稳的状态。

从身和球入手修意，要修出随之意。人要随球，这个时候身要静、心要静，球意要动。不是动我意，是动球意。在抱球的时候，这个球意在发生着变化，在发生着鼓荡开合。这种变化在有形之身中产生了一个相应的觉知，我就要用这种觉知去感悟意的变化的真实。这是人随球浮功法所要求的"随"之意。

7.粘连黏随

太极内功就是通过站桩站关系。人最大的能力就是处理关系。在生活当中无非三大关系：人和自然的关系、我和他人的关系、我和我自己的关系。这些关系归根结底就是对立的两个部分，即一个阴一个阳、一个有一个无、一个实一个虚。宇宙万物都不出这两者的关系。

既然宇宙万物一切关系都不出阴和阳，我们就要在自己身心中找到两种关系变化的真实。

阴阳的变化是怎样体现的呢？首先阴阳是对立的，其次它们又是相合的，谁也离不开谁，有阳就要有阴，有阴就要有阳。另外它们还是互相变转的，阴要向阳变、阳要向阴转。在修为浑圆桩功人随球浮功法的时候，就是要去体会阴阳这种相生相变、相随相合、谁也离开谁。"随"就是我能随，阴能随阳、阳能随阴，互相之间谁也离不开谁。太极内功最终要达到"随"的状态。

区别真假太极拳、真假内功，一个重要的分水岭，就是看能不能做到"粘连黏随"。符合了这四个字，就抓住了太极内功修为的核心。不管是哪一个门派的太极拳，都离不开这四个字，这是我们修为的共性。遵循"粘连黏随"四个字的修为，把握住"粘连黏随"四个字的真义，就进入了真太极修为的核心。离开了这四个字，就不是太极内功所要修为的核心。

　　粘、连、黏、随，由粘开始，最后要达到随。我们修为最后的结果就是随，阴随了阳、阳随了阴，你能够随了天、随了地，也就合了道。我们在处事做人的过程中，如果能够心随意转，能够随势而为、随机而动，能够随这个大势、随这个时机，就能够取得成功；反之，不随就必定要失败，必定要受到挫折。随的重要性就体现在这儿。

　　现在的问题是，在人随球浮功法中，怎么才能够体会到这个"随"呢？

　　要想达到随这个结果，关键在于"粘连黏随"。能够做到粘了、连了、黏了，最后才能得到随的结果。也就是说，在人随球浮功法修为过程当中，要从粘、连、黏入手，最后体悟到随——人随球这个结果。

　　在人随球浮这个功法修为过程当中，怎么由粘—连—黏找到这个随？如果只是停留在文字上，就是一句空话。

　　太极修为都要达到天—地—人三合一，体现在我们自身，就是身和心要合一。做到了身心合一，也就做到了天—地—人三合一。天—地—人三合一是身心合一的结果。身心怎么合？身要有而回无，心要无而生有，要有意。也就是说，有和无、虚和实要发生变转，就是合。有形的身无形了，无形的心有意了，这两个合出来一个真的意、真的形。我们就用它来检验是否达到天—地—人三合一。

有形的身、无形的心，要发生有而回无、虚而实的变转。怎么在修为当中去把握和体会呢？要通过粘连黏随。

我们将"粘连黏随"称为"四君子"。中医里的四君子汤，由四味中药组成。我曾经问过一些中医界的朋友，这四味药是不是四个君子？答案不一，有的说就是四个君子；也有人告诉我，这四味药能让我们成为一个君子。当然这些说法我认为无对无错。我们修为的核心就是让自己成为君子。中医是通过药物达到君子的效果，我们是通过有为功法的修为，让自己进入君子的境界。这就需要我们对君子有一个认知。

君是君王，子是臣民，一个王一个民；王如果是天，民就是地，一个天一个地，天地相合以后，合出来一个君子。也就是说，这个君子要上合天、下合地。君是天，就要有天的广阔无垠的气魄，要有普照大地、无私无欲的品质；子是地，就要像大地一样有着宽厚的胸怀，有着有利万物而不争的沉厚的、永远处下的品格。一上一下对立的两个部分合出来一个君子。在王的时候，他要为民着想。要把自己和民合成一体，他才是一个真正的君子。所以君子是一种修养，是一种人生的品格。我们修为的目标，就是让自己达到君子的品格，成为一个有修养的人。

天—地—人，上、中、下，要合出来中，人在其中。我们就是要在天地之间合出来一个最合适的状态——中的状态。天地相合在我这里怎么体现？天地、上下，上为阳、下为阴，阴阳相合、阴阳相济合出了一个我。合的这个最合适的状态是"中"的状态。

我们要用我的身心、有无、虚实来体会阴阳，合到一个中和状态。从大宇宙来说，你能够达到中和的状态，"中也者，天下之大本"；到了中的位置、达到中和，"天地位焉"；达到"中"相合之后，"万物育焉"。这才是"君子"。

四君子汤，是通过药物让我们达到了阴阳的平和、中和的状态，浑圆桩功也可以借用"四味药"修出君子来——达到中和状态。

这"四味药"在我们身心当中，就是神、气、意、形。通过这四个方面的修为，实现中和即"君子"的目标，达到阴阳相合，达到"天地位焉，万物育焉"这种最佳的中和状态。

具体到浑圆桩功人随球浮功法，在站的时候，要站出神、气、意、形的内涵来。形、意、气、神，就是身和心两个部分的具体内容，就是身心的具体表象表现。因此，身心的同修就要从神、气、意、形入手。

神、气、意、形对应的就是粘、连、黏、随。粘连黏随各司其责，在修为时有具体的修为要求。神要粘，气要连，意要黏，形要随，最后落实到形上。身心的双修，就体现在两个方面，一个神一个形。《黄帝内经》讲"神与形俱"，就是神跟形同时具备了中和状态的时候，百病皆消，我们就能够颐享天年。怎样达到神与形俱呢？抓住意气的修为。拳论告诉我们："意气君，骨肉臣。"在修为神、气、意、形的时候，要抓住意气的修为这个关键，从而达到神与形俱这个结果。

很多人在修为太极拳的过程当中，也说要粘、连、黏、随，但不理解它们的内涵。粘、连、黏、随的核心是指我自己的神、意、气、形四个方面的粘、连、黏、随。如果离开了我自己的神粘、气连、意黏、形随，离开了我自己的神、气、意、形四个方面的内在关系去体悟粘、连、黏、随的真义，就离开了太极内功修为的主旨。

很多人在说到粘、连、黏、随的时候，总是理解为怎么跟对手粘上，怎么让他跟我连上，把粘、连、黏、随单纯地理解为我和对手之间的粘、连、黏、随的关系。我和对手之间有没有粘、连、黏、随的关系？有。我不但跟对手，还跟任何一个我之外的事物存在着粘、连、黏、随的关系，存在着神、气、意、形四个方面的关系。但怎么体会、把握粘连黏随、神气意形的真意才是问题的关键。从我的角度讲，我的身心要做到分而能合，分着是神、气、

意、形，当做到神粘、气连、意黏、形随时，才能够达到
一个完整的身心合一的我的状态。这个我的状态，才有可
能和万事万物、和对手达到粘连黏随这个结果。与外物的
粘、连、黏、随是通过自我粘、连、黏、随的修为以后达
到的一个结果，而不是离开了我自己的神、气、意、形的
粘连黏随，而练出来一个我和对手的粘、连、黏、随，我
和万事万物的粘、连、黏、随。

　　所以浑圆桩功的人随球浮，在修为过程当中要从神、
气、意、形各自的粘、连、黏、随来入手，从而达到人随
了球。

三、人球合一

　　人随球浮是浑圆桩功的一个重要功法，而且在浑圆
桩功所有功法当中，从人随球浮开始，发生了一个变转。
前面几个功法是以我抱球为主，从人随球浮开始是以球为
主，人和球的主次关系发生了变转。

　　人随球浮功法解决的是人和球之间的关系。我们必须
清楚地知道到底修为的是什么，必须要准确地把握住修为
的主旨，这样在运用各种功法的时候，才能够围绕着这个
不变的主旨在身心当中得到实修实证。

1.修为的目的

浑圆桩功修为的主旨，一言以蔽之，就是用具体的功法让自己达到一个浑圆状态。所谓浑圆桩也叫太极桩，也就是让自己形成一个完整太极状态。

什么是太极状态呢？就是分阴阳，一个阴一个阳，阴阳相合，合出来一个太极。也就是说，太极的状态就是浑圆的状态，浑圆的状态就是太极的状态。

具体到每个人的身心当中，怎么体现这个太极，体现这个浑圆的状态？每个人分清一个有形的身、一个无形的心，我们可以把它看作是一个阴一个阳，不管你修为不修为，阴不离阳、阳不离阴，这是道的根本规律。也就是身和心是同时存在的，一个正常的、有生命的人，不可能只有身没有心，或只有心没有身。既然两者同时存在，为什么还要去修为它呢？

第一，我们没有能够从太极的角度去分清无形的心和有形的身，它们之间存在着什么样的密不可分的关系。这是我们存在的一个问题。

第二，它们之间存在的这种关系，互相之间会产生什么样的变化和作用，我们应该如何做到身心的完美统一，同时还能够做到在面对任何复杂的变化时，依然还能保持住身和心最完整、最合适、最佳的平衡的统一的状态。这是我们需要修为的。

浑圆桩功功法的修为，就是紧紧围绕着一个有形的身、一个无形的心，并把它们完美地统一到"一"上。如此说来，浑圆就是把身和心，一个阴一个阳、一个有形一个无形，两个完全对立的部分统一到一个最合适的、最圆满的状态。这个状态就是浑圆状态。

身心分开来说，大家全都说得清，因为有形的身看得见摸得着，无形的心虽然看不见摸不着，但是也都知道有。这两个都能说得清，也能够分，但是把它们浑圆成"一"、合二而一的话，就说不清、分不清了。因为这两个互相之间已经完全相化合了，那个状态才是我们要求的浑圆状态，所以它叫浑圆。

我们的修为，就是要通过具体的功法，包括人随球浮，让自己能够进入到一个浑圆一体、浑然一气的状态。也就是说，分了阴阳、合了太极。阴阳和太极，就在我们的身心当中，达到了一个分而合。也就是让自己通过具体功法的修为，能够把阴阳、身心完美地统一到"一"的状态下。统一到完整的浑圆一体的太极状态，把自己打造成一个合乎太极阴阳之道的新的我，这样在面对万事万物复杂变化的时候，才能够从容不迫。所以要从我做起。

2.形与神俱

身和心如何形成这个浑圆状态呢？无形的心是神，有形的身是形——心神、身形。身心要相合而一，合到浑圆状态，需要把握住对神形的修为。神和形完美地统一到"一"上，就是身心合一了。所有具体功法的修为都是围绕着形跟神开展的。

古人早已经认识到，要把自己修为成一个合道之人，关键就在于形跟神这两者之间的关系。《黄帝内经》很明确地告诉我们："上古之人，其知道者，法于阴阳，和于术数，食饮有节，起居有常，不妄作劳，故能形与神俱。"能够形与神"俱"了，就能够"尽终其天年，度百岁乃去"。要想健康长寿，关键问题是如何做到形与神俱。

"法于阴阳，和于术数，食饮有节，起居有常，不妄作劳"，这些是达到"形与神俱"要把握住的几个关键。如何做到"形与神俱"？

形神的相互关系和身心关系一样，谁也离不开谁。形离不开神、神离不开形，二者是不可分的。它们之间的内在关系是什么呢？形为神之体，神为形之用，形与神是体用的关系。神在形上，神的作用就是在形上体现出来。

用什么样的修为法则才能求得"形与神俱"这个结

果呢？古人告诉我们"守神全形"，不是就形、就神去练习。守神是结果，全形也是结果，我们要抓因去结这个果实。

怎么做到守神？怎么能够达到形全？修为的法则很明确，关键在于意和气。通过意和气的修为达到守神全形、形与神俱这样一个结果。

《太极拳论》说得非常清楚："意气君，骨肉臣。"太极内功修为要牢牢把握住"神、气、意、形"四个要素。只要牢牢地把握住神气意形四个方面在修为当中有什么不同，有什么内在的必然的联系，它们是如何分而合的，就能够达到形与神俱。在这四个要素当中，形跟神是我们要求得的"形与神俱"的结果，修为的法则、法门是在意和气上。

3.神气意形

神、气、意、形这四个要素互为因果的关系，神形是果，意气为因。抓住意气修为的因，才能够得到形神相"俱"的果。

首先说神。神代表着心。古人告诉我们："不可知不可测谓之神。"在宇宙万物当中存在着可知可测的事物，但是还有一部分是真实存在的，但是不可知、不可测，我们就把它称作神。通过太极内功的修为把不可知、不可测的神跟形相俱，就把不可知、不可测变成可知可测——
知了这个不可知，测出来那个不可测，才能够"形与神
俱"，这个神才有用了。我们要用这个神。

神不可知、不可测，怎么修呢？王宗岳在《太极
拳论》当中讲："由着熟而渐悟懂劲，由懂劲而阶及神
明。"神是不可测、不可知，如果能够明白这个不可知不
可测了，就叫神明了。也就是俗话所说的，一看，心知肚
明了。尽管神不可知不可测，但是我心里边明白了这个不
可知不可测到底是一个什么样的内涵，对它有了一个把握
和认知，就能够运用它来为我服务。神的本体是不可知不
可测的，但是对于我来说，要知它、认它、觉它——觉知
了。尽管神说不清道不明，但是我心里清楚了，就能够把
它在自己的身心当中得到一个真实的体用。我们对于神的
把握和了解，就是要进入到神明。

其次说"明"。一个日一个月，也就是一个阴一个
阳，一个白一个黑，它们分得很清楚。要把这两个对立的
要素合在一起，合二而一才是明。明不是语言能够说清
的，是心领神会的，是心知肚明的。这个明对于有形身体
来说，是有真实的作用和感悟的。神明是太极内功修为的
一个很高境界，要下定决心阶及。

所谓形与神俱，就是通过修为，知了这个不可知，心
里边测了那个不可测，达到心知肚明。心上明白了，在身

上有了作用和具体的反应了，真正的体悟和体会了，这样才算是神和形相俱合——合一了。

神是结果，无法用语言把它说出来，但一定是心领神会的；心里面是知道的、身上是有反应的。在具体的功法修为过程中，我们要体会、感悟到这种"形与神俱"——形和神合出来只可意会不好言传的一种滋味。这种味道是说不清的，但是一定是能够品味到，心里面一定是能够觉知的。

想觉知"形与神俱"，关键要从意气上去求。抓住修为意气因，就结出了"形与神俱"的果。在人随球浮功法修为过程当中，要想把握神、气、意、形，必须用到粘、连、黏、随四个法则。

4.内气与外气

神粘、气连、意黏、形随。通过气连、意黏达到神粘、形随的结果。

在站的过程当中，神、形、意、气要通过粘、连、黏、随有一个真实的体悟。其中，形随、神粘是结果，要从意黏、气连当中去寻求。"黏"这个字，可以体悟，却很难说清。黏不是把所有不同的对立的部分捆绑在一起，而是把它们黏糊在了一起，谁也离不开谁。意要想黏，意在不同部分之间就要有动态的开合变化，这样我们才能够体会到意黏的真实味道。

"气连"的"气",指一气周流,总须完整一气。《太极拳论》也讲,"气沉丹田"。现在很多的修行都离不开气,但对气这个概念很难有一个统一的认识,对气的解读各有各的说法。我只是从我所传承的太极内功修为角度,把我对气的理解和认知告诉大家。

万物都分阴阳,宇宙从根本来说就是一个阴一个阳,无所不分、无处不分,气也一样分阴阳。气的阴阳体现在一个是有、一个是无,一个是内、一个是外。一个是体现在有形身体上的有形的气,一个是体现在无形的心上的无形的气。体现在有形身体上的气,我们强名为外气,它是有形的,是可知可测的,是我们要呼吸的。这个气作为生命来说是不可离开的,呼吸的气停止了,生命也就结束了。更主要的,我们还有一个内气,内气是心之气。

什么是心之气呢?心之气是看不见的,是不可测的,是触之不到、摸之不得的,但是它是真实主宰着和存在着。它体现在我们面对外界任何复杂变化的时候沉得住气。沉得住气的那个"气"是心境,是静心凝神以后的一个结果,是内心产生的气魄、气质。这种气是不可测的,是由内心产生的。

呼吸之气是先天自然之能。孩子离开母体以后,没有人教他呼吸,他就会自然地呼、自然地吸,不需要后天去关注和训练。虽然呼吸之气不需要进行修炼，但是不等于这个呼吸的外气对于我们不重要，不需要去把握，不需要达到一个最佳的状态。可是我们不是就呼吸去练呼吸。

呼吸深细匀长，有形的身体就是通达的。深细匀长是结果。怎么能够达到深细匀长这个结果呢？关键在内气。呼吸是先天自然之能，但一个人能不能在遇上事物复杂变化时沉得住气，这是需要修为的，这是一个人修养的表现。

遇上任何事物的变化都能够沉得住气，那个时候外气的呼吸才能够保持住深细匀长的状态。内气——心之气沉、稳、厚，呼吸才能够不受干扰。现在的情况是，不要说遇上各种复杂的事物，就是自己在有形身体变化过程当中，都保持不住深细匀长，呼吸总是受形态变化、动作变化的干扰。你会发现越用力、动作越快，越气喘吁吁。我们要做到在变化当中不变。一方面身体在变化当中，呼吸的外气是独立不改的。无论身怎么变，呼吸不会随着它变而改变，该怎么呼就怎么呼，该怎么吸就怎么吸。也就是说，在动作过程当中，不因动作的变化改变呼吸的深细匀长，这是需要练的。同时更主要的是，内在的那个气——内气，能够保持住它的沉厚、沉静、沉稳。所有事物在发生变化的过程当中，我们的心不动，能够沉得住气，气沉、心平而气和。内气是无形的，是不可测的，要真知它，要真明它，这是需要修为的。

5.意达气至

太极内功的修为就是修为自己内心的这种沉稳的主宰的不变。

怎么修为呢？就是用意。意的修为，可以产生各种各样的复杂变化。在变化过程当中，我们用假想修真意，修出一种真实的觉知来。意创造出各种复杂的变化环境，让人有一种身处真实变化中的感觉。虽然是没有，意要无而生有；虽然是假的，要把它假出一个真的，这样就得到了一个真实的意的觉知。有了这个意以后，要做到心平气和。

太极心法假修真，在浑圆桩功当中就要借球修意，要把这个没有的球修真了。要想把这个没有的球修真了，就要把这个"我"修无了。无了这个我，才有了那个真的球。这是修为过程当中很重要的一个法门。

前面几个功法是以我抱球为主，在人随球功法中，要把这个我无掉，以球为主。这时候就要把意专注在球上，我不变，球要变——球的意要变。在这个过程当中，要深刻地感悟到球的变化。把握意的修为，才能够假修真。把握住了这一点，才能够通过这个功法得到意的真感实悟。

很多人对意不太重视，或者不认为意有重要作用，其实意可以产生无穷的、巨大的能量。举个例子，两个人同时去做体检，检查出来一个人得了癌症，另一个人身体健康。然而体检结果搞反了，没得癌症的那个人说得癌症了，得癌症的那个人告诉他是健康的。结果没得癌症的人拿到体检报告后，整个心态发生了改变，就不可能做到心平气和了。紧张的心态造成身体各个部分，包括呼吸系统、消化系统，都出现了问题。

所以，往往一个意念能够决定一个人的命运，这就是为什么要牢牢把握住意的修为的原因。又比如，当看一部好的文学作品的时候，把自己完全代入到作品，从中会得到一种真实的、内在的感悟，你可以随着作品人物的变化，或哭或笑，产生各种各样内心的感觉。这种感觉翻回头来，对于身体状态又会产生一个直接的影响。

为什么用意能够达到这种效果呢？就是因为意直接决定着气的运行。《太极拳论》告诉我们："以心行意，以意导气，以气运身。"意和气这两个互为因果，密不可分。杨澄甫对于意和气有很明确的说明："意之所至，气即至焉。"什么样的意就产生什么样的气，意到哪儿气就到哪儿，气不通的原因是意不达，是没有归于意的结果。要想达到气的平和，关键在于意。

意和气是因和果的关系。通过意的修为，能够使我们处理各种各样复杂的变化，并在这种变化当中保持心态平静、沉稳，达到心平气和。

当年大成拳宗师王芗斋在训练假修真时，是这样引领意的修为的。人往这儿一站，要站出来一个前有狼、后有豹、左有狮、右有虎。人深陷在狼狮虎豹当中，还能保持心平气和吗？很难。没有上过战场的人，体会不到战场上生死一瞬间时的心态。我们不可能都去战场上体验一下，也不可能真的置身于狼狮虎豹之中，我们只有假修真。假修真的关键是什么？怎么把假修出来真？你站这儿修了半天，说前有狼、后有虎、左有狮、右有豹，想了半天，前头这狼是假的，后头虎是纸糊的，你依然得不到。要找到它们，把它修真了，翻回头来要体会到自己的心的稳定、沉稳。当然这是需要反反复复去修为的。在假修真状态下，能够保持心平气和，将来一旦遇上各种变化，你才有可能做到无而生有、有而回无。经过训练，有思想准备，当遇到变化时，才能心平气和。我们要从这个角度上去修为它。意的真实，真在假而真、虚而实，没有的有了。在这种情况下，前面有一只狼、后边有一只虎、左边有只狮、右边有一只豹，你可以去假想，狼要扑上来了，豹子要冲上来了，后边的虎窜上来了，你仍能心平气和的话，你的身体就不会僵滞紧张，你才能从容面对，才能产生灵性反应。

在人随球浮功法修为过程当中，就是要抓住意和气的假修真，从而达到心平气和、形与神俱的结果。在这个过程当中，通过意气的修为，真实体会到身跟心、形跟神的不同而合，以及合出来一种什么样的滋味、状态。要真的体会到它们之间的关系。

6.品味球的变化

在抱球桩当中，第一个假修真是假球要修真、虚要形成一个实。在这个过程当中，意要分。万事万物都分阴阳，意也要分，分内意、外意。作为内意来说，以球意为主，我要合到球上，由我抱球到球和我合成一。我就是球、球就是我，有球无我，我就是球了。这个时候要感觉到整个身体形成了一个球。

球是什么呢？无缺陷、无凹凸、无断续，也就是没有哪儿多哪儿少，尝到了这个滋味就是你和球合一了。如果在站的过程当中，脚上多手上少，上头多下头少，前头多后头少，不能是一个味儿的话，说明不是球。要做到有而回无，无手无脚、无前无后、无上无下，才是球。尝没尝到有而回无的滋味是关键。

在前面讲到过外三合，手与脚合、肩与胯合、肘与膝合。什么叫合？分而合，分了上下左右，合起来以后有而回无了，把它们合到"一"上了。合到没有手没有脚、没有上没有下，浑然一体。如果在站的过程当中，手是手、脚是脚、肩是肩、胯是胯，说明没有能够人球合一。同样

279

一个形态，但是产生的意是不一样的，滋味是不一样的，你自己一定能够品尝和区分的。在站的过程当中，从内意而言一定要去体会，是不是得了这个球意。有了球无了我自己的有形身体，它们发生了一个有无相生的变化，实的变虚了，无的生有了，人球合一了。当没有手、没有脚、没有上、没有下了，真的能够感觉到完全合一的状态，那个滋味一定要去品味和把握。这是从意来说。内意要求得的是人球合一，是人和球合成一意，一意是球之意。

当合成一个球之意以后，这种合一的味道是要反复品尝的，这个味道不因各种变化而变化。我经常讲鱼香肉丝的例子，鱼香肉丝里边有各种各样的材料，但是品的是一个味。品的什么味呢？鱼香肉丝味儿。你到任何地方去吃鱼香肉丝，都应该是一个味儿，都应该是鱼香肉丝味儿。如果不是这个味道，就不是鱼香肉丝。判断是不是鱼香肉丝，凭的是这个味儿。这个时候你不用去看、不用去分别，只需要尝一下就知道这是不是鱼香肉丝，就这么简单。关键是得尝过鱼香肉丝的味儿。鱼香肉丝这个味儿在自己这儿能够做到心知肚明。说不清的滋味，有了真知真觉后，才能够用它去判别到底是和不是。

站桩也是一样，只有人和球站出合一了，有无相生了，有了球无了人了，人就是球、球就是人，那你品尝的就是这个味儿。这是什么味儿呢？手脚肩胯合起来的一个味儿，肘盖合起来的一个味儿，前后合起来都是这个味儿，没有两个味儿。这个时候翻回头来，当人球合一以后，得意忘形了，球之意主宰了你之意，你没有了你自以为的想法，你的心是平和、沉静的，周身是松通的。这个时候心的内气是沉厚沉稳的，呼吸的外气是周身通畅的，内外合成了一气。一意生一气，这一气即太极，这就是太极状态、浑圆状态。把里面的内意虚而实、假修真，身跟心、内和外合成一个统一的、浑圆的太极体、太极状态，这是修为的关键。

合成了一个球以后，这个球会随外界的变化去变。这个球不是孤立存在的。我们要用这个球，它就要面对各种各样外在的变化。修为成了球以后，下一步就是内意和外意要合一意。我们依然要遵循着假修真。

这个球假修真，怎么修呢？我们意想、假想这个球是在茫茫的大海当中，浮在海水上。这个海水还是变化的，有起伏的。当球在海水当中，就会随着海水的起伏而起伏，随着海水的变化而产生变化。这个时候我们的意就要用海水的变化来感受球随海水的变化，所以我们说人随球浮。这个"随"，我随球、球随海水，意的变化就有了。你的意这个时候要以海水的意为主。这时候你形成了一个球，海水变化，球随之而变，它起我起、它浮我浮。当然是意的起起伏伏，不是形上的起起伏伏。你就会感觉到在茫茫大海当中，海水的起起伏伏，这个球就随波逐浪，起起伏伏地产生着各种变化。

在站浑圆桩功的时候，周围不是海水，就是一个空间，但是要用意把海水想真了，要无而生有，用海水的变化体会到这个球的变化、这种滋味。这是在修为过程当中，借海水来假修真，进一步修出这个球的变化的真实。

王芗斋训练用狼狮虎豹来假修真，浑圆桩功人随球浮是在茫茫大海中假修真，一定要找到对这个大海的真实的体悟和感觉。它真实了以后，翻回头来，再品味这个球到底是一种什么滋味。随着海水的起伏它到底会产生一些什么样的变化。这是球之意。得球意之后，这个球还要在海水当中，外意和球的内意相合出来一个意。所以，意是在不断地分分合合的。

这里面需要强调和注意的，所有的修为都是在变当中要寻求一个不变。宇宙万物永远是变的，是不以人的意志为转移的，但是在变当中有一个不变的主宰。要能够在变和不变当中把这两者统一起来。我们修为的不是变，也不是不变。太极内功修为的是变当中有一个不变的主宰，不变的主宰一定能够随着变化还保持住它的不变。这是修为的核心。

人随球浮的修为就是用这种意的分合来体会变和不变的内在关系。怎么去体会它呢？海水起起伏伏在变化，球随着海水也会起起伏伏。这个球变不变呢？一定会变。

因为海水起它要起、海水落它要落，会有变化。我们现在要体会的是在这个变当中要求那个不变。在人随球浮过程当中，当把海水想真了。海水起起伏伏，我们这个球随海水起伏过程当中，翻回头来反向求这个球的不变。球是要变，随海水起伏变，但是不管怎么变，这个球都是保持不变，都是一个不变的球的变。我们要能够做到不管海水怎么起起伏伏，忽而风平浪静，忽而波涛滚滚，忽上忽下，这个球能够随机而变。同时这个球不管怎么变，依然是一个完整的球。在这种假想的变化当中，最终要寻求一个浑圆一体的、不变的、完整的球。这是人随球浮修为很关键的一个主旨。

　　在人随球浮求内意的过程中，人和球合成球人合一的浑圆状态——无了手无了脚、无了上无了下、无了前无了后，浑然一体、浑然一气。在海水的变化起伏当中，我依然还是这个状态的不变的变。这个状态不变的变是不是随着外在的变这个球就一定不变呢？不是的。这个球依然是意的变化，要想保持球的不变，就要遵循着在它的变当中保持着不变。也就是说，要想在海水当中，在变化当中，还保持住一个完整的球的话，这个球要产生鼓荡的变化，也就是球的内意因外意的变化同时要产生开合变化，不是一个死的球。随着外面海水的变化，球里面依然要产生变化。《太极拳经》上告诉我们："一举动周身俱要轻灵，尤须贯串。气宜鼓荡，神宜内敛，无使有缺陷处，无使有凹凸处，无使有断续处……总须完整一气。"说的就是浑圆一体的状态。

我们的功法不是简简单单站这么一个形，而是站出里面一层一层的变化。每一种变化当中都会有一个不变，每个不变又是变化当中的不变，层层可分。很多同学问我："李老师，你从小就开始站人随球浮，站到今天60年，这个人随球浮是不是已经站完了？"不是的，永远站不完。因为永远可以站出不同的意。我们可以假想出各种各样的意来，越分越细，越站越有滋味，越站越见隐入微，品味到无穷变化的味道。

问 答

学员A：今天老师讲的内容太有启发性了。过去在练习抱球的时候，都是在刻意用意去想，我有一个球，这个球很真实。今天老师讲到能无的有才是真有，我们怎么样去感觉没有那个球呢，或者说怎样求这个没有呢？

李光昭：这个问题提得非常好。这里牵扯到了有和无之间的内在关系。

首先，要改变思维习惯。说到有和无，在常人来看，有就是有，无就是无，而我们是要把有无这两个当成一回事，而且它们是互相变化的，永远在变化当中，所有的有都是在向无转变，所有的无都是在生有变。因此，意要在变当中去求。也就是说，意是不断变化的。简单举一个例子，现在我们抱这个球，看似球是固定的，但是这个球是变化的，球的内部发生了变化，产生了气的鼓荡。这个意就是在有球和无球当中在变。刚才抱这个球，球不变的时候，是这个球；当球发生变化以后，刚才那个球无了，你的意又有了一个球。这个有和无一定是意上的变化，不是说我抱这个球，一会儿球是这样，一会儿球是那样，不是这种变化，而是意上的一个有无的变化。有无的变化都是球，不要说一个固定不变的球。它是有的，然后把这个球变没有了，这就是无了。球在变化当中就是有无在相生。刚才那个球变了，生出现在这个球，是意的变化。比如说，时间在永恒地变化，有无在相生。都是时间，都是一秒，但是刚才那一秒和现在的一秒，已经有无相生了，那一秒的时间已经过去、不存在了，生出来的是这个新的一秒。而不是那个一秒不变，又生出来这个一秒，它们永远在相生过程当中。当生出下一个新的一秒的时候，这个一秒已经不复存在。也就是说，不变的是时间，变化的是时间在变化过程当中所产生的有无相生的这种意的变化。

在站桩过程中，这个球一直在有无相生地变化着。当这个球和整个身外的意融合在一个大的空间当中以后，同样一个不变的形态，产生了很大的球的意的变化。大家要理解，一切都是可变的。我们不要局限在常人的思维习惯当中去想球的有无相生，而是同样一个球随着时间、随着意的变化不断产生着有而回无、无而生有……如时间一样、如流水一样，时时处在相生相变的过程当中。

学员B：我想问两个问题。刚刚讲到这个球的鼓荡，我想知道鼓荡是一个什么样的感觉？

第二个问题是关于水和球的关系。水是无形的，正因为无形，就有了所有的可能性，各种各样的形状，所以它是真正的有。但水跟球又是一个什么关系呢？

李光昭：好的。我们所说的球是假借的，这个球是空心的，不是铁球、实的球，是一个充气的球。因为它里面有气的充盈，所以它所有的变化都是内在气的鼓荡产生的。比如说一个孩子玩的皮球，为什么一拍它，这个球就能蹦起来？不在于这个球本身，是在于球里面有气。当我一拍它，内在的气产生了弹性变化。球随着内在气的弹性变化，产生了起起落落的变化。所以，所有的鼓荡都是内里气的鼓荡。《太极拳论》上讲"气宜鼓荡"。球为什么能够无缺陷、无凹凸、无断续，就因为它是一个圆形的球，同时里面充盈着内气。气和水这两种都属于无形而有万变之形，会随着需要而变。之所以要借用水和气，原因在于这两种东西大家很熟悉，一说到水和气，就有一个比较直观的认知。老子也借用它们来体会无形而有形，自己不变而能够万变。不管气也好，水也好，对于我们来说，只要能够做到自己无形、自己无意，又能够随意而为，就达到了借用气和水修为自己的目的。

水和气这两者又有密不可分的关系，水是向下的，气是向上腾升的，在升降过程中，它们又产生了一个不变之变。大家都知道，水经过气化以后上升，到了上边冷凝了以后又变成水，又下来；形态也发生了转变，一个是液态、一个是气态，但是它们的本质没有变，还是 H_2O，它们内在不变的东西保持住了。因此水和气是最基于道的。老子用大量的借喻，在《道德经》中告诉我们什么是大道，就是让我们像水一样、像气一样，回到最自然的变和不变、相生相变的关系中。变当中一定有一个不变、不变当中一定要能变。

在站的过程中，要把握住水和气的变化特征，一个是形不变的时候，内在在变；一个是形变的时候，上升是气，下降是水，但它里面一定是不变的。找到不变当中有一个内在的意的变，这就是内意与内气。还要找到形在变的过程中，里面有一个不变的主旨。我们的修为是以拳证道，在修为过程中，假借水和气的最自然、本质的状态，来寻求身心的体悟。

第十章　三尖相照

一、三尖合一尖

三尖相照是浑圆桩功的一个重要功法，修为三尖相照目的就是要把我们打造成一个浑然一气、浑圆一体、合乎太极、阴阳相济的完整的我。

要想通过三尖相照打造出一个完整的我，就要分而合。无极桩功把人分了上、中、下三盘，三盘合一，合出一个完整体。首先是每一个盘都要分而合，也就是说合到一个点上。

整体来说分了上中下，到每一个盘，上盘分了上中下，中盘分了上中下，下盘也分了上中下，我们把这三个盘的上、下要合到一个点上，合一。上盘合一、中盘合一、下盘合一以后，再把这三个点穿合成一，穿合到一点上，这样就形成完整一气的浑圆体，也就是合一的一个状态。我们就用三尖相照这个具体功法来把自己合成一个完整的浑圆一体的状态。

　　如何运用三尖相照把自己打造成一个完整的我呢？很重要的一点，就是对三尖相照有一个明确的认知。三尖相照功法遵照着太极阴阳之理，是在理法的基础上，来实证这个理的一个具体的修为。首先我们要对"三尖相照"这几个字有一个明确的认知。

1. "三"是什么

　　三是太极修为的一个核心数字，为什么呢？其实我们修为了半天，就是要修为出这个三来。前面讲过，三是一个数字，代表上中下，但是它不只是数量上的三。老子告诉我们"道生一，一生二，二生三，三生万物"。"道生一"，一气；"一生二"，生出来个阴阳；二怎么会又生出一个三来？什么是二所生出来的三？也就是三尖相照的"三"的内涵到底是什么？

　　什么是二生出来的？一个阴一个阳，这是二，这两个是完全对立的。这两个完全说得清，阴就是阴、阳就是阳，黑就是黑、白就是白，连小孩都能分清。

　　三是什么？我们说宇宙万物不只是二元的存在，不是黑就是白、不是白就是黑，一定还有一个状态，是黑和白这两个统合在一起以后有黑有白，但是非黑非白。黑和白、阴和阳是看得见的、分得清的，但是这两个相合以后，合出来的那个状态是浑沌的，是说不清的，是模糊的。这种说不清只可意会，但是它又是真实的。虽然说不清，但又很清楚。因为你肯定能品尝到这个味道，但是无法把它说出来，就是这么一种状态。可是这种状态又是非常清楚。为什么非常清楚呢？它里面一定包含一个说得清的阴和一个说得清的阳，但是又合出来一个说不清的状态，因此它是既清楚又糊涂，既有又无。两个东西真的合到一个状态，这个状态一定是说不清的，这种状态我们就叫三。

三是由很明确的两个对立的东西合起来的，这种合不是两个事物的混合，比如一个黑一个白捆在一起。它们是相生相变相互转化的，是化合，是生出了一种新的状态、新的物质。

一个氢、一个氧，经过化合以后，化合出来一个水。水是不是有氢有氧？是的。氢氧原子化合以后不单纯就是氢和氧了，是H_2O，是一个新的分子状态，一个新的物质。也就是说，阴阳两个部分只要一化合，一个新的物就诞生了。

宇宙万物从本原来说，一气里边就是有二气，一个阴一个阳。只要阴阳一化合，就能产生一个新的物质。万物就是这种化合下生出来的一个新的状态，是一，但是这个一是既说得清又说不清的一个新的三。一是太极，一气即太极。它分出了阴阳，阴阳化合以后，就生出来一个三。

这个三虽然还是阴阳的合，但不是原来那个一气的太极，而是阴阳合出来的第三种状态，我们管它叫三，因为它是新的、由二生出来的。

阴阳化合，合出来既有又无既能说清又说不清这么一种浑沌的状态，我们也给它起了一个名字，就是"中"。因此"中"就是阴阳相合以后，合出来的那个第三种状态。只要把握住这个"中"，就把握住了一个事物的新生状态。事物的新生都是由中产生，所以中的状态，也就是我们所说的浑圆状态——由分得清的两个部分化合而成一个说不清的新的状态。我们就是要通过这种修为把自己分得很清楚，但是合到一个"中"的状态的时候，合出了只可意会，无法用文字、语言说得很清楚的一种新的状态，这就是浑圆所要求得的。

老子说："道生一，一生二，二生三，三生万物。"万物都是由三而生，只要抓住了这个三，就抓住了能够生万物的那个本原状态。万物怎么由三生的？老子告诉我们"万物负阴而抱阳"，归结起来还是一个阴一个阳，一个背着一个抱着，这两个要冲和、要合——"冲气以为和"。"冲"字用得太绝妙了，这个"冲"是一个阴一个阳向"中"去合的过程，最后要达到一个和的、平的状态，达到一个很清楚由两个部分组成又说不清的第三种状态。这就是事物生存演变过程的一个本原的规律。我们从这个角度去认识它，就把握住了宇宙万物运行的根本规律。

为什么要去认识它？因为我们要用这个根本规律去认识宇宙万物的变化。从哪去认识它呢？不必远求，万物这个大宇宙和人这个小宇宙是同一个道，是同一气的。我们就通过自己的修为去体会"道生一，一生二，二生三，三生万物"，在自己身体里面体会阴阳是怎样相生相变的。通过我自己就能够体悟到大道变化的根本规律，从而运用它去认知万事万物的发展变化。这是我们修为的目的和主旨。

2. 变是表象，化是根本

两个对立的东西要相合、相化。大家会发现，其实太极内功的修为，一个很关键、具体的作用就是能变化。《十三势歌诀》当中有一句至理名言："因敌变化示神奇。"关键是你能不能够因敌变化。这个"敌"不只是对手，我之外的所有都可以说是我的对手，都是需要我和他（它）去打交道。怎么跟我之外的万事万物打交道呢？就是要因敌变化，因外在事物的变化。如何让自己适应外在事物变化的规律？不是去改变外在的事物，而是变化我自己，以我自己的变化去适应和遵循外在事物变化的规律。因此，怎么因敌变化？只要能够遵循事物发展变化的规律去调整自己，你就是神，你所表现出来的就是神奇的功夫。

我们经常说"变化"，其实这两个字要分开理解。事物所有变化的根本原因，在于事物内部能化，变是表象，化是根本。也就是说，"变"是外在事物发生了看得见的变，变的原因是内在的化。什么化？阴阳二气发生了相冲和、相化合。它们出现了什么样的冲和，事物就会出现什么样的外在之变。因此，要想让自己能够适应客观事物的变化——因敌变化示神奇，就得能够把握住自己内在的化。所谓内在的化，指一个阴一个阳内在的相生相化。你能够主宰它、认知它、把握住它，就把握住了事物的外在之变，就能适应外在事物的发展变化，跟它们去相合。在合的过程当中，就能够认知和主宰事物的过去、现在和未来的发展规律。所以关键是自己要能化——内在的化，而不在于外在看得见的变。

在修为过程当中就是要化——内在的化，是看不见的。"变转虚实须留意，因敌变化示神奇。"也就是一个虚一个实，都在于内在的变化变转，而不在外。太极内功修为要牢牢把握住一个变一个不变。形、外形不变，内在的阴阳虚实在变。我们要体悟不变的外形当中内在的虚实的转化——内变所产生的内化。因此，我们所有的行为都是自己内在的行为——自变、自觉、自化，完全是在自己之内的、在虚空处所求得的转化。

我曾经讲过，同样一个形没有变，但是里边产生了两种虚实变化，两种不同的味道——意的变化。这种内变完全是意的变化。太极内功修为，包括三尖相照，是通过一个形体悟里面内在的意的变化。浑圆桩功的形很简单，从抱球势开始。所有的功法都是这么一个形态，从形上来说没有更多的变化，变化的是内在之意。要通过意的变化，体悟到内里的这种主宰、规律——把握住这个数，通过数来把握这个术。这样我们对于太极阴阳的认知就做到了善数，而不只是一个单纯的理解。也就掌握了"一生二，二生三，三生万物"——所有变化的内在的根本。

内在的变化归根结底就是两个对立的东西——一个阴一个阳，它们又分又合又互相转化。我们要体会到内在变化的真实滋味，从而掌握事物的规律，成为一个善数者。

3. 用"尖"体会内在变化

三个尖不只是数量上的三个尖，还包含内之意。有形的三个尖，指上盘鼻尖，中盘指尖，下盘足尖/脚尖，这三尖看得见摸得着，很清楚。三尖不只是指这三个有形的尖，实际上我们是通过有形的三个尖，要修出无形的真意来。

太极内功的所有修为，无非是从两个方面来解决问题，一个是看得见摸得着的形，一个是存在于形之内的意，一个是实的一个是虚的，所有的修为都围绕着如何把它们统一到"一"上。也就是说，达到了这个状态，才是真正的浑圆——既看得见，在看得见里面同时还有一个看不见的意在主宰这个看得见的形，它们合起来以后，合出来一个既有又无、无中要有、浑圆一体的合一的状态。所有功法的修为都是围绕着这个目标，三尖相照依然如此。我们要从形和意、有和无两个角度去分别理解三和尖到底都有着怎样的内涵。

　　具体到三尖相照功法，怎么体会到内在的变化呢？在具体修为当中，就要运用这个"尖"，来体悟内在相生相变的规律。

　　为什么用"尖"来体会呢？首先咱们先从"尖"这个字来看。中国汉字的伟大之处，就在于它除了形还有意，还有它内涵的那个意的真实，我们就是要通过这个字来把握住里面那个意的内涵，去体悟它。

　　为什么用尖来体悟呢？这个"尖"字由两个部分组成，一个是大一个就是小，一个在下一个就在上，它们都是对立的——大小、上下。虽然它们是对立的，但是又是合起来的。因此这个尖是由大小相合、上下相合，合出来的一个结果。在具体功法当中，要用意去体会大和小、上跟下，合出来的滋味和状态，这就是尖。

　　通过具体的功法去体会尖，首先要从有形的尖上来说，分了三个尖，分别是手尖、足尖、鼻尖，三尖合一——合到"一"上。"道生一，一生二"，生了一个大和小，"三生万物"，这个三就是中。这就是说这个尖在中上。一上一下，小是上、大在下，分得很清楚。但是一合以后，有大有小、有上有下，合出了一个"中"的状态。也就是说，这个尖是既有上又有下，既有大又有小，合出来一个无大无小，大中有小、小中有大这么一个状态。有上有下，合到"中"上，这就是三。

在站浑圆桩功的时候，怎么体现这个尖？就是大小、上下要相合，混合浑圆成一体。怎么把上下、大小相合出来一个浑圆的一体、一气呢？要合到"中"上。

什么是浑然一气、浑圆一体呢？就是天—地—人三者合一，合出来这么一个状态。天—地—人三者怎么合一呢？上为天，下为地；地是有形的、是实体的、是物，天是无形的；地是实的，天是虚的；天为阳、地为阴，这两者要向一块冲和，合到"中"。哪儿是中？人在天地之中，人就是中。只有人才是天地之合合出来的一个"中"的灵性体，只有人才处于天地相合出来一个既有实的物质又有智慧的灵性的状态。因此，"三"也可以说是三才——天地人三才，而三才之中人为中。

在站三尖相照的时候，就要通过三尖的功法体会到天—地—人合一的状态，合成一个中。这个中的状态是什么？从两个方面来说，在站的时候，通过有形的三尖合到一个中上，这是一个要求。有形的哪三尖呢？一个手尖，一个足尖，一个鼻尖。因为鼻尖处在天地之间这条虚中线——这条本原的自然的中线，把手尖和足尖都合到鼻尖上以后，我们就合到了中上。

合到"中"上以后，我们就三个尖合到了一个中上、合到了一点上。也就是说，这个尖是一，是一个点。因此，在站的时候，用意念把这三个尖合到一点上。合到这个中上以后，要去体悟无形的那个"一"的味道，合出来一个"一"的滋味。我们要去找这个意的真实，合出来这个意的真实的滋味。

在站浑圆桩功的时候，最终要站出一个三尖合一尖的状态。这是一种既有若无、说不清的状态，是一种味道。我们通过这个形要求出这个真的意来。这个意是虚的，但是要求出一种真实的滋味来。"善数不用筹策"，只有把握住了内在的这种变化的味道的真实，才能够不用筹策。有形的部分都是载体，都是为了让我们达到"善数"——掌握事物的内在规律。我们不要再拘泥于形的不变，拿住形不放。形就是过河的船，过河后，就不要再背着这个船了。浑圆桩功初期的时候，要借助这个载体——这个有形的船、这个筹策、这个工具，通过它来找到意，找到意以后就要得意忘形。

有很多朋友修炼了多年，总是进不到化境，其中的原因就是过了河以后，依然拿住这个船不放、拿住形不放，总是在形上去寻求，也就产生了这样那样的困惑。当逐步找到"中"的滋味，得意忘形以后，我们才算真的进入了"善数"，进入了化境。这个时候我们不再用有形的身体，就能够认知、把握事物变化的规律，就可以去预测事物下一步的发展趋势，我们就能够遵势而为了。所有外在的变都是因为里面的数术的变化，这是太极内功修为的一个核心。

对于三尖来说，尖是两个对立的部分合起来的——一个上一个下、一个小一个大，大小相合。在相合的过程中，有没有顺序、次序的规律呢？有的。在站的时候，一定是大下小上。因此要沉下来，要把有形的身体完全和大地相融合，要把自己放在整个大地上，大地的大把这个小的我化小为大，把这个小我和这个大我相合，大我把我合到了大地上，这样就把这个我化掉了。无了这个有形的我，无了这个肢体的我，我就和整个地球、和大地相融相合了。通过浑圆桩功就是要把自己化有回无，化了这个我和整个大地相合成"一"。无了我，才有了天地之间的这个大。

通过三尖相照这个功法就是要把这个小我化掉。在修为过程中，除了自己有形的身体要化有回无，还要用意找到内在变化的规律。我们必须要放弃自以为是的聪明，要舍弃我以为，这样才真的能够把我化合出来一个大小相合的"中"的状态。

浑圆功法的修为，就是牢牢遵循着这个主旨。正像庄子所说的"堕肢体"，就是把自己有形的身体、肢体堕落下来，有而回无，放给大地。同时他告诉我们要"黜聪明"，就是把自己的小聪明、自以为是的想法放弃掉。通过一个堕、一个黜，把一个肢体、一个自以为是的想法，都要放弃。这样就能够把自己有形的身体离去。当你能够堕肢体、黜聪明，能够离形，你才真的能够知这道。离开了你认为的所有有形有象，才能够"善数"——掌握了事物内在的规律。所以庄子所说"堕肢体，黜聪明，离形去知"，恰恰是太极内功修为的一个很核心的内容。做到了"大通"，也就是天—地—人大通，相通相合，相合为一体，你就做到了"人法地，地法天，天法道，道法自然"。

通过修为，我们不但掌握了自己生命运行的数术，还通过自己的认知，"离形去知"，达到"同于大通"，这是我们最终要把握、运用宇宙万物的根本运行规律。

二、把虚意求真实

1.方圆即规矩

浑圆桩功要通过修为达到一个浑圆状态。这个浑圆状态其实质就是一个方一个圆，把这两个部分合在一起。其实天地无非一方一圆。我们不但要理解它，还要把握它、运用它。方圆说到底就是规矩。

我们经常说没有规矩不成方圆。浑圆桩功的修为，就是修一个体和用的关系。体对于我们来说就是要知规矩。知规矩、守规矩，将来才能运用这个规矩应对各种变化。这个规矩不是谁来定的，它是天地之间本原的规律，它是道。具体到我们人生当中、具体到万事万物运行过程当中，这个规矩不出一方一圆。万事万物本来的合道的运行规律，通过方和圆让我们能够知了规矩。守规矩是在知这个方和圆的基础上，把既对立又统一的方和圆，能够相对相合，合二而一。这样我们就把这个规矩牢牢把握在自己的手上了。

怎样把握宇宙万物本原的方和圆的运行变转规律呢？就从自己的身心当中去体会，从而牢牢地把握住真知——

规矩。

当我们在自己的身心当中，体悟和把握到了方和圆的真义——它们相互之间既对立又相互依存、相互变转的运行规律，就能够用它来指导我们的身心，指导我们生命轨迹的运行。在生活当中遇上所有事的时候，都用方和圆这个规矩去面对、去处理，你就合了道，就遵循了事物运行的规律。

在《杨氏太极拳老谱》当中专门有一章谈太极和方圆之间的内在关系，这篇文章的题目叫《太极正功解》。什么是太极正功？就是方圆。"圆也……不离此圆；方也……不离此方"。也就是说，我们所说的太极、修为的太极，就是方和圆之间的分合变化。我们要知道它们之间到底是什么样的内在关系，它们是怎么样变化的，在我们自己身心当中应当怎么体会。

2.把曲的身体拉直

关于方与圆的关系，在另外一篇《太极下乘武事解》当中，明确地告诉我们，它们之间是一内一外。圆的特征是柔，方的特征是正，正是刚正。所以我们所说的太极的方和圆，这两个之间的关系首先是一个柔一个刚。在具体修为过程当中，就要从柔和刚两者之间的关系去体悟方和圆的内涵。

　　柔和刚两者之间的关系是外和内——柔在外，刚在内。外柔内刚。具体说，就是外圆内方，方和圆一个刚一个柔，一个内一个外。

　　从太极思维的角度去理解刚与柔，往往跟我们常态的理解是完全不一样的。常人理解的柔是软、柔软，是弱、软弱，但是这不是太极内功要修为出来的那个柔。

　　柔，上面一个矛，底下一个木，所以它跟木有关系。柔的定义是这样说的："凡木曲者可直，直者可曲曰柔。"曲是弯曲，比如圆是曲的；直是方的。常人理解的柔，就是曲的。可是我们所要找的柔的内涵是看似是曲的，但是它可以是直，是曲者可直，直者可曲。

　　不是说一个柔的东西就是软的，就是曲的，而是曲的可以直，直的可以曲。我们要从曲和直两者之间的关系去理解柔。

　　曲和直的关系，是曲中要有直。曲和直这两者之间，相对来说曲是真实的，直是特例，没有绝对的直。这世界上所有的变化和形态，都是曲曲折折的。直是在曲当中找出来、求出来的一个标准。因此，直是虚的、是无的，曲是实的、是有的。太极内功修为要在曲中曲出这个直来——要在曲当中求出这个直。实际上，所有功法都要在曲中修出一个直。直看不见摸不着，却主宰着曲，让曲永远离不开。修为就是围绕着这个主旨，以具体功法进行实证实修。

在具体修为中，离不开形与意。通过形与意，我们要找到曲和直、内和外、柔和刚的内在关系，进而求得方和圆的规律。

在三尖相照功法当中，怎么理解形？形是曲的，我们通过形要求这个意。从无极桩功开始到浑圆桩功，都是练形而求意，最后达到得意而忘形。练形求意，就是要在曲中求出这个直来——实的曲要求出这个虚的直。

我们的身体由头到背到膝到踝到脚，就是一条曲线，这是人的真实形态。人人如此，不离此曲。太极桩功就是通过曲这个形求出一个直来。直在什么地方？直就在这条虚中线上。

我们都知道，百会—膻中—会阴这条虚中线，看不见摸不到，但上通天下通地。有形的身体是实的、曲的，虚中线是虚的、直的。我们要通过修为求出直与虚的真实。

我们要把曲的身体给拉直。曲是真实存在的，曲本身是不变的。我们无法把有形的身体拉直了，但是可以用这条直的线来约束这个曲。

宇宙万物起起伏伏、曲曲折折的变化都是有规矩的，都不是自以为是的乱变。万物的变化，不管大变小变、快变慢变，都遵照着一个内在的主宰，这个主宰是虚的、看不见的，我们就是要认知主宰着这些变化的那个主宰。怎么去认知它、把握它呢？只要把握住了这条直，所有的曲都会在这条看不见的、虚的直的主宰下发生着曲曲折折的变化，所以曲永远不离开这个直。同理，任何曲当中，一定有一个无形的、看不见的、虚的直在主宰着这个曲，因此这个直也离不开这个曲。我们要把曲和直找到，把虚的给求真实了，就能够主宰各种曲曲折折的变化。通过无极桩功和浑圆桩功的各种功法的修为，去理解、去找到这条主宰着曲折变化的无形的虚线，要把它修真实了。

这条虚中线是无的、是虚的，要把它求实。我们修为的目的就是要把这条虚的直得到一个真实的把握。要把虚的实了，因为这个虚的本身是意。也就是说，在修为过程当中，把这个虚的意要真实了。

这个意在我们的身和心当中，当它产生一个真实的意象，虚的意就真实了。太极内功的修为，特别是杨氏太极拳传承的太极内功，一再强调"人之周身，心为一身之主宰"。也就是说，我们身体出现的问题，不管是行动坐卧，还是在对敌应战，反映在身体上，根子是在于有形之身的那个心。要解决身形上的问题，就要从心上去解决。

解决心的问题，只有一条路、一个法门，进行意的修为。所有的功法，包括三尖相照都是进行意的修为，去求虚的意的真实。怎么把这个意修真实呢？不管你承认不承认，每个人都存在着一个形一个意，一个身一个心；每个人既不缺有形的身体，也不缺无形的心；既不缺曲的那个形，也不缺那个意。虽然是不缺，但是我们既不能给它们分清，也做不到完美地把它们统一到一上。也就是说，动之则分，分出一个阴一个阳、一个身一个心、一个形一个意，然后要合出一个完美的太极来。使身心、形意合到一个最合乎宇宙本原规律的状态，才是我们所求的浑圆一体、浑然一气。现在的问题是不分、分不清。

要想分清形和意，让意变得真实，就要把实的、有形的身体实而虚。我们从入手之处就要把实的这个形虚掉，从无极桩功到浑圆桩功，都是为了虚这个实的形，从而达到实这个虚的意的目的。

在具体修为当中，怎么虚形实意呢？凡此皆是意，要牢牢地把握住意的修为。

所有桩功的规矩，都应该在站当中通过意的修为把它真实。比如，上是提——提顶、提百会；下是落。很多修为，都要求符合上提下落。但是理解起来就存在着两种结昊了。很多人一直也在站，但是不能得门而入，一个很关键的问题，就是没有能够分清到底提是提什么，落是落什么。很多人还是在形上去求意——不离开这个形来求这个意。说到提顶，还是在提这个有形的身体。这个身体是不是会提呢？会，但是是被提。太极内功的修为不是在身体上求它，是要用意，寻求的是提之意。也就是说，把虚的提之意要提真实。

在站的过程中，提顶不是提这个形，而是提这个虚中线，提无形的这条线。可是很多人在修为过程当中，一说提，就在身体当中去找这个提。这样做的结果就是虚实这两个没有真的分得很清楚，提了半天还是在有形的身体上去寻求。我们要把形虚掉，进而忘掉这个形。在站的时候，好像身体已经给站没有了，只有一条虚中线。提的是这条虚中线，这样就把这个意提到一个虚而实的结果了。

3.虚意成实象

意实没实有没有标准？有标准。把形虚掉以后，虚出一个实的意。这个意怎么就实了呢？成象。形是实的，象是虚的。虚的象是一种意，一旦成象，虚的意就变成了虚而实的真象，就假而修真了。

在修为过程当中，一直是借假修真，就是让虚的意成为真实，因为意只有真实——成象以后，这个真实的象的滋味翻回头来才能主宰有形的身。

虚的意成为实的象，实的象在无形的心当中产生了一种真实的滋味、一种觉知，这种觉知翻回头来在我们实的、有形的身体上产生了真实的主宰作用。《三国演义》里有一个成语故事，叫望梅止渴。后面有追兵，前面有敌人拦截，曹操感觉到大势已失。天气特别炎热，又在急速的撤退当中，没吃没喝，士兵们在烈日之下口干舌燥，根本就不跑动了。可是如果这个时候，不赶紧撤退，后面追兵就到了。曹操骑在马上，大喊一声："看，前面有一片梅林。"吃过梅子的都知道，梅子是酸的。他向前一指，这时候士兵们顺着手指好像真的看到前边是梅树。在这种情况下，意想虚而实了，成了象了。一想到这个梅子，把梅子想的真实了，好像这个梅子在嘴里面酸酸甜甜的，刚才还口干舌燥的嘴里分泌出了津液，这就是意想成象。在内心成了真实的滋味以后，马上就能够主宰着身体，口中产生了唾液，干渴好像就止住了。这些士兵立刻就焕发了精神，大步朝前跑去，躲开了敌人的追击，避免了被歼灭的结果。

本来没有，只是意想，把它想真了以后，身心当中马上就产生了一个实象，这是意而实的结果。所以意想的力量在于它的虚而能够实，产生实象以后，在身心当中产生了真实的作为。

太极的修为为什么是意的修为呢？因为这个意的力量能够主宰我们的身。形成一种虚而实、假而真的真实的结果以后，能使我们的身心随着这种意产生了根本性的转变。所以我们所有的修为，都是紧紧围绕着这个主旨进行的。实的形要求出虚的意，用意把这条虚中线无而生有，把它求出一个真实的实象。在站的时候，提的是这条虚中线，把没有的要提出来真实。上提，提的是意的真实，是提虚的这条线，虚的这条线就是意。要从这个角度去修我们的形和意两者之间的关系，就是实的虚了，有的无了，虚的实了，无的有了。这样就修为出了形跟意、虚跟实、曲跟直，既分而合，合二而一——虚实相合，曲直合一的浑圆状态——浑圆一体、浑然一气，这是修为得出的结果。

作为曲和直、意和形来说，它们是一内一外、一虚一实，虚的意一定是在看得见的、实的形里面。也就是说，外曲内直，一个在外、一个在内，永远要在有形的里面去寻求无形的意。我们要求这个意，就要在实的形体当中去求。因为要想实这个意，把它想真实了，不是离开了这个形去求这个意，而是要借助这个形来寻求这个意。形在外、意在内。在站的时候，要借助这个形，把虚的意找到它的真实。

练无极桩功或者浑圆桩功，不是离开形去求这个意。我们是要借助这个形求这个意，这个形是求意的工具，是把我们渡过河的筏子。我们一定要分清这两者的主次关系，用形来求得虚而实的这种真实，求出这个实意来。现在很多同学存在着一个误区，拿住这个形不放。我们要放掉它、舍掉它、忘掉它。用它求到这个意以后，它就有而回无了。

意真实以后，虽然还有看得见摸得着的形，但是对于我们的觉知来说似乎它已经不存在了。因为我拿住这个意，让虚的实了，形虽然还有，但是已经发生了一个变转。这就是《十三势歌》上说的"虚实变转须留意"，关键就在于意上。

4.找到三尖

三尖相照功法就是要把虚的这条线求真实。在这个功法当中，怎样具体运用有形的身体来求出那个无形的真意呢？我们给有形身体分出来上中下三个尖，借尖来求这个意。这个尖是有形身体的三个尖端，代表着上中下三个部分浓缩到三个点上。这三个点都是实的，是在有形身体上的。通过有形身体的这三个点、三个尖，要去寻求这个无形的意。

首先要把这三个尖求出来。这三个尖是鼻尖、手尖、足尖。在站的时候，把鼻尖、手尖、足尖这三个尖先找出来。

通过三夹一顶，把两只手的手尖连到"一"上，也就是两手的尖要合到一个尖上。两只脚平松而落，两个拇趾向内扣，把两个足尖也合到一个尖上。合的手尖和足尖，又要跟鼻尖去相照。鼻尖是实际的，但是我们会发现，鼻尖正好和虚中线是相合的，正好在这条虚中线上。

在站三尖相照的时候，手尖、足尖最后都要合到鼻尖上，合到虚中线上。我们就是要通过这三个尖找出这三个尖合出来的在虚中线上的一种真实的味道。这三个尖合起来的时候，就叫三尖相照。什么叫相照呢？就是相互之间是关照的。手尖和鼻尖、鼻尖和足尖，我们假想有一条虚的线，像虚中线一样，把它们相互关照起来，也就是说它合出来一个三角形。

有些同学会经常问我："李老师，这个足尖跟虚中线不在一个点上，这个三角形也不是一个等边三角形，手尖靠上、足尖靠下，距离不一样，它们怎么相合呢？"这里给大家再强调一下，我们是由形而求意，不要执着于在形上找位置。形上的位置固然重要，但形是求意的一个工具，不是让我们拿住不放的。无形的意是一种滋味、一种味道。形只是过河的船，只要能过河，不要执迷于到底是什么样的船。所以不必拘泥、执着于一个具体位置，并拿着它不放，更不要执迷于什么三角形，我们要求的是一个虚而实的真实的意象。通过三尖相照要找出内方外圆，找出方和圆、内和外、柔和刚相互之间的关系。

5.把虚的我站真实

三尖相照先要从内当中找方。意是虚的、是无，要把它真实。这个方在形之内，我们首先要用虚的意做出一个内方来，最后要成圆。方是在圆之内，是由方而圆。这个方是虚的意，我们要通过三尖相照站出一个内方的意的真实。

在站的时候，三个尖用虚的意连线以后，跟虚中线连出来一个三角形。这个三角形是直的，意就是直的。意都是直线。

这是一个三角形，而我们要的是方。方应该是四边形，也就是说，还要有一个三角形。一个三角形再加上一个三角形，就成了一个四边形。

在站的时候，鼻尖、手尖、足尖，形成一个三角形。怎么站另外一个三角形？

在站浑圆桩功的时候，还是要用意、用假想，要把这个假的意想成象，想出一个真实。想出一个什么样的意呢？之前给大家讲过，每个人有两个我，一个有形的实的我，还有一个跟这个我完全一样的看不见的、无形的但是真实存在的虚的我。两个我是同时存在的。这个我是实的，那个我是虚的。现在要把虚的我真实了，从意的角度要让它成象。也就是我们在站的时候，要站出一个虚的我，然后两个我合一，合出来一个合了太极的、阴阳相合的真我——一个阴我一个阳我、一个虚我一个实我。阴阳相济、虚实合体，合到一上。

浑圆桩功最后是要把阳我、阴我，实我、虚我合成一个统一的完整的我。如果不能够把这个虚的我和实的我统一到一个我的状态，就是阴阳不合的，就是虚实不能成为一体的。

怎么站出那个我呢？在站的过程当中要假想，还有另一个我，那个我虽然看不见摸不着，却跟这个我相对相合。站的时候用什么样的意念把那个我给站真实了呢？背对背，这有一个我，后头还有一个同样的我，合成了一个我。在修为过程当中，这两个我从哪儿找呢？大家注意，是面对面。这样在站的过程当中，更容易理解两个我之间相对相合的状态——这两个我是相互抱合的。也就是说，这儿有一个我，对面还有一个我，合起来了。这个我有三个尖，那个我同样有三个尖。当然那个我是虚的。要把那个虚的我真实，完全跟这个我一样面对面，相互抱合在一起。

这两个我，一个虚一个实，一个无一个有。现在就要把虚的我给站出真实。怎么站出真实呢？同样，虚的我也有一个三尖相照，跟实的我是相对相合的，这样我们就站出一个四边形。这个四边形是用意成的象。我们不要拘泥于形上去求得它，要从意象上求得完整的一个四边形，要把它真实了。当它真实了，内方外圆，在方之外我们要做出一个圆来。这个圆是在方之外的。这个圆是意的真实，并不是把有形的身体变成一个圆形的身体、球形的身体，依然是意。通过有形的、看得见摸得着的身体，来寻求方圆相生、内方外圆，这么一个虚而实的、无而有的真实的意的方圆合一。它依然还是一个假修真、虚而实的意的真实。

在站三尖相照的时候，实我、虚我，首先站出来一个方，方在圆之内；有这个方，再站出来一个外圆。这个圆不是身体的圆，是意的圆。因为意是变化的，是可大可小的，是不被形所束缚的。形是不变，我的身高是一米七五，在相对的阶段里面就是一米七五，当然老了可能要减少，但是相对是不变的，每个人都是这样。意是可变，可大可小，在天地之间这个球、这个方和圆可以其大无外、其小无内。得了意以后，我们就要用意的变化去体会变化当中不同的味道。翻回头这些不同的味道，能够在我们身心当中产生各种各样不变当中变的那种内在的觉知，从而主宰有形的身体，使之随着那个真意、那个道、那个根本的规律，去面对各种各样的复杂改变。

归根结底就在于意的变化。形和意，形是不变的，意是要变的。外圆是意，内方也是意，内外都是意。我们所说的可分，是意上的分，上下是意上的上和下，前后是意上的前和后。我们所求得的都是意上的两个对立的东西，分了两个完全不一样的、相对的内容。

翻回头来，意对于我们的身体也会起到一个相应的改变。当然我们身体也有内外，但是我们所说的内和外，绝不只是身体的内和外，是意上的一个圆一个方、一个柔一个刚。柔是意，刚也是意；外是意，内也是意，我们完全是"凡此皆是意"的修为，这才是修为的核心。形是为了求这个意的一个具体的工具，因此不必执着在形上。当然也不是说要离开这个形，既然它是工具，我们还要用这个工具，来求出来意的真实。大家在修为三尖相照这个功法的时候，要牢牢把握住外圆内方。方圆这两个合出对立的两个意，一个是内意、一个是外意。方圆相合以后，合出来一个外圆内方的意的完整体。

也就是说，最后合出来一个内方之意、外圆之意，合为一体的话，我们说"有意无意是真意"。什么是真意？就是合出来一个意。我们经常说，做任何事情要一心一意，三心二意不行。两个意必须要合成一个意，我们才能够把握住所有事物内在的主宰，我们的修为就是要求这一个意、一个滋味。

在修为浑圆桩功三尖相照的时候，要通过这个具体的功法合出来一个内方外圆的完整的意的滋味。这个滋味站出来以后，就达到了身心的合一——我们的心能主宰这个有形的身体，身体就能够服从心的主宰。我们的心就做到了"人法地，地法天，天法道，道法自然"，我们就回到了一个自然的、本原的状态。

问　答

学员A：通过三尖相照我体会到内方外圆的关系，站出两个我，一个看得见的实的我，一个虚的我，但是面对面，或背对背，怎么中开中合呢？

李光昭：三尖相照最终要形成一个圆。三个尖形成一个三角形。有一个阳我一个阴我、一个实我一个虚我，这两个我同样都有三尖相照起来的三角形，最后阴阳合一，虚实两我合成一个我，合出来一个正方形。我们所说的浑圆桩功的浑圆是一个球，这个方是在球之内，我们所做的这个球的圆是以方来做。方圆这两个是一内一外。内要方、外要圆，这是浑圆桩功修为当中要把握的一个主旨。内和外的关系是方和圆的关系。

实际上太极内功修为最终体现在一个内一个外，一个形一个意。对于内外来说，最终要达到分清内外，还要统一合起来，形成圆内有方、方外有圆，方圆合一、内外合一的一个完整的球。内和外，一个方一个圆，如果方是刚、是直，圆就是曲；如果内方是刚，外圆就是柔。所以我们不但要分清、合起来，而且还要遵守一个法则，就是内刚外柔。通过浑圆桩功就是要站出这样一个我、一个完整的球，外要柔、内要刚。这是通过三尖相照要站出来的一个状态。

内方外圆实际上是两个我的分合：一个阴我一个阳我，一个看得见摸得着的实我，一个看不见摸不着的虚我。要把这两个我相统一——合起来，它们合起来是要发生变化的。这两个我是既分又合。

分合的实质是虚中线的分合。有形的我有一条贯穿的虚中线，这是实我、阳我、看得见摸得着的我，现在要求出另外那个虚的我。

虚的我在哪儿呢？在我之外还有一个我，这个我同样贯穿着一条虚中线。当这两个我相对的时候，对立的就要统一，要向一起合出一个我来，这个我是相对相合的。这两个我合起来以后，它们的虚中线合一了，也就是它们相对相合了，合出来这条线。

合了还要分。合是向虚中线合，分是由虚中线分，虚中线就是中。也就是说，两个我不管是面对面，还是背对背，无非一个分一个合，归根结底都是由中而合、由中而分，合向中合、开由中开，所以合于中、开于中。

当通过三尖相照找到两个我，最终会发现，我们所合出来的那个中、真我的那个中，也就是一个实我一个虚我合到了一个真我上，两我合一了。站出一个真我的味道的话，那个中既不在实我的虚中线上，也不在虚我的虚中线，而是在两者之间的虚空处，所以我们说要"守中"。动之则分，是以虚实两我相分；静之则合，是把虚实两我向中而合。所以通过三尖相照功法站浑圆桩功的时候，一定要站出两个我，两个我又要合出一个我——中。守住了这个中的滋味，就是找到了真我的状态。我们说不管是面对面，还是背对背，实际上都是中的分和合。这个中就是圆的中线、球的中线，这条中线是两我相合，是一个真我的两种分合的状态。从这个角度去理解，背对背、面对面，实际上是一回事，是一个真我的两种不同状态——合一出来的那个真我。动之则分、静之则合，变化当中不同的两种状态，一个是面对面，一个是背对背。由这个中开始要分的话，背对背是一个往左，一个就要往右，这两个总是相反的。要由中合的话，面对面是一个往左，另一个也往左。由中开，开出来一个背对背；向中合，合出来一个面对面。

　　不管是面对面，还是背对背，实际上是合到了这个中上，是这个中的开合变化。面对面、背对背都是求得这个中——中的开合。也就是说，浑圆桩功最终是求得一个中，也就是老子告诉我们的"多言数穷，不如守中"。

　　当然作为每个个体来说，实我有一条虚中线，虚我也有一条虚中线。任何一个部分都有天地之间的这条线，但是我们最终要求得的是浑圆一体、浑然一气，把自己形成一个两我合一的真我，既不是实我也不是虚我，而是合出来的一个中。在站浑圆桩功的时候，要站出这个中，要守住这个中，因为所有的变化都是由中的开和合产生。

学员B： 三尖相照与我们之前的横开竖散、三夹一顶等功法是什么样的关系？怎么去把握它呢？

李光昭： 所有的功法都是层层递进的，是相互叠加的。在抱球势的时候，所求的是抱球之意；在这个基础上，进一步用竖开横散这个功法所求得的意，并没有离开抱球势这个意。在理解和体悟了一个竖的基础上，又体会了竖和横两者之间开和散的那个滋味、那个意。

在竖开横散中体会了横和竖、开和散，求得这个意以后，下一步进入到三夹一顶的修为过程当中。它是在抱球势和竖开横散两个功法的基础上，进一步体会出意的滋味。因此各功法之间是步步登高、层层深入的修为过程。

大家会发现，在形不变的基础上，变的是那个意。

在这个变化过程当中，我们可以反复地去体会提和落、竖开和横散、夹和顶、内方外圆等这些意的变化。在同一个形当中，有形的身体相对不变，内在的意可以产生无穷的变化。我们就是通过这几个功法求得内意的变化。在站三尖相照的时候，不但要体会内和外——内方外圆、刚柔相合——意的这种变化，而且还要体会到这里面有三夹一顶的那个味道。

　　最终通过一个个功法的修为，通过形的修为，要找出一个意。当然我们是通过不同的功法，在变化过程当中用抱球的意、用竖开横散的意、用三夹一顶的意、用三尖相照的意，包括内外三合之意等，最终求得一个浑圆状态，求得一个浑然一气的味道。这就是为什么要设一个一个的功法的原因。站浑圆桩功不是为了站这个功法、站那个功法，而是要做到形不变意要变。可是，不管意怎么变，对于我们来说，变和不变这两个最后同时存在，出现了一个相对不变的味道。对于这个不变的味道，我们用"一"来表示。这是浑圆桩功所要修为的主旨。

　　所有的功法都是工具，都是过河的船，我们最终要渡到彼岸去，看到那个风景，尝到那个滋味儿。我们不是拿住这些具体功法不变，更不会让它成为我们的目标和结果，成为负担和包袱。我们要清楚地知道，不是要找一条船，而是用这条船把我们渡过去。这就要求我们反复在这个思维的基础上来调整自己，建立一个新的太极思维习惯。

　　为什么要通过浑圆桩功找到那个"多言数穷，不如守中"的"一"呢？因为一是由一个阴一个阳合起来的。它是二合一以后，合出来的中，合到了一个最平的状态，我们就是想求得这个状态。不管怎么变，只要守住了这个一、这个中，就能够以不变应万变；不管怎么变，我们都能够始终保持住一个不变的状态和滋味，以这个"一"去应对所有的变化。功夫就在这儿。

我们面对的复杂变化是客观存在的，我们解决不了，也无法让它怎么变。唯一能够做到的就是它怎么变，我以不变去随它而变。

在武学、技击方面，外家的功夫走的是一条道，是以万变应万变，你变得快，我比你变得还快，我以此来战胜你的万变。这是不是功夫？是功夫。它会越变越快、越变越多，这是一条路。另外一条路，是内家功夫，它遵照着中国的太极文化、太极思维，以不变应万变，抓一应万。不管你怎么变，我能够守住一个不变的状态，就立于不败之地。

内家功夫是以少胜多、以弱胜强、以不变应万变，因此我们求的是不变。这一点大家一定要牢牢地把握住。

求得了这个不变，在防身技击上就能够以不变应万变，就具备了太极内功修为的几个特征：以柔克刚、以少胜多、以小搏大、以静制动。区分是不是真太极内功，分水岭就在于是不是柔弱胜了刚强；是不是以虚为大、以少胜多；是不是以不动去应那个动，以静制那个动。如果号称修的是太极内功，但是追求的还是以多胜多、以快胜快、以大打小，可以说是挂着羊头卖狗肉。要深刻地认识到，浑圆桩功的修为就是在找这个"一"，浑圆是一。找到"一"以后，不但在防身技击上，而且在日常生活中，就能做到以不变应万变。

在生活、事业当中，有顺利、有困难、有曲折、有成功，各种各样的变化；每天听到的有表扬、有批评、有恶意中伤等，这些都无法去改变。我们能够做的是通过修为让自己不管它怎么变——顺利也好、曲折也好、忠言也好、逆耳也好，都保持住相对不变的、始终如一的、身心相合的那个平的状态。

只要保持住了合一的状态、始终如一的状态，就战胜了万变。如果不能保持一个相对稳定的状态，总是随着外界的变化，身心起起伏伏的话，百病皆生。所以说我们最终的修为就是要找到这个"一"。

浑圆桩功分出几个功法来，最终求得的是这个"一"。当然这个"一"不是嘴上说明白了，就能够保持住它的不变的。"一"的不变是相对的结果。我们要用这个不变去应万变。"一"能应万变，这个不变的"一"又是由变当中所得到的结果。

太极内功就是让我们形成这样一种认识宇宙万物变与不变根本规律的思维方式。要想保持住这种状态就要不变，这种状态是意的结果，是一个滋味，是一种可意会不好言传的觉知。有了这种觉知就有了一个标准。一旦偏离这个觉知，味道一变以后，就不是我要守住的那个无形的味道了，就要赶紧调。调两个对立的方面，用它们的分和合调出来这个不变的味道。也就是说，这个不变是调出来的。

比如说，你吃过鱼香肉丝以后，知道了它的味道，就可以凭这个味道来判断是与不是。这盘菜只要是这个味道，它就是鱼香肉丝，我们凭的是这个味道，守住的也是这个味道。

最后这盘菜要尝，要跟我们所知的鱼香肉丝味道进行对比，太甜了，就少放点糖；过咸了，就少放点盐。要变，要不断地去变出来、调出来这个味。调出这个味道以后，就可以定量了——有了标准。要炒出这样一盘菜，半斤肉丝要放多少盐、多少糖、多少醋、多少辣……比例就出来了。只要符合这个比例就是那个味道，这就是我们要找的标准。用这个味道找到一个相对不变的标准。我们在做鱼香肉丝的时候都遵循着这个标准，就可以保持住这个味道。这就是好的厨师所形成的一个实操功夫。现在，半斤肉变成了一斤肉，你必须得知道盐多少、糖多少、醋多少、辣多少。不管是用半斤肉，还是用一斤肉，做出来的鱼香肉丝必须保持同一个味道。

用这个例子就是告诉大家，要把变和不变保持住。找到我们能够抓得住的，为我们所主宰，我们就要用这种不变去应对万变。功夫就在这儿。面对各种变化，你能不能始终有一个不变的滋味，守住那个滋味，保持住那个味道，去应对变化？做得到是需要功夫的。当外在突然产生各种复杂的大的变化的时候，你这个味道、这种守住的状态就会受到干扰和破坏。如果我们能够自始至终，几十年如一日，每天都检查自己，以一个不变的状态去面对生命中每一个变化，我们就会活得非常轻松、明白、简单。只要找到了"一"，拿住了这个味道，去活每一天，每一天都活出来一个滋味，我们的生命就圆满了，始终如一了。我们的修为就是要求得这样一个浑圆合一的状态、味道。

我经常跟学员交流，最大的难题不是在一个具体有形的功法上下功夫，而是改变现有的思维习惯，建立太极思维习惯，形成一个太极思维体系。太极思维体系是太极内功修为的基础，只有在这个思维体系指导下，通过有为功法的修为，才能使我们达到浑圆一体、浑然一气，重塑一个太极新我。

第十一章　外三合

一、把局部合成一个整体

1.局部与整体的分合

"外三合"的"外"，指的是有形的身体，看得见摸得着的这个外在的实我。"三"指的是有形的我分了上中下三个部分。合是分出来的三个部分要合到一个整体上。

外三合为什么是浑圆桩功的一个具体功法呢？因为我们最终就是要把自己打造成一个浑圆一体、浑然一气的合一状态、一个新我。每一个人，都有各个不同的局部——头、身、胳膊、腿等，这是我们真实的状态。

局部是不可改变的。人就是由各个不同的局部组成的。局部当中又有局部，比如头上又有鼻子、嘴、耳朵、眼睛——局部当中可以分出来了更小的局部，所以一个完整的人就是由无数个局部组成的。

我们就是要把各个无限可分的局部合成一个整体。我们眼睛所看到的、手能摸到的都是局部。有人会说，这不就是我的整体吗？是，这应该是你的整体，但是你这个整体是不是做到了把各个局部合成了一个完整如一的整体？孩子生下来的时候，局部和整体是一。你看孩子离开母体的时候，他（她）是整体的。但是因为后天的习惯，导致我们只用局部，从而忽略了整体。

现在的问题是每个人都会用局部，比如，用右手写字，没有问题。用左手来写字，就很难了，因为习惯用右手。就算有人可以用双手写字，这还是局部，为什么？不只是左右手，在写字的时候，你的脚是否也在和手一起完成这个动作？不是所有人都能做到合一，这要靠后天的修为。后天形成的局部习惯要通过修为才能够返先天，才能够把局部合成一个整体。我们不是不要局部，而是让所有的局部都能够服从命令听指挥，该合成整体的时候就要合成整体。也可以说，整体就是局部的合，局部就是整体的分。局部和整体无非一分一合、一开一合。

外三合就是解决局部和整体的分合问题。外分出局部的三，也就是要分出来上中下，然后相合。修为是把它们合到一个整体上，整体是一，三合一。外三合的功法就遵循着这样一个主旨展开。我们不是为了这个三，而是要通过把它分局部以后合出一个整体的"一"来。

2.合是化合

在分合过程当中，要改变我们的常态思维，建立和强化太极思维，这样才能够通过外三合功法的修为真正达到分而合一。

首先要对分和合有一个明确的认知。对于分和合的常态的思维是怎样的呢？常态的思维，分就是分，合就是合，总是以肉眼所看到的两种对立的状态去认知它们的内涵。因为我们看到这两个明明就是不一样的，所以总是在分当中去认识所有的事物——我认为好就是好，坏就是坏。这个世界上没有永远的好，也没有永远的坏，好坏都是相对的。我们就是要用这个思维去理解，分和合是一回事儿，合起来是"一"。但是这个"一"是不是常人理解的一呢？不是。

什么才是真正的合、真正的一呢？这个合是一里面分出来的二的合，这才是真正的一。如果不是一里面分出的二的合，就不是我们要合出来的那个一、那个合。这就是太极思维。常人的思维，一就是一、二就是二。我们说的一，是里面有两个合出来的一。同样分出来的这个二是一里面的二，如果里面没有两个就不是真正的一。如果这个一不能分成二的话，合一里面的这个二就不是真的二。

《浑圆桩歌》说"浑圆归一气，一气即太极"。这一气是阴阳二气合成的，这一气里面一定是有一个阴有一个阳，阴阳二气相合。我们所说的生命一气周流，这一里面是二。之所以一气，是由两个对立的气，一个阴一个阳，在变转过程当中合出来的，那才是真正的一。也就是说，天地之间一气周流，天为阳、地为阴，阴阳二气相互交流以后产生了一气的循环。这是两个东西相互转化过程当中，转化出来的一，这才是我们要找的那个一。

从这个角度去理解外三合的"合"，我们所求的合、这个整体，一定是对立的两个部分合出来的一个滋味、味道，因此这个"合"是由两个对立的东西相互转化的结果。合里面一定是两个，这是太极思维。用常态思维理解的话，这里有一个，那里还有一个，把这两个合成一，混在一块就是一了。这是一吗？不是的。

合一不是把两个物体物理性地捆绑在一起。所谓的"一"包含着二——一个黑一个白、一个阴一个阳，二者相互转化，阳中有阴、阴中有阳，这个过程是一，这个过程是化。也就是说，合是化合。

太极内功的修为是化合反应，不是物理形态的转化，是本质上化出来一个新的状态，这个状态里面既有阴也有阳。也就是说，在这个"一"里面，阴说得清，阳也说得清，但是化出来的那个一，就只可意会不可言传了。一个甜的一个咸的，这两个化合在一起以后，化出来既不是咸也不是甜的一个新的一。这个一的滋味，是甜咸合出来的一个滋味。这个滋味是不是甜和咸？是，但又不是。它一定是一种新的味道。它是化合。这个由二化出来的一是一种新的状态，因此这个一称之为"三"。三是两个合出来的，二不是合一吗？但是我们把这个叫三。为什么是三？它是一种新的物质、新的状态。

我经常用"水"举例，一个氢原子、一个氧原子，化合以后的反应，合出来的是水。水里面既有氢，也有氧，但是它们合出来一个物质，不是氢也不是氧，是水。

合出的"一"是变化的一。水经过加热以后，形成了汽——水汽。水要向低处走，汽就要向高处走，有了变化——一个是水，一个是汽，但是它们的变化是不变的变。不管水还是汽，都是由二组成的——氢和氧，成分没有变化，但是它们在变。

水在地，汽在天，水经过蒸发以后到了天上，遇冷以后凝固成水，又落到了地上。它们总是在保持着里面元素不变的情况下，产生着各种各样的变化。

同样的水有了三个状态，一个是水，液体；一个是汽，气态；一个是冰，固态，但是归根结底它们都是一。它们的一都是水，一里面都是二，都有氢和氧。用太极思维去理解这个分而合，我们就会产生一个新的认知，它们是分和合，是一的两种变化。

合就是要分，分就是要合；不能分的合不是合，不能合的分不是分。因此，我们所求得的外三合的"合"，是分而合的结果，这个合一定是合而能分的合。这个过程用太极思维去理解的话，我们就会建立一种新的认知，而且会把这种理解，通过有为的功法在身上品尝到。这个一是变化的，但是不管怎么变它是合一的。

在变化当中找到一个不变的一，这个不变的一总是在变化当中能够守住，这样就能在浑圆一体、浑然一气中产生真觉真知。

3.从二找三

在外三合这个具体功法当中，分出来的三——上中下，要把它合成一个完整的整体，浑圆一体，形成这个一。

首先要分出这个三来。这个三有三个部分，上盘、中盘、下盘——根中梢。人体分出来三个部分，其实这三个部分说是三，关键是二。在外三合当中要从这个"三"，通过二，分二合一。

这个三体现在哪儿呢？一个是手和脚，一个是肘跟膝，一个是肩和胯。也就是说，外三合指的是手与脚合、肘与膝合、肩与胯合。为什么说是二呢？你在体会的时候，要从二上去找。

　　肩、肘、手这三个部分在上肢，所以上肢分出了一个一二三。胯、膝、足也是一二三，就是下肢。所以一上一下，上肢肩、肘、手，下肢胯、膝、足。这一合就是要把上肢与下肢合起来。

　　为什么说要从二上去找到那个三？因为我们分了上中下三盘，这三盘、三个局部不是割裂开来的，它们相互之间是分不开的。从中盘来说，是由肩到胯，也就是，肩既是上也是中，胯既是下也是中；肩是上肢的根，胯是下肢的根。这两个部分又把上下肢合到了中盘上，所以从上中下来说是三盘。但是从外三合来讲，肩、肘、手、胯、膝、足实际上就是上肢和下肢。最后要合到一个中上，合出了一个完整的状态。

　　局部合成整体，就是要在分的基础上合。为什么说一是由二合？就是所有的合都是对立的两个部分相合。分出来的两个对立部分，有前就有后、有上就有下、有内就有外、有去就有回、有大就有小。这两个对立的部分，我们要把它们统一到一起，合成一个完整的、合一的状态，合出一个整体的一。

　　在体会肩、肘、手，胯、膝、足抱球相合的过程当中，我们的手先要分而合，两两相分而相合。因为手分了左右，有左手有右手。两手要左右相合。也就是说，在外三合之前，前面的功法已经引领大家去达到这个分而合的结果。在外三合过程中，要把前面的三尖相照、三夹一顶进一步消化和理解。两指尖要顶球，要三夹一顶。有了前面三夹一顶，在求外三合的时候，我们才能够做到左右分而合。

二、合成浑圆一体

1.由"三"合一

浑圆桩功修为的主旨就是求得浑圆，就是让自己能够形成一个浑圆体，能够形成一个浑然一气的状态。这种浑圆状态是一。这个浑圆状态的一，是由两部分组成的，一个阴一个阳。为什么我们把浑圆桩又称作太极桩？因为这种浑圆的状态是太极态。也就是说，它是由一个阴一个阳两个因素和合而成一个状态，所以它是一。这个一一定是一个阴一个阳——完全对立、相反的两个部分。一个黑鱼一个白鱼，虽然分得很清楚，但是它们永远分不开、永远处于合一的状态。那个状态就是太极的状态。我们修的就是分阴阳、合太极。

具体到我们的修为，就是要分清一个阴一个阳。因为宇宙万物的本原就是一个阴一个阳，作为天地之间的人来说，同样遵循这个道，按照这个大道本原的规律同样分有阴和阳，一个是有形的身体、一个是无形的内心。浑圆桩功就是要把这两个对立的——一个有形的、看得见的身体和那个虚的、无形的、抽象的、看不见摸不着的内心统一到一上。

怎么把这个无形的心和有形的身统一到一起，统一到一起的那个浑圆状态有没有标准，或者说把握住一种什么样的滋味、状态就是进入了这个"一"呢？

有标准。修为外三合就是为了达到这个标准、达到这个结果。通过外三合的具体功法一步一步地去把握、去认知那个浑然的状态到底是什么。

对于外三合的"外"，首先要用太极思维去理解。一切有形有象的、一切能够看得见摸得着的、能表现在外的，都是我们所说的外。这在无极桩功和浑圆桩功已多次强调。但是，外三合的"外"不是指有形身体的内外，有形身体的内和外，对于太极思维的内和外来说都是外，因为它都是有形的，包括我们身体里面的内脏器官，这个首先要分清。

外三合是通过"外"——看得见摸得着的有形的身体，求得三合。把一个看得见的阳、一个看不见的阴，统一到"一"上，就是我们要求得的结果。

具体在修为当中怎么求得这个合？非要由"三"合不可。这就需要运用太极思维去理解它。也就是说，为什么必须要经过"三"才能合一？为什么浑圆桩功的功法——外三合、内三合、三夹一顶、三尖相照等必须由"三"才能得到这个合的结果？很多人往往忽略了"三合一"这个关键。有的人问，分阴阳合太极，一分就是"二"，一合就是"一"，怎么会要经过"三"来合这个一呢？所以在这个问题上，一定要有清晰的认知，否则就合不出那个"一"来。

"一阴一阳之谓道"，宇宙万物的本原就是一个阴一个阳，这是道。万物都是一个阴一个阳，但是这个阴阳不是分了以后不变的，它们要产生变化。什么变化呢？就是一开一合、一分一合，也就是一动一静这两种状态。在宇宙万物的变化当中，并不是像刚才我们说的那样分得清清楚楚，根本的规律是这样，但在变化的过程当中，要想分清楚就必须要经过"三"不可。

为什么呢？我多次对老子的论述进行过解读，这些论述构成了太极内功的理论基础。什么是道？"一阴一阳之谓道"。老子告诉我们"万物负阴而抱阳"，负的是阴，抱的是阳。但是这两个分了以后，它们要去合，要往一块去冲和，所以是"冲气以为和"。这个过程就是阴阳变化的过程。怎么"冲气以为和"的呢？老子进一步告诉我们"道生一，一生二，二生三，三生万物"。老子把"万物负阴而抱阳，冲气以为和"给解剖开来了，万物不是负阴而抱阳吗？万物是怎么样生出来的呢？"道生一，一生二，二生三，三生万物。"现在你能够看到的、认知到的万物的万变，从根本上说都是"三"生的。你只有进入到了"三"，拿住了这个"三"，就拿住了万变之原。

2.以外站内

站浑圆桩功，有人说这不是不变的形吗？我们不是在站不变吗？是的。我们是用这个不变要站出里面的万变——不是为了站出一个不变的形，而是能够站出一个浑圆，这个浑圆是万变之原。也就是说，你能够用这个不变去应万变。只有把握住了这个状态，处在一个不变的本原上，才能够随时去应万变。不管外界如何变化，这些变化不以人的意志为转移，我们无法去左右它该不该变、该怎么变。我们修为的是大道至简，修为的是抓住一个本原，能够让我们从容面对和应对万变，能够在万变当中保持住自己独立不改、独立守神的那种状态。

我们不去练这个万变，不去管这个万变，连想都不想，它该怎么变就怎么变。不管它大也好、小也好，快也好、慢也好，多也好、少也好，那是它的事，我管不了。我能管的是它快了，我是这个合一状态，以这个状态去面对它的快；它慢了，我还是这个状态；它多了、它少了，我还是这个状态；不管它大了小了、多了少了、快了慢了，只要能够守住这个状态，我就会立于不败之地。

太极内功不是练招式与变化，不是练速度的快慢，不是练力量的大小，而是练我能够以不变应万变，这就是浑圆桩功要求得的效果。这一点要反复强调。一定要明白站什么。我们站的是一个能够应万变的不变，也就是我们要归一，站出一来。不管你其大无外、其小无内，一万个亿都是从一开始的，是一万个亿的一，这才是内。

我们站的是内，这是主旨。外三合站的不是外，是以外站出那个内；不是为了站这个外，是通过这个外站出内，站出内的不变；在有形身体不变的情况下，来品味内里的那个状态，站出那个状态。那个状态是将来在变化当中要保持住的一个不变，那才是内。内是一种只可意会无法言传的滋味、味道。

站桩是通过形站出一个意、站出一个意味、一个味道，我们最终是凭味道来进行分别、调整。因为形可以变，而味道不变。我们现在用不变的形，将来这个形是可以变的，一定要变，要因敌变化。你快了，我要用什么样的变化来和你的快发生响应，得到一个合一的、我不变的结果？为了保持住我内在那个不变的味道，我就当快则快、当慢则慢，到底是快和慢，完全取决于我内在不变的主旨。

怎么保持住内在不变的状态和滋味呢？那个味道就

是"三"。我们就是要在浑圆桩功"道生一，一生二"后，生三。不经过这个三，只有"一生二"，就不能够合这个万变。在太极拳内功修为当中，如果不重视和不经过"二生三"的修为，永远进入不了太极以不变应万变那个根本的境界当中来。"道生一，一生二，二生三，三生万物"，由道到万事万物相生相变的这个变化的过程，老子很清晰地用了这四个阶段给我们阐释出来了。

　　在修为浑圆桩功外三合的时候，就是要遵循"道生一，一生二，二生三，三生万物"，找出合出来的那个浑圆的意，浑圆一体、合一的那个状态。怎么去体会"道生一，一生二，二生三，三生万物"呢？当年我在站浑圆桩的时候，特别是在外三合的时候，我的父亲很形象地给我阐释怎样体悟、运用"道生一，一生二，二生三，三生万物"。他说"道生一"的这个"一"是种子，我们看到的庄稼、树木、花草……都是由种子而生的。这个种子要生长，就要变化。首先，"一生二"，种子要发芽、萌动。如果种子是静的，"一生二"生了动，而且这种动是萌动的状态，发芽了。"一生二"的时候还没有破土，种子在土壤、温度、水分合适的情况下，由静态开始动了。这个时候的动是内动，种子里面的一个阴一个阳开始动起来了，也就是这个时候在母体里边开始生出"二"来。这个动从萌动开始，一步步展现出生命力，就跟胎儿在母体当中，十月怀胎，在妈妈的肚子里边开始有了反应了。"一生二"是由静到动的开始，这是生了"二"。"二生三"，也就是这个种子要破土开始长了，由一棵幼苗不断地长，长成了一棵大树。这棵树为什么是"二生三"呢？由一颗种子到萌动的两个部分，到生长成一棵大树。这棵大树既有原来土壤里面的那个种子的根，又有发芽以后到最后长成这棵树，完整具备了根、中、梢。所以这颗种子最后有根、有干、有梢，形成了三。这个三——根中梢，并不是离开了种子的一，也不是没有了这个二，而是最后生出来一个三，依然还是一二三。如果这个种子没有根，或者是只有根没有梢、没有树干，这就不是一棵大树。它必须长成一个三——根中梢而成为一棵树。有了这棵树以后才能开花结果。因此，"三生万物"这个部分是结果，结了果实了。

这是我父亲讲在站浑圆桩功的时候，要假借的理念。如一颗静的种子萌动萌芽，到长成一棵参天大树，到结出来果实。所以说要想结果必须要找三，没有三就结不出这个果来。

结的这个果是什么呢？果还是种子，这颗种子又是一个"一"。由"一"开始，经过"一生二，二生三，三生万物"，万物又回到了一——合一。这就是所有事物生长、变化全过程的规律，没有任何事物不经过这个规律、违背这个规律。要掌握一个事物所有的变化，就要遵循"道生一，一生二，二生三，三生万物"，最后又回归了一的状态。

在这个过程当中，种子是静的，"一生二"是动的，"二生三"是动的，"三生万物"由动到归一，又回到了静。整个修为过程就是老子告诉我们的"致虚极，守静笃"。我们要"吾以观其复"，要归根。所谓"归根曰静"，从哪儿来的还要回到哪儿去。关键问题是能不能回去，能不能生一。"一生二，二生三"，生了三以后万物才能归静。因此，在站浑圆桩功的时候，要通过外三合体悟到整个变化的全过程，由静到动最后归静，归一。

翻回头来说，这棵大树分出这个三，我们才能够合出来这个一。只要能够找到这个状态，就能够不断地由静到动，动又要结果，要得到一个圆满的结果。所以要想圆满，就要贯穿始终，从一开始到最后还要归一。事物发展的根本规律就是这样。只有认识并遵循了它，才能在面对事物纷繁表象时，保持住清醒的头脑，不被表象所迷惑，才能透过表象认识到本质。本质无非是"道生一，一生二，二生三，三生万物"，只要抓住了它，就能够以不变应万变。也就是说，不管外如何变，只要守住这个不变的滋味，我们将无往而不胜，将永远保持住一个独立不改、独立守神的我。

以后我们修开合桩，动起来以后，要检验是不是这个滋味还能够保持住。所有的变化无非一开一合，我们要保持住相对的不变。再下一步是拳架的修为，包括摸手，在各种外在的变化过程当中，我还能不能够保持住始终合到这个"一"的滋味和状态上，这是根本。如果没有这个"一"，就没有这个万，也就无法去应万变。

3.透过表象抓住内在主宰

比如杨氏太极拳的拉单鞭，这是一个形的变化，但是我们绝对不是练这个形的变，而是通过这个变来品味、检验在这个变化过程当中是不是有一个不变的内在的主宰，主宰着这个变。如果这个变是动的话，在这个动的过程当中，里边那个不变的主宰——就是这个"一"，它就是静的。在所有的动当中，都有一个不变的静的主宰，那是根本。"归根曰静"，静是根，是本原的状态。

一定要清楚外三合站的是什么，为什么要这样站，为什么要求三合，"合"到底是一种什么样的滋味和状态，我们要怎么样用它。

认知了这个滋味以后，要牢牢地把这个滋味品尝到，要真实体悟到它。因为它是一切的根，我们所有的变化都要问里面的"一"还在不在，是不是始终如一。

现在的情况是，我们都在表象当中，都在变化当中，

339

没有真透过表象抓住那个内在的主宰。从这个角度来说，我们似乎活得还不够明白，还缺主宰。其实内功功夫不在于看到万变，不在于能够万变，而是始终能够拿住那个"一"，用这个"一"去应对、主宰所有的万变。这是功夫，这是关键。

浑圆桩功，特别是外三合，就是归一，就是要品尝到这个味道，就是要在所有的变化当中始终如一，守住这个"一"。"天得一以清，地得一以宁，谷得一以盈"，人只要得到这个一，就会非常轻松、愉悦，就会把握住自己生命运行的轨迹。"一"就是浑圆桩功外三合要合出来的。这个结果必须要经过"道生一，一生二，二生三，三生万物"这个过程。常人不经过这个修为过程就不可能把握"生万物"的三，归根的这个"一"。有没有先天就一直能够始终守一的？有，不是我们，是圣人、真人，他们不假修为，但是我们不是。我们一定要经过这个"一"的修为，才能认识到宇宙万物根本的动静变化规律，从而在自己的身心当中体悟到和把握住这个"一"真实。

我们用这样简单的功法，体悟的是大道的本原。体悟它不是为了别的，而是在我们生命运行轨迹中，在每时每刻中，能够保持住一个不变的味道、滋味。我们抱圆守一的话，就能够始终如一地应对所有的变化。

我们现在的问题是守不住这个"一"，甚至不知道通过浑圆桩功外三合，三合一以后那个滋味是什么。在自己的身心当中没有实修实证，没有真实体悟到它，没有品尝过这个滋味，所以就一天天随着外界的各种变化起起伏伏，而不是站在"一"的角度上去看它的变化，去面对所有变化，在所有的变化当中去笑谈人生。

我们的修为不是坐而论道，而是用自己身体真实地品味它的味道，从而在生活的一点一滴当中把握住它。我们就是要体悟它，检验它，形成一种新的守一的习惯。也就是说，一举一动都要检验和问一问，这个"一"是不是在主宰着自己。

好比拿笔，拿笔跟没拿笔，形态变了没有？变了。没拿笔是一个看得见摸得着的形态，现在开始要拿笔，是不是那个滋味？不是了，跟刚才那个滋味不一样了。我要调整、要检查，包括运用外三合的功法。怎么调整回那滋味？我再拿，拿的过程当中，是不是还是那个滋味。如果这个状态、滋味和那个滋味一直是一个味道没变的话，我们就形成了一个新的习惯。拿住这个不变的滋味去运笔、写字，不管是写横写竖，都运用一个守"一"、合"一"的状态，去完成变化当中所有的动作，这就是我们修为的核心要求。

具体在外三合的功法当中，怎么样去把握和体悟"道生一，一生二，二生三，三生万物"的合一的滋味和状态呢？我们首先说"二生三"，分出来一个三，三才能生万物，才能够找到又回到一的状态。

还是以大树为例，首先要把这棵树分出三——根中梢。大树是一，但是一里面一定包含根中梢。翻回头来看，这个一是由根中梢合出来的。要找到这个一，就要把根中梢分得很清楚。所以浑圆桩功首先要分根中梢。怎么体现根中梢呢？在具体功法当中，首先分出来上中下——根中梢，也就是胯以下为根，肩以上为梢，肩到胯是中。

4.领、随、催——虚中求实

三合就是根中梢要相合，上中下要相合。在分出根中梢，又分出了具体的上中下的基础上，还要分。上这个三分出来左中右，分出来前中后，各个都是三。从上来说，肩以上分出来根中梢，分出来了左中右，也就是上分出来根是肩、肘是中、腕指是梢。前中后，前为手为梢，肘为中，肩为根为后。同时分出来左中右，左肩右肩、左肘右肘、左手右手，左右合出来一个中。大家会发现，你怎么分这个三，最后都是在一个主旨的作用下。根中梢，二是一个根一个梢，一个上一个下，分出了上下，合到一个中；左中右、前中后，都要合到一个中。也就是说，"道生一，一生二"，二生出来一个根梢、上下、左右、前后，"二生三"以后生出来一个中。根中梢，上中下、前中后、左中右，"三生万物"那个三就体现在中上。只要是这一个中，就能够把根梢、上下、前后、左右，合到一个"一"上。这个"三"合到一个"一"，"一"是中。浑圆桩功就是要牢牢地把握"中"——在一步一步分清的基础上去合出这个"一"来。具体在站的过程当中，首先上要三合一，也就是根中梢要合；前中后，后为根为肩，中为肘，手为梢，这三者要相合，合一。

　　三者合一要体会到什么呢？从意的角度去体会它的分和合。从意的角度，形是静的，意是动的，意怎么动呢？怎么体会它呢？要合到一个意上，就是梢中根这三个要合出一个变化的意，一个要领，一个要随，一个要催。也就是说，这个三——前中后、左中右是各司其职的。

　　我们的意动之则分，分出两个意来，一个是领一个是催，随是中，这个中是结果，是空的，是因为前领后催，它才随。所以它自己不动。中是定的，是被前领和后催出来的，因此意不在它上，它是结果。意要动之则分，能够分出来前领和后催这两个相反的意，最后合出来一个不动不变的中，所以它是随。

　　在分出来了前和后、根和梢、左和右以后，它们要合。首先从梢上来说是左、右两手要相合，左右肘要相合，左右肩要相合。在站浑圆桩功的时候，意怎么在分当中去体会合呢？从梢、从两手来说，两手有左右劳宫，我们从穴上来体会出意的真实。手是形，实的，意要在虚处求它的真实。也就是说，在虚的穴上找出它的真实的味道。虚的穴，从梢——手来说，我们都知道两个劳宫穴，意就在劳宫穴上去求分而合的那个滋味。通过假修真，我们意想一条有弹性的皮筋，把左右手劳宫相吸相系。左右手一相系，系出来一个虚而实的中，也就是这条皮筋通过劳宫穴把意分了左右，合出来一个中的空而不空的真实之意。这样一条无形的皮筋，通过劳宫穴把左右手相吸相合，分而合一了。

左右肘如同手一样，依然是要意想。用心法意想，假修真，把左右肘找两个穴位点。找点的目的是为了在这个点上能够品味到意的真实。哪两个穴位呢？肘尖穴。这两个穴位也意想有一条有弹性的皮筋，把它们相吸相系，这样就把左手右手、左肘右肘分而合，合到了一起。

左右肩同样要找出两个点来——肩尖，同样也假想有一条皮筋把左右肩相吸相合。有学生问我："李老师，劳宫穴中间的中是空的，肘尖之间皮筋也在空当中去寻求一个实，左右肩要相合，到底这个皮筋是在身体上还是在身体里面，还是在哪儿？"要进入到太极思维，我们所求的都是意。意跟形一个要得、一个要忘，要得这个意就要忘这个形。现在很多人修为多年，但是不得门而入，就是违背了修为的主导思维。他想得意还不忘形，想不忘形去得这个意，最后这个意和形总分不清。我们最终一定是没有了这个形，有而回无了。

为什么我不说是形而说穴呢？因为穴是虚的，我们一切都在虚中求实。当然这个穴和形有关系，我们是用这个形找这个穴，而不是说这个形就是这个穴，解剖当中这个形找不到这个穴。所以用穴就是为了忘形，不在形上去束缚我们要找的那个意。

没有形这个穴依然是虚的。当两个肩尖虚的时候跟这身体没有关系，不要在这个身体上去体会它、去找它。虚空处的两个穴相吸相合以后，找出那个滋味、那个感觉，它就是我们要求得的真实。

你找到这个感觉，找到这个真实的体悟，这个体悟翻回头来对于有形身体起到了一个主宰的作用。也就是说，到那个时候，这个身体一定会随着意的主宰产生相应的变化。

这是上的左右、前后相合，下也一样。上盘说是肩、肘、腕、指（肩、肘、手），作为下盘来说，根中梢是胯、膝、足。跟肩、肘、手一样，首先是左右要相合，作为下的前和后也同样要相吸相合。我们先从脚说起，两脚像两手一样，手有左右劳宫，脚有左右涌泉。分着是左和右，但是要站出一个合的滋味。也就是说，左右涌泉如同有一根无形的意的皮筋，给相吸相合了。

左右膝在膝尖上有两个穴位，叫膝眼。在站无极桩功的时候要扣膝，微屈而扣合，指的就是这个膝尖、这个膝眼穴。意想有一根无形的皮筋把它们相合在一起，相吸相合，既分又合。我们所说的合是意，有一条无形的意的皮筋，不是把它们捆在一起，而是相系起来。

胯也一样，在胯尖上，意想有一条联系它们的意的皮筋，让左右两个胯尖相吸相合。在站的时候是合，因为分是开，本身分出来左右、上下，它就要开，但是由于又有一个无形的意，要把它们向一起合。

5.动态的平

在站浑圆桩功的时候，合是分而合。这个合，合出来的是静，是相对的不动，相对的不变。这个不变是变的不变，里面的意是变，变到一个平的状态，我们称之为静。"平曰静"，因为平了、静了。也就是说，开和合这两个平了，就是合。形上的静、不动是意上的平的结果，当它要向外开，就要有向里的吸，所以这个意总是处在动态中。平的状态是外三合在形上的结果。所以我们不是要站出一个不动，而是在一个不变的形当中要有一个动态平衡的意的弹性的变化，在站的时候一定要体会出左右之间的分而合，合到一个平而静的相对不动的状态。

由形要求出这个意来，外要静内要动，形要静意要动，动到中，平了、静了，所以它是一种动态的平衡。意总是在变化当中，变出一个相对的静而不动的平的状态。

外三合通过上、中、下分清以后，它们之间左右相合、前后相合，最后就是上——肩、肘、手，下——胯、膝、足，去相合。也就是说，手与脚合、肘与膝合、肩与胯合，是外三合修为的三个要素。最后要通过外三合把自己合成一个浑圆一体的状态。

手与脚合，依然要假想，手的劳宫穴和脚的涌泉穴，要有一个相吸相合的无形的意把它们相互联起来，这个意在手跟脚之间。在变化当中要体会到上有一个上提之意，通过劳宫穴要把手提起来，但是由于手和脚的涌泉穴有一根相吸的皮筋，当提这个上的时候毕竟要通过这个意直达脚下的涌泉，也就是提的是手，最后落实到了脚下，在涌泉这个地方有了一个被提之意。所以当提手的时候，要清楚地品味到上和下、劳宫与涌泉之间有一个提落的变化。这是我们一定要求得的那个真义。只有体会到了它，在变化的时候，比如说抱球势，当你抱这个球起的时候，要检查劳宫穴跟涌泉穴之间是不是产生了提和落的滋味。它们之间不是分而不合的、各干各的。手和脚是联系在一起的，是密不可分的。虽然一个上一个下、一个提一个落，分得很清楚，但是它们谁也离不开谁。提的是手，其实是通过手把脚提出了一个滋味。提出了什么滋味呢？提出一个落之意。向上提会通过劳宫穴提出一个沉甸甸的落的味道。所以手和脚合是一个提一个落，提落之间产生了一种相对不变的状态和滋味。当然这个滋味是提落变化以后达到了一个平、一个中，处于静的相对的状态。

同样肩和胯、肘和膝，一定也是相吸相合的，意想要有无形的这根皮筋。不但上下的左右，而且上的左和下的右、上的右和下的左，只要是分出来两个对立的部分，一定有一个分而合的味道。也就是说，左手和右脚、右手和左脚、左劳宫和右涌泉、右劳宫和左涌泉，也一样要用意把它们相吸相合起来。这样看来，所谓外三合，不只是身体上的三个部分，分出来根中梢、上中下、左中右、前中后。只要是分出两个对立的部分，就一定会有二生三，产生了这样的变化，合出来一个"一"的味道，这个味道是中。也就是说，你找到了中的滋味，就是分出了左和右合出来的味道，就是上中下合出来的味道。我们能够分出来多少个外三合、多少个三呢？这个三不只是手、脚、肘、膝、肩、胯，我们是用它们来找出"生万物"的那个三，可以万变的三。有三，就能够生万变。这三是合出来的，最后合到"中"上。所以浑圆桩功最后求得的是一个"中"。合一是中，中就能够应万变。

老子告诉我们"多言数穷，不如守中"。抱圆守一的"一"是中，中就能够守住生万变的那个一。中本身是空的，但里面是"一"，那个一是空出来的一个相对不变的"一"的味道，那是真实的，虚的中虚出一个实的意来。

这样看，以外修内，最终要得出一个"守中"。能够得一而守中的那个滋味、状态，就是浑圆。所有功法都是为了要得这个"中"、守这个"一"，要找到这个滋味。

找到这个滋味最后会形成一个什么状态呢？网络。全身像网络一样，无处不达、无处不通、无处不分三。也就是处处求中，每处只要有两个不同部分，就会有一个中，最后这些中合到一个"中"上，汇成一个滋味，我们就是要拿住这个中的滋味。当然我们会通过后面的内三合，把这个味道求得一个真实的完整。通过内外三合形成一个什么呢？当年我父亲给我讲浑圆桩功的时候，我总是理解不了。我父亲拿出了一个玩具，说我给你一个玩意儿。过去有一种玩意儿，是木头做的一个小人儿，有胳膊、有腿、有手、有脚。这有一根线，有一根棍提着。一提这根线，这个小人就会手舞足蹈，跟着动起来。这个提线木偶，上下、左右都是分着的，通过线把它们都给连起来，形成了一个完整的状态。一提这个"一"的话，一动无有不动。我当时明白了。实际上我们在静当中要分出各个部位的不同，再用意把它们互相之间都连在一起。我们拿住这个"一"，以这个"一"来主宰各种各样的变化，这就是浑圆桩功修为的核心宗旨。

（问 答）

学员A：老师，我想问一个问题。这个相合，老师讲到是找这个滋味，我就在想怎么找到这个滋味。比如说我两手相合。一个是像以前讲到的三夹一顶的这个顶——向外顶，还有一个好像两个手像有橡皮筋拉着向里面，一个向外一个向里就会产生一种鼓荡，这是我能够想到的一个合。在我脑子里有一些形象在这儿，我可以通过这个形象去找到这个感觉、这个滋味。我觉得学到这个阶段越来越难了，像以前在无极桩功的时候我求中，我觉得这个中的滋味就比较容易找到。然后在生活中可以去应用，我什么事情都是一个中的状态，而且这个滋味真的是好用。可是到了这个合和前面的几个功法，我觉得找到这个滋味都不知道该怎么用，或者说对那个滋味也不太有感觉。这是我的一个疑惑，请老师解答一下。谢谢！

李光昭：好的，这是一个很具体、很现实的问题。我们说所有的修为就是为了找到滋味，这个滋味就是在变化当中相对不变的那个味道。这个不变的味道是由两个完全不同的部分合出来的。这两个东西是要发生变化的，总是要发生各种各样的变化，包括既对立又统一又发生变转。那个合出来的滋味不能变。比如左右手相合，通过浑圆桩功三夹一顶到现在的外三合，合出了一个"一"滋味。这两只手之间是有联系的，是合出来一个味道。这个味道，首先你得尝到。

怎么保持住和检验这个滋味是不是始终如一？

我们站无极桩、浑圆桩，不是站出一个不变的形，是站出一个在万变的形中，能够保持住不变的内在的那个一、那个滋味。为什么从桩功开始呢？因为形总是在变的，比如说我们拉单鞭、走拳架。拉单鞭是一个形的变化，可是我们不是为了练形的变化，而是为了用这形的变化来找里面变的过程中那个滋味的不变。

形在这个时候是这个味道，我先检验一番。现在形变了，开始拉动，在这个过程当中我去检查刚才的那个滋味变没变，好，一直都没有变，整个动作过程中，里面始终有一个浑然一气的、三夹一顶、左右相合的那个味道。你现在做不到滋味的不变，不能保证它始终不变，但我们要找到这个不变的滋味，在变中去检验它。

这就好比品一杯茶，我们喝的是这个味道。就像大红袍，一喝就知道，因为大红袍的味道我很熟悉，你随便拿一个茶，是不是大红袍，我能够检验出来。同样，如果真的尝到了滋味，你在日常生活当中就用它去检验左右手是不是能够做到相合而一。站浑圆桩功，将来还有开合桩，在开合过程当中有了变化，而这变化是这个滋味不变的变。

　　当你尝到这个滋味以后，你现在拿手机来接电话、看新闻、发各种信息，这个时候左右手相合的味道变没变？绝大多数都变了。站桩的时候找到了一个滋味，等会儿拿杯子的时候，什么左右手这个滋味，不管了。我们就是要求这个滋味，现在我要拿这个杯子了，依然这个手没有变化，但是有一个意的状态是这个滋味，尽管我没动，但是意保持住这种滋味的变化。也就是说，当我拿这个杯子的时候，你能看见的是我的手没动，没看见的是还有一个无形的手和这只手保持住这种状态的动作变化，这就是意。这个滋味和拿杯子的滋味形态变了，但是里面那个味道不变。但是要保持住拿，因为没拿杯子和拿杯子本身就已经产生了变化。原来我手上没有重量，现在手上有了一个杯子重量，这个时候我还要保持住这个状态，就要调整出一个虽然拿着杯子和没拿着杯子同样的味道，这就是我们要求得的那个滋味儿。这个滋味儿，我们要在变化过程当中去检验它、去调整它。你如果能够在任何的时候都能够保持住这个滋味不变的变，就有了功夫。

　　我们现在站桩，三夹一顶、横开竖散等，这个滋味是不变的。我现在这两只手变了，但是这个滋味还没变。我现在开始走起来，两个手分开了，变了，但是这是没变的这个滋味的变，也就是两手还是相合的。

　　你在走路的时候有没有意识到，这两手之间有无形的相合出来的那个一的味道。如果每天在走路散步的时候，都能够做到这一点的话，进而做到了两个部分相合——手与脚合、肩与膝合、肘与肩合、肩与胯合，你就是一个浑圆如一的完整体，这就是功夫。

当然这个是需要一层一层地去体会，首先要在不变的时候找到这个味道，然后在变当中去调整，保持住这个味道的相对不变，这是一步一步的功夫。

学员B：我想问一下，除了根中梢部位之外，还有手指头，拇指对中指、食指对无名指，这个听起来好像很复杂，我们一开始修习可能没有办法照顾那么多，您是怎么样看的？

李光昭：我们的身体到底能分出多少个一二三来呢？无数个，我们用上中下、根中梢，手、足、肘、膝、肩、胯来找这个三合一的滋味。这个滋味你尝到了以后，不管它怎么变化，你都是用这个滋味去对待它。到那个时候，从上盘来说，分出肩、肘、手，这个手又分出来掌根、掌中、指尖。这个指，拿中指来说，又分出来指根、中、梢，就是无限可分。但是这个分无非是大小的问题，滋味是一个。也就是说，把握住这个滋味，在面对变化时，你都能在根中梢当中应用这个不变的滋味去找到完整合一的状态。我们是要找到这个滋味，用这个滋味在各种变化当中分一二三，再去用三合出"一"来，这是我们修为的主旨。关键是要从这个分上去找，合出这个味道。

比如，我现在炒一盘菜，用一斤肉、十斤菜，炒出来最后是这个味道；我现在用半斤肉、五斤菜，炒出来还是这个味道。变了没有？变了，但是味道没变。

找到这个"一"以后，你在实践当中自己就能够把握住这个"一"，去品尝不变的那个味道。

我想提醒大家的就是这个，我们可以在实践当中不断地去找，在每一个点上都去找一二三，在用当中去体会里面的滋味。我们用三合来找这个滋味。实际上我们在修为过程当中已经开始细分了，已经上分三、下分三，其实中也分三。

第十二章　内三合

一、身心内外合一

1.内三合解决的是身心如何合一

浑圆桩功有一个外三合，还有一个内三合。外三合和内三合这两个功法既是理法，也是具体的练法。

内外三合不只是太极内功的一个具体的、重要的法门，各门派的修为其实都有一个内三合和外三合。

内三合，包含心与意合、意与气合、气与力合。涵盖了心、意、气、力四个要素。这四个要素到底是什么关系？

心是内心。力实际上是有形身体具体的表象，有形的身体就会产生有形的力，所以它是表现出来的外。心、意、气、力这四个方面是内外。身与心能够合为一体的话，也就是身心相合、内外相合，就能够达到浑圆。浑圆就是心跟身、内和外能够分而合一的一种状态和结果。

浑圆桩功的修为要达到的一个目标，就是让我们做到身与心——有形之身无形之心，一内一外不但要分一个有一个无，还要把它们合起来，合到一上。也就是身心、内外要合一，这才是浑圆。如果通过我们的修为，不能够明确地认知、把握或者实现身心、内外合一，就不是浑圆状态。这一点要非常明确。

内三合要解决的问题是无形之心、有形之身如何能合一，如何能够实现身心、内外浑圆一体、浑然一气的状态。

内三合是通过三合达到一个合一的结果。"三"是修为合一的一个路径、过程，必须经过这个三，最后达到身心合一，内外合一。所以首先要明白，内三合最终是身心相合。

现在说身跟心要合，实际上身跟心，一个是内，一个是外；一个是有形有象看得见摸得着，一个是无形的；一个是实的，一个是虚的。宇宙万物就是由一个阴一个阳构成。一个阴一个阳是相分而合，是既对立又统一的。分阴阳合太极，这是宇宙根本规律所决定的，不以人意志为转移。

人作为宇宙万物当中的一员，依然遵循着阴和阳的规律，既分又合。要遵循这个道，要认识宇宙万物本原的规律。人不但是宇宙当中的一员，而且是天—地—人三才之一。天为阳、地为阴，人在其中，人是在天—地—人三才中处中。我们要认识宇宙万物这个既对立又统一同时又发生变转的规律的话，就要从自己的身心上去了解、认知和把握。身心当中的阴阳分合变转规律，就是宇宙万物的运转规律。我们是通过自己的身心来修为阴阳的。

2. "相"是关键

王宗岳在《太极拳论》当中很清楚地给我们指明，要把握的是阴阳相济。在具体的修为当中，就是以阴阳相济作为我们的理论指导，通过具体功法在我们的身心当中加以体现。也就是说，所有的功法包括内三合，都是围绕着阴阳相济这个主旨去进行修为的。

宇宙万物的本原，就是一个阴一个阳，关键这两个——一个黑一个白、一个阴一个阳，要相济。不是黑是黑、白是白，阴是阴、阳是阳，而是如《太极拳论》当中所说，"阳不离阴，阴不离阳"，这两个是谁也离不开谁。谁也离不开谁才是相济。

相济是两个对立的东西相合起来合到"一"上，其结果是济。分而合了，就是济。济，接济，阴和阳接起来了，合一了，就是济。阴阳是本体，是不以人意志为转移的、先天的、自然的本原。我们要得到的结果是阴和阳这两个对立的要素要统一起来，接济起来，接济而一。要想达到这个结果，关键不在阴阳，也不在济上，而是要牢牢把握住"相"，由相而相济，相为阴、济为阳，没有这个相就济不起来。所以要在"相"字上下功夫。这里就需要对"相"有一个认知。"相"这个字，大家生活当中总是在说，我们相互怎么样，你有没有想过"相"的内涵是什么呢？只有对"相"字的内涵有了明确的认知，在修为当中才能够由"相"而入门，最后才能够达到"济"这个结果。

什么是"相"？木目为相，目是眼睛，木是树。也就是古人在造这个字的时候，人们放眼望到的就是树，人们在看这个树时，看到了一种生命内在的变化。树从一粒种子破土、幼苗、长大、结果。在它的生长变化过程当中，人们从肉眼看到了它的这个变化。所以"相"这个字的第一个含义，就是眼睛看树。眼是自己、是我，树是我之外；眼看是主观，树是客观；"相"是用我来看这个客观的世界。古人对于"相"是这么说的，"目接物曰相"，也就是用眼睛去接触、去看这个物。看什么呢？看树。目接了物，也就是两者之间一个是内，一个是在外在的物，它们之间产生了一个对接。

"相"是眼睛看树，但是人们发现，随着树的变化，不只是眼睛看了，还对我们的内心产生了一种无形的、可感知的影响和变化。这个变化是自己内心的，它从哪来？由眼睛看外界——接物，最后产生的是心理的变化。

相（xiàng）是相互，就是一个眼睛、一个树木，它们之间产生关联；你看我、我看你，两个之间对接，就叫相（xiāng）。它的前提是必须有两个，它们之间要发生对接，就是相（xiāng）。对接以后，对于我们来说就产生了一个意的反应、内心的反应，内心的反应是相（xiàng）。一个是相（xiāng）、一个是相（xiàng），同样一个字出现了两个意，一个是相互，一个是相互以后在自己内心里面出现了一个真相。古人很明确地告诉我们，"目接物曰相（xiāng）"，"故凡彼此相接皆曰相（xiàng）"。彼此一相接以后，在自己的心里面产生了一个对它的觉知，那就是真相。也就是眼睛所看到的，必须在自己的内心里面产生一个觉知。

所以说阴阳相济，功夫就在于相上，能相就能济。也就是能不能把阴阳这两个达到统一，让我们能够达到分阴阳合太极、浑圆一体的太极状态，关键在"相"。

3.老子相字六诀

阴和阳怎么相、怎么济呢？老子给我们指明了方向。宇宙万物本原是一个阴一个阳，阴阳要相济。老子对阴阳是用"有无"来代表的，因为阴阳是哲理概念，是一种理论，有无是人能够分别出来的两种状态。我们用有无来理解阴阳的话，这个阴阳就不只是理论了，变成了一种能够真实体悟和感觉的真相。

老子是怎么用有无表达阴阳相济的呢？在《道德经》中有一个相字六诀，老子通过六个方面，告诉我们阴阳相济——分而合，要达到一个什么样的结果。

（1）有无相生

相字六诀第一诀告诉我们的是有而回无。有和无"此两者，同出而异名"。有和无要相，用有来看无，用无来看有。有无之间到底是一种什么关系呢？相什么呢？相生。也就是说，无是有生的，有是无生的，你现在所看到的有都是结果，因"无"而生的"有"。所有的无是因为"有"生了"无"，所以有无之间的关系是相生的关系。离开了有就生不出无，离开了无就生不出有。

（2）难易相成

万事万物一个是难一个是易，一个是复杂一个是简单这两个过程。这两个过程告诉我们，在人生当中、在事业当中、在生命的运转过程当中，你能遇上的无非难事和易事，这两者之间有没有关系呢？老子告诉我们，你不要从表面看难就是难、容易就是容易，它们内在之间存在着一个相互的作用，也就是相成。

难是由易生成的，易是由难变成的。怎么理解呢？也就是把难一无就有了易，如果无了这个易剩下就是难。当你遇上一个难以解决的事，一个想不明白的问题，怎么才能使它变得容易呢？把难无掉，在无了"难"的基础上就能够得到一个"易"的结果，就如意了。在人生当中遇上难事，不要躲避，不要回避，不要害怕，不要恐惧，而是要想办法将难变成易。办法只有一个，我们要去相接，接这个难，然后把难化掉，最后就容易了，得到了易。

老子很清楚地告诉我们"难易相成"，相互生成，是谁也离不开谁的。在你的生命和生活当中，每时每刻都同时存在着"难"和"易"，你看到的无非是表象。内在这两者相互在发生着作用，谁也离不开谁。你想这一辈子都顺利、成功、没有困难是不可能的。

（3）长短相形

在有无、难易的基础上，老子告诉我们，能够相互比较的，能够分别出来的，无非一个长一个短。不但是物，包括每个人、每件事，都有长有短。我们有长处，也一定有短处。每个人都有自己的长处和短处，这个世界上没有一个人只有长处，也没有一个人只有短处，所以这两个是同时存在，而且是相互比较的。长是对短而言的，短是对长而说的。老子告诉我们"长短相形"，形状的长短是相互比较的、看得见的、很具体的。

（4）高下相倾

老子还告诉我们，万事万物无非一个高一个低，一个上一个下，这两个要相互发生一种冲和的作用，也就是高要向下冲。老子说"高下相倾"，高一定要向下倾斜。

（5）音声相和

我们经常说声音，可分不清什么是声，什么是音，一说声音，好像就是一个意思。实际上声是声、音是音。声是外在，耳朵听到的是声；音在声之内，每个声里边要有这个音，音代表着所发的声想表达的意思。我们经常说听话听音，锣鼓听声。锣鼓没有音，只有声。人说话、唱歌所发的声里面都有音。音是由内在表达出来的，通过声来表达人的想法、意念。所以一内一外、一声一音，两个要合起来才是声音。

（6）前后相随

一个前一个后，前后这两个分不开的。前是对后来说的，后是对前来说的；离开了前就没有后，离开后也就没有了前。所以它们永远相随相伴。

老子用六个方面——有无相生、难易相成、长短相形、高下相倾、音声相和、前后相随，总结出宇宙万物阴阳相济。通过这六个相互之间的因果关系，我们就能体会、把握到阴阳相济是一种什么样的状态和结果。

古人一针见血地告诉我们，"相，度才也 。工师用木"，当木匠要用木头做家具的时候，"必相视其长短"，要用心去看木头是长还是短，"曲直、阴阳、刚柔之所宜也"，这块木头到底能做什么，先要用眼睛看，用心去测度木头的长短、曲直阴阳、刚柔到底适不适用。"相之取义始于此，会意"，"相"字的内涵之意就是取其意。

4.太极内功相字诀

对于具体的修为，特别是我所传承的杨氏太极拳内功的修为，要把握、体会阴阳相济，就要运用老子的相字六诀作为指导。我的传承，从祖师爷到我父亲，都遵循着杨氏太极拳内功修为，并通过自己的实修实证，也总结和提炼出了《太极内功相字诀》。这个相字诀把内功当中阴和阳的对立统一、分而合的相互作用，全面系统地进行了概括、提炼和总结，具体化为相字十六诀。过去传拳不传诀，这个相字十六诀是由我父亲传给我们这支的一个诀。

这个诀具体的内容有哪十六个方面？

（1）松紧相适

松紧是对立的，二者统一起来以后，就要松紧相适。松和紧合到一起以后，要合出一个最合适的状态——松中紧、紧中松，松不离紧、紧不离松，而不是松就是松、紧就是紧。松和紧谁也离不开谁，松是紧而松，紧出来的松；紧是松出来的紧；紧出来的松才是真松，松出来的紧才是真紧，也就是松中要有紧、紧中要有松，这才是最佳状态。所以松紧是太极内功修为当中一个重要要求。你不能够从松紧入手，不能够做到松紧相适的话，就不可能进入到阴阳相济。

（2）快慢相间

快慢是我们能够感知的两种完全相反的现象和作用，对于太极内功修为，我们要做到快慢相间。也就是说，快和慢，不是快就是快、慢就是慢，而是在快慢之间，那才是我们要找到的相济的那个点、那个关系。因为只有在相间的时候，才能说快就快、说慢就慢。快如果不能慢的话，就不是我们所说的快；慢不能快的话，也不是我们要找的那个慢。太极内功所表现出来的慢，不是慢慢腾腾，只能慢，是从慢当中说快就能够快起来，也就是拳论告诉我们的"动急则急应，动缓则缓随"，该快就快、该慢就慢，慢中能够快、快中能够慢。所以快慢之间才是我们要求得的那个点，那才是相济。

（3）大小相含

大小也是宇宙万物当中，我们能够理解和把握住的两种现象、两种状态。常人认为大就是大，小就是小，我们要求的是大小相含，也就是大里面含着小、小里面要能大。大和小，是我们看得见的两种对立的状态，实际上它们内在当中是相互包含在一起的，大包着小、小在大之内含着。也就是说，我们不会从表象上去看大就是大、小就是小，它们是互相包含着的。因此，在太极内功修为当中，我们说其大无外、其小无内。大无外，小无内，大当中有一个小在主宰，大在小的主宰下有一个向外的其大无外。我们是从大小相含当中产生了一种相济的真实觉知。大和小是一回事。浑圆桩功同样一个形，我们要大这个意，一下子就非常远大，远到无边，其大无外；要小这个意，其小无内，一直向内收，小到无的状态。所以说一个小大相济的状态，会产生两个相互作用的变化。

（4）多少相存

多和少，是相互比较而言。我们现在反而认识到少、小是我们所要追求的一个主宰。为什么这样说？因为大和小、多和少应该是相含相存的，但是我们受到各种各样的影响，总是以大、以多为求。根据这个真实的状态，我们的修为反而要反向求，要向内收、要向小走。你会发现，少、小反而凝聚了事物本原的真实。所以我们说多少的存在是谁也离不开谁。

我们就从松紧相适、快慢相间、大小相含、多少相存开始进行修为。在修为过程当中，要做到支撑八面。这八面是前后、左右、上下、内外八个方面。这八个方面是相互对立的，是在实际操作当中要认知、把握和体悟的。这八个方面既是对立的，又是相济而合的。对于这八个方面，十六字诀当中有具体要求。

（5）前后相连

在站的时候一定分清楚有前有后，同时要把前后连起来。为什么要连起来？从本原来说，没有前和后。因为有了前才有了后，我们要回到本原就要把前和后合到一上，连起来了。合了以后就无了前无了后。这个地方是中，你说哪个是前哪个是后，但是我的手往这儿一搁，手心朝着前、手背朝的是后，就分出来了一个前后，这是我们给它分出来的。现在我们要回到本原上来，要把前后连起来，合到"一"上。一个前一个后是二，当连起来以后，虽然这手还在这儿，但是我们用意把前后相连起来了、相通和了，合一了。所以对于前后来说，我们要做到相连。

（6）左右相系

在站浑圆桩功的时候，分出来左手右手、左肩右肩、左肘右肘、左膝右膝、左脚右脚，分着是有左右，但是要把它们给联系起来、要合起来，才是相济。怎么连呢？用意。假想有一根意的皮筋把它们合起来、联系起来了。这是左右相系。

（7）上下相随

上跟下总是相随相伴的，《太极拳论》上说"上下相随人难侵"。上下一不相随，空隙就出来了。空隙一出来就会被对手乘虚而入。如果上下是相随的，上随着下、下随着上，就没有了缝隙。当拿住上的时候，下在跟上相随着，你拿不住上；你拿住下的时候，上在跟下相随着，你也拿不住下。所以上下总是要相随相伴。这是上下相随。

（8）内外相融

融，融合，把内外合在一起相融了。也就是说，内和外融合以后，合到了一个既是内又是外、内外合一的状态。这是内外相融。

（9）轻重相出

一个轻一个重，在修为过程当中，要把它们合起来。无极桩功跟浑圆桩功最大的区别在于，无极桩功是分，浑圆桩功是合；无极桩功是忘形而得意，浑圆桩功是沉而得气。也就是说，浑圆桩功最后要站出沉来。

在修为过程当中，一个轻一个重，轻重相济相合以后就出来了沉，沉是轻重相出的结果。一般我们理解轻是浮，重是滞。如果把这两个合起来以后，轻而不浮就是重。轻本来是浮，不浮就是轻当中轻出来一个重。重了以后，重又要滞、僵滞。如果我们能够做到轻而不浮、重而不滞，把这个重就重出来一个轻，也就是轻和重这两个相济，出沉了。所以轻重相出最后得到一个沉的结果。

（10）曲直相依

曲直，是太极内功修为当中很重要的一个概念。曲和直，直是曲出来的直，曲是有直出来的曲，它们之间是依存关系，谁也离不开谁。没有曲的直就是顶，我们要随屈就伸、随曲就直。任何一个直，都是一个曲出来的直，因为这个世界上，只有相对的直。曲是曲曲折折，但是一定有一个直在主宰着这个曲。曲是路径、途径，直是方向、目标，这两个谁也不能离开谁，所以它们是相互依存的。

（11）起落相成

在抱球势的时候，起的过程当中要做到起中有落，落的时候要做到落中有起。也就是起落是一回事，在一个动作当中既要有起又要有落，它们是相互成立的。起什么呢？起这个落。起之前只有有了落，才能够起来。当落的时候落什么呢？落的是这个起，我把这个起给落下。起落是相反相成的。

轻重、曲直、起落，在太极内功当中无非一个开合。一开一合即为拳。为什么会产生各种各样的变化呢？就是因为它有一开一合。以后我们讲的开合桩功，就是要进一步在动当中去体会出内在的开合的变化。

（12）开合相寓

事物外在各种各样的变化，都是因为内在有两种对立的力量在分和合。它们的开合是相寓，开在合当中，合在开里面。有开有合的时候，大家一定要体会到开就是合、合就是开。开合相寓最后要达到一个什么样的结果才是阴阳相济了呢？开中合、合中开。当开的时候要用合去主宰这个开，当合的时候要用那个开来约束这个合。用个简单的例子说明这个开，这扇门原来是合着的，现在开门了，这个开是相对于合而言的。如果对门框来说就是开，如果对墙来说，开的同时就是在向它合。这个过程当中是既开又合，所以开中是合，合中就是开。每一个开的外在都有一个内在合的主宰，每一个合的外在都有内在的开的约束。它们是相寓相伴的。

太极内功的修为，最后是阴阳相济。我们所有的修为都是用拳的有为方式来修为这个无形的阴阳大道。具体来说，要想知这个阴阳，在修为当中要牢牢抓住四个要素：一动静、二虚实、三刚柔、四有无。老子告诉我们，我们的修为最后是用有无来体现这个阴阳。对于阴阳的认知和理解，要从动静、虚实、刚柔入手。如何知阴阳？要明动静、分虚实、辨刚柔。动静、虚实、刚柔之间的关系就是阴和阳的具体体现。具体来说，动静是相因，虚实是相伴，刚柔是相济，有无是相生。

老子的相字六诀是始于有无，太极内功相字十六字诀是最后归结到有无，回到有无。

（13）动静相因

动和静是相互为因的，也就是因果关系。所有的动都是因那个静而生出来的动，所有的静都是因那个动而得到的一个静的结果。所以动静是相因。

（14）虚实相伴

虚实要分清，但是虚和实是永远相生相伴的，离开了虚没有实，离开了实没有虚。常人认知的实都是表象，未必是真实。相反，我们认为的虚也不见得是真实。所以虚和实永远是相生相伴的。在修为过程当中，怎么达到这个相伴？虚要实、实要虚，只有虚而实之、实而虚之，才能真正达到虚实相伴，阴阳相济。

（15）刚柔相济

在具体修为当中，一个外一个内、一个柔一个刚，一定要分清。刚柔相济以后是一回事，不是常人生活当中理解的那个软和硬。我们所说的刚是刚强、坚强，是积柔成刚，非常有韧性。绕指钢，就是指钢丝很柔，可以在手指上绕，但是一松手，马上就直起来了。"曲而直谓之刚"，这才是真正的刚，离开柔就没有刚，这才是相济。所以刚是看似很柔，但是里面有一个刚的主宰，这才是刚柔相济。

（16）有无相生

因为所有事物的本原就是一个有一个无，这两个是"此两者，同出而异名"。有和无，有是有了无才是有，无是无了这个有才是无，阴阳相济就体现在有无相生上。分阴阳，一个阴一个阳，有了阴有了阳；合太极，最后浑圆一体。浑然一体合出来一个太极状态是无了阴无了阳，合到一了，那是太极。有没有？有。有一个阴一个阳，但是阴阳合一以后，就不是原来那个阴和阳了，而是合出来的一个状态——太极。所以有无里头体现了阴阳相济，有无相生。

所谓内三合是相生相合，体现的是阴阳相济。有形的身体现在力上，心身相合体现在心力相合。怎么合？关键在于意和气。

二、合出一个意合

1.三得：得意、得气、得劲

心与意合、意与气合、气与力合，是心、意、气、力四个方面，两两相合以后出现了三合，这是我们所说的内三合。

内三合这个"内"指的是太极内功。太极拳是练内功为主的拳法，太极桩功是修为内功的一个重要的功法。怎么理解内和功呢？内功的"内"是指三个要素：一是内意，二是内气，三是内劲。也就是太极拳修内功修三个

内——内意、内气、内劲；离开了这三个内就不是我们所
修的内功了。通过具体的功法要能够得到内意、内气，最
终得到内劲。三内是太极内功之内的真正内涵，我们修为
当中所有的功法都紧紧围绕着内修意、内得气、内出劲
展开。

所谓的功，就是得三内之功。也就是说，要得这个
内意、求这个意，就要运用得意之功、得气之功、得劲之
功。能够得意的功、得气的功、得内劲的功，就是我们内
修的功，简称内功。这点一定要很明确。因此，浑圆桩功
就是要三得——得意、得气、得劲。

在浑圆桩功修为当中，怎么得这三得呢？通过内三合
这个具体有为的功法。通过久久的练习修为，就能让我们
对内意、内气、内劲有了真实的把握、认知和体悟。

通过具体的功法修为，能够得内意、内气、内劲，最
终把它们浑圆成一体、浑然成一气，这是浑圆桩功内三合
的一个重要的修为主旨。

到底怎么做才能够得到这个结果呢？

内三合包含心、意、气、力四个要素。要从心、意、
气、力这四个方面推动具体的功法，得到内意、内气，最
终得到内劲。

通过浑圆桩功内三合的修为，最终要达到身心相合，
合到一个完整的浑圆状态，形成一个浑圆体，能够浑然

一气。

　　这个状态所表现出来的，能够在我们这儿通过实修实证得到真实体悟的最终的结果是什么？这点我们必须明白，最终的结果是合出来这个劲。所有的修为最终都为了一个目的，就是要有劲。当你有劲了，浑身感觉到有使不完的劲儿，才能够干所有的事情。用什么干？用劲。你在处理所有问题、面对所有事物，都要用劲。一个身心健康的人，他的行动坐卧，从里到外都带着劲儿。看一个人，不是看他的胖瘦高矮，也不是看他的所谓健康与否，要看他是否带劲，这是关键。

　　在我的学生里面，有一个从小患有严重的小儿麻痹，50多岁，跟我修为了十几年。有时候跟某些看起来非常健壮的人相比，他有一股遇上任何困难都勇往直前不服输的劲儿，有一种身残志坚要通过自己的努力改变自己命运的劲儿。他来自农村，没有多少文化，但是就是凭着这股劲儿，开创出了自己的事业。所以说我们最终练的结果就是得这个劲儿。

　　劲儿不是天生的，是后天修为所得到的一个结果。怎么得到这个劲儿呢？首先我们对劲儿是什么得有一个明确的认知。劲儿是合出来的结果，是分而合的结果。

　　所谓的分而合，指一个身一个心能够合起来。这两个是不同的，是分的，是不一样的，最后要合到了一个

"一"上。合出来的这个"一"就是劲儿。问题是怎么合出来这个劲儿。

2.心与意合，媒介是气

身、心要通过内三合达到合一。身和心是二，为什么要三合呢？首先合出这个"一"的是二，一个是有形之身，是有；一个是无形之心，谁也找不着，是无。身有，看得见摸得着，是具象的，心看不见摸不着，是抽象的。同时这两个一个内一个外，心在内、身在外，现在要把有和无、内和外，一个虚一个实，虚心实体，往一块合，要合起来。所以"一"是由二合出来的。有和无、内和外、虚和实，身和心合一了，就合出来这个浑圆一体、浑然一气了，最后就得到一个非常有劲儿的身心合一的状态。

身和心要合，无和有、内和外、虚和实要合，但是心是虚的、是浮的，直接让身和心相合，是合不到一块的。有人会说，现在不修为，身心不是一样相合的吗？现在的问题是这种身和心的合不是真的合一的状态。我们说的合是通过修为以后要合到"一"的状态。到底怎么才能把身和心合起来呢？意是由心生的，意是心的代表。现在心是浮的，是无，意是有的；心是抽象的，意是具象的。要想身心相合，心无而找不着，我们就用意和身去合，因为意就代表着心。所以要想身与心合，首先心得能生出意来。

心无法把握，无法具象，我们就用它的代表——意。第一我们就得让心找到这个意，这个无得要有。怎么就叫相合呢？无生有，心生意，它们相合是有无相生。

内三合第一个合是心与意合，这就要理解心与意的内涵是什么。首先，无形无象的心要生出一个有形有象、可以操作的、具象的、可以意会的真实——虚的心生出来一个实的意。内三合的第一个合是心与意合。心与意怎么合？无心有意，用有意去体会无的心。这个无的心由于有了意，心就由无法把握、无法操作、看不见摸不着，变成了可以把握、可以运用、可以操作的一个有为的心了。也就是说，这个心无而生有了，因意而生出一个真有，这个心才是我们能够修为出来的。内三合的第一合心与意合，我们就要对心所生出的意有一个认知。

心是本原，但是我们生出来一个意，这个意是每个人都有的，每个人都有意识，每个人都有意念。人和动物一个最大的区别，就是人有意识、有思维。这些都是由于心生意以后产生的，所以说我们的修为对意要有一个认知和把握。现在的问题是意，每个人都有，先天就有。在打造人的时候，每个人都有一个有形的身、一个无形的心。有形的身、无形的心就体现在有意、有意识，这是先天打造出来的一个结果。既然先天就有，我们现在修为什么？这种先天的有并没有被我们真正认识到，我们还不能够真的把握和运用它。为什么没有真的把握和运用它呢？因为每个人的行动坐卧都是在心的主宰下，也就是在意识的引领下。我要喝水、拿杯子、拿笔，都是有了这个意识以后才有了行动。也就是说，所有的行动都是在"我"的意识的引领和指导下。

具体的"我"的意识，指导着我的行为。我的行为在我的意的指导下会出现两个完全相反的结果，一个在我的意识的指导下，我所产生的动作、行为能够符合自然的规律，我就成功了，我就胜利了。因为我这个意识指导着这个行动，符合了应该这样做的规律，符合了自然规律，也就是合了道了。当我的意识合了这个道，我的意合了天意，合了道义的话，用这个意来指导我的行动，就能够达到合道的结果。但是如果我的意不能够合这个道，违背了天道，那么我的行为就会受到惩罚，甚至是失败。区分的关键，就在这个意合不合天道。如果不合，我就要对这个意进行修理、修为，进行改造。

这个意是有意，也就是内三合的心与意合，首先要有意。对这个意没有更多的认知和把握的时候，我们已经熟视无睹了，所以我们先得对这个既有的意有一个全新的认知和把握，知道什么是意。第一，对已有的我意有一个认知。对意的修为第一步要找到有我之意，找到我意，然后我意引领我有形的身体，去完成各种各样的变化和行动。

也就是先要我的有形之身服从我意的指挥，这是修为的重要一步。也就是说，这个意和这个身之间的关系，先得能够知道我的意是什么。第二，要知道我的意让我的有形的身能够服从我的意的引领和指挥。先不管这个我意是否合天意，你先得让自己有形的身体和这个意能够分而合，分清楚哪个是无形的意、哪个是有形的身，要做到意与形分得很清楚。

无极桩功就是要分，分出我的意和我的形。只有在分清的基础上，再通过浑圆桩功内三合心与意合，合这个意。身体已经能够服从意的指挥，但是这个意是我意。我意不一定符合天之意、道之意，我们进一步修为，把这个我意要有而回无，无掉。要不要意？要意，但是不要我意，因为我意不一定符合天之意、道之意，无了这个我的意才有了天之意、道之意。我们进一步修为就是要有而回无，把我意无掉。无了我意，无而生有，生出来一个真意。这个真意是天之意，也是我之意，我之意合了天之意的意，才是真意。也就是说，有意无意是真意，无了我意，有了天之意，有无形成一个真意。无掉我意有一个真意，这个意就不再束缚着身体，而且合了天地之意。

在浑圆桩功的心与意修为过程当中，把这个我之意给它无掉，去生出一个无我意的意。怎么做到这一点呢？把我意由有转向无，转向无这个意就得要无出一个有之意，那个意在哪儿？在我之外。也就是在修为浑圆桩功的时候，要无了这个我之意，而有了一个球之意。这个球之意是无了我的意以后，生出一个虚而实的意，把没有的球能够虚而生出一个真实的、可意会的、真的觉知。这个球的意是什么意呢？我们真切地感受到一个虚而实的球，一个无而有的球，把没有的生出来一个有，把虚的生出一个真实的觉知。虽然这个球看不见摸不着，虚的、无的，但是对于我们的意来说它是一个真实的球。球之意就是心与意合要生出来的那个真意，也就是说意在这个球上。

最终我们是要心与身合一。现在心是抽象的，但我们找到了一个意，要用这个意跟这个身去相合，合了一，就是身心相合一了。但我们会发现，这个意虽然真了，无了有、虚了实，有了意的真感实觉了，可是这个意跟这个身无法相合，也就是用意直接指挥自己的身体，用意直接作用在自己的身体上，这个身体就被意束缚住了。而且真意是在我之外，是虚空处的真实，不在这个实的身体，这个意只能引领，发出一个信号，无法作为一种真实的作用和动力来完成意的引领。现在怎么让这个意跟身体相合呢？

要想让意能够引领这个身体，身体真的能够服从真意的指挥，在意和身之间，一定还有一种媒介的力量。这个媒介的力量是由意产生的，能够具体地作用在身体上，能够驱动和催动身体的所有的变化。这种神秘的力量是气。

3.意与气合

心无法跟身相合，要由意来合，因为你找不到这个心，能找到的是意。所以用具体的意来合这个有形的身，才能够达到身心相合。可是我之意往往不合道，要无掉这个意，得到一个真意。也就是那个意不在我身上，在我之外。当求出这个真意来，是不是就能合这个身了呢？不是的。这个意是一种意识、是一种信号，它不是驱动力，它只是发出一个指令、一个信号。要想意指挥这个身体，身体能够服从这个真意的话，还得有一个由意到身之间的媒介、推动的力量。只有用这个力量才能够把意跟身相合起来，这个身才能服从这个意，这个意才能通过这个中间的媒介力量来指挥和发动身体的所有变化。是什么？气。

所以我们要得气。只有找到了气，才能够形随意动，身被意领。意才能领着这个身体，这个身体才能真的动起来，而不是想象。

为什么要得气呢？因为气是意生出来的，有什么样的意就会有什么样的气，意到哪儿气就得到哪儿。气是身所有动作和变化的内在动力。这个气催动着身体，这个身体才能够服从意的领，才能随意而为。很多修为多年太极拳内功的朋友，在这个问题上存在着误解，没有搞清楚意—气—形三者之间的内在关系，总是用意直接去作用和指挥这个身体。意跟形这两个不分的话，再用我意引领这个身体，结果是"双重"。

内三合心与意合，这个意在哪儿求？由身体的内意转到身外的意。要假想，把这个球要想真了，意要在球上。由我意产生了真实的球之意，这个意才能引领这个身体，这个身体才能够随着这个意走。但是不是这个意一领这个身体就动？身体要动一定有一个内气的催动，意首先要能够导出这个气，气才能够运这个身。这是关键。一些太极拳的爱好者打起太极拳架以后，特意让意跟形死死地攥在一起，比如做一个云手，他的意就在身上。咱们有些老师也讲眼睛要注视着这个手指头尖，意要在身上。他这么做，把意跟形死死地捏在一起了。我们是意不在这儿，意在外，是那儿有一只手牵动着我来完成这个动作。形受意引领着动，才活了。回想我们生活几十年，大多数情况下是形跟意不分。意直接就作用在形上，死死攥在一起，所以没有产生那个灵性的动。

意和形这两个要分，形还要服从这个意的指挥，靠的是气。心与意合，第一步是无了心生了意，第二步是由意来生气。

只有理解了内三合当中气的概念，才能够通过修为得到这个真的气，这个气才能够来和身体产生相合关系。

对于这个气，很容易产生糊涂的认知。万事万物都分阴阳，气也分阴阳、内外，一个阴气一个阳气，一个内气一个外气，所谓的外气是看得见摸得着、感知得到的、可以测的。我们求的是这个内气，是看不见摸不着、不可测的，但是它是真实存在的。外气属于有，比如，吸入的是氧，呼出的是二氧化碳，这是可以测的，也是很具体的。除了有形的气，还有一个无形的气——心气，心所产生的气。心不但产生意，还有一个看不见的气。这种气无形无象，它是一种精神上的，给人提供了一种精神的力量。呼吸之气是先天的自然之气，人本身就具有。后天的内气是需要修为的，它能不能真的起到作用，能不能给生命提供能量，取决于你对它的认知、把握和运用。

外气可以通过仪器加以分析，可是到现在为止，还没有一种仪器可以把无形的内气具象化——到底它的成分是什么，到底它是由一种什么样的结构组成。目前不可知，但是它是真实存在的。

我们的修为并不是想把这个不可知的气，经过研究分析出来它的结构和成分，而是要用这个气，最后实现对于有形身体的驱动，让有形的身体在这个气的驱动下能够合天意、顺天意、合道意，去完成所有该完成的动作。我们是要用这个气，而不是跟任何人去争论到底这个气是什么。通过修为以后，我能真实地感觉到它的作用和存在。杨澄甫告诉我们，"意之所至，气即至焉"。气是由意导出来的结果，意和气互为因果。这样说来，修为就简单了，只要让意自然动起来，意能够到了，那个气就能够到。"意之所至，气即至焉"八个字指出了意和气之间的内在关系。

杨澄甫确确实实是一位了不起的大师，他把复杂的、无法说清的内气的运行和产生，进行了非常精辟地阐释，并提炼和总结出了一个可修为的、体系性的有为之法，那就是以意导气，意到气到。

意与气合，但是到底怎么合？杨澄甫说，在意不在气。他不但给内三合从理上建立了一个支撑，而且在具体修为上给我们指明了方向。不要管气，只管意。

怎么做到意到气到呢？这个气不是你能够感知、可测可量的那个气，不是先天的外气，而是意所产生的一种真气。要得到这个真气，就要把这个意无掉，无掉以后无出来一个气。"意之所至"，要无；"气即至焉"，要有。也就是在这个过程当中，无我意后才有了一个真的气，这个气才是精气神的气，才是能够给我们一种无形的、真实的内在支撑力量的气，我们要得这个气。这就是意与气合的内涵。由意来合出来这样一个气，这个气才能驱动这个身。

这里我再次强调，意只领身，不能够直接驱动作用于身，意导出那个气才能够直接作用在这个身上。"气遍身躯不稍滞"，这个气跟身体有一个直接作用。

4.气与力合

身体是有，身体的有通过力来体现。当你用有形身体做事情的时候，用的是这个身体的肌肉所产生的力、肌肤之力。我们拿任何东西，看似用的是有形的身体，实际上用的是它所产生的肌肉的力来完成拿这个动作。如果肌肉没有力，就完不成拿的动作。

力是有形身体的代表，气与身体要合，实际是气与力合。一个心一个身这两个要相合，心的代表是意、无形的意，身体的代表是力。意不能够直接跟身体作用，所以气与力合，就达到和完成了身心相合一的结果。

力分内外、虚实、先天和后天。身体所表现出来的力，有先天的外力，也就是肌肉的力，当然有大有小，通过锻炼以后，小力也有可能变成大力。正如王宗岳在《太极拳论》讲"大力打小力，有力打无力"，这是先天自然之能。

内力是看不见的，外力是可以测量的，内力是本原之力。外力虽然是出生以后才有的，但是是肌肤之力，是有形身体所产生的力。有形身体的力，只表现和作用在自己有形的身体上。先天自然之力则不是，自然之力是普惠于万物的，也包括人。这个力就是大地所赋予的力，是先天的、自然的、本原的，不以人的意志为转移的；外力是受控制的，有大有小，有方向，有作用。

浑圆桩功修为当中的气与力合，这个力有两个内容，一个是后天自己身体的肌肤之力——肌肉的力量；还有一个是先天自然之力，有形身体和万物一样，受到大地之力的作用。因此，我们身体里存在着两个力，一个外一个内，外力指的是肌肉之力；内力是看不见摸不着，受到大地重力作用的自然之力。

肌肤之力有方向、有大小、有作用、有作用点。我拿这支笔，力作用在笔上。这个力很明显，我们做任何事情都要用这个力。第一，这个力有它的缺点，有它的问题，这个力越使越少，用之有竭，就是它有限，用了一下没了。第二，这个力有大小，我拿一支笔没有问题，现在我要拿一个比我身体还大的物件，做不到。第三，这个力有方向，它是单向的，我向前，这个力就向前。由于力有方向性，当你想作用的时候，如果对手或是其他的物体给你一个相反方向的力，你的力就无法实现这个作用了。第四，这个力有作用点，它作用在一个目标上。当这个目标没有了，没有了这个作用点，这个力就作用不上了。所以肌肤之力有四个特点，同时也存在着问题。

当然，我们还可用另一个力，这个力不以我的意志为转移，是先天自然的力。这个力作用在我的身上，取之不尽、用之不竭。这个重力、大地之力滔滔不绝，常用常有。只要是有形的物体、有组织的物体，都受到它的作用。而且这个力不以你的意志为转移，它只遵循规律，该怎么做就怎么做。它没有好恶，只要符合这个规律、这个道，它就会有作用。先天之力、自然之力，在任何时候都能够取之不尽、用之不竭，这个力不是单向的，而是全方位的，它没有方向，它是一个整体的。

自然之力要通过有形的身体来用。离开了身体，这个力就用不上。怎么把自然之力通过有形的身体施用出来，这是我们要修为的。

气和力相合怎么就合出来一个先天自然的力能够在我们身上得到具体的应用呢？依然是找这个气。无掉有形的外力，不再依赖有形身体的肌肤之力，因为我们一用肌肤之力，就与自然之力发生了矛盾，产生了一个阻碍。只要一用肌肉的力，肌肉就会僵紧。肌肉一僵紧，身体就处在僵滞状态，自然之力就用不上了。先天自然之力要想运用出来，有一个必要条件，就是气通——气要通达。气一通，先天自然之力就能够被我们所用。

在站桩时，身体不要用力。周身松通，身体反应出来的是自然大地给予的重力，那个反应才是真实的。如果身体一用力——外加一个力的话，这个力就不是大地作用在我们身体上的真实的自然之力。所以身体必须松通，松通以后出来的就是自然之力。身体松通是一种什么状态呢？身体松通以后，气达四梢。气能够通了，说明身体回到了自然的本原状态，这样才能够体现出大地对你作用的力的真实。

无掉我自己的外加之力，一羽不加、一丝不落，自然而然体现出来大地对我的重力，这样就得到了重力在我身上相合的一个结果。通过身体来用这个先天自然的力的话，才真的取之不尽、用之不竭。

气与力二者相合的话，这个气就要气遍周身、气达四梢，从而无了肌肤的外力。怎么才能够无这个外力呢？依然是以意无掉这个力。能不能无掉这个力，能不能气遍周身，关键不在气，在意，要用意来解决身上的所有问题。身体松不松、通不通，不在身体本身，在意。你看睡觉的时候，没有了意识的束缚，你的身体是非常松的、非常通的。当你遇上一个对手，有了来力，意识马上作出反应，身体在这个意的指引下，马上用力。所以身体通与不通关键在意。因此，修为无极桩功、浑圆桩功身要静、不动，意要动。意跟有形的身体分开了，意不再束缚身体。这个意独立出来以后，我就忘掉了我的有形身体。身体虽然还有，但是不再受意的约束了。意独立以后，我们拿住这个意不放，就忘掉、放下了有形的身体。一个被忘掉、放掉的身体，回到了一个自然的松通的本原状态，这时候的身体没有意——无意之身体，也就没有了意指挥下产生的力。凡是能产生的力都是意识的结果，我现在要拿这个笔，意识一指挥、身体一拿笔，马上这个力就出来了。"大僵紧""小僵紧"，总之肌肉在紧的过程当中才紧出这个肌肉的力来。

现在意不再指挥身体，身体就回到了自然的松通状态。所有的修为，包括内三合——心与意合、意与气合、气与力合，归根结底，心靠意、气靠意、气与力合还是意，"凡此皆是意"。抓住了一个意，就能够让我们身心合一，能够让我们内外、身心、虚实合到一点上。当能够合起来以后，合出来一个无我意以后有的真意，合出来一个由真意而导出来的内气，由意和气又合出来一个自然的、先天的、取之不尽、用之不完的力。所谓三合，心与意合、意与气合、气与力合，意气力合了一。意气力一合了一，意是心的代表，力是身的代表。二生了这个三，三又合出来个一。这个一，一意一气一力，合出来一个劲儿。虽然不可测不可量，但是这个劲儿却真实地起到了作用，它将支撑着我们生命的每一个节点。如果说这一天当中、一年当中、一生当中，你在面对所有的变化时，都有一种使不完的、勇往直前的劲儿，你将无往不胜。

总之，一生二，一个阴一个阳、一个身一个心；二生三，生出来一个意、气、力。意气力又合了一，合到了一个劲儿上。我们所有的修为，都是身心双修。抓住一个核心的意，运用一个气，去化掉有形的力，得到了无形的先天的自然重力，最后意气力相合了达到身心内外相合，合出来一个取之不尽、用之不竭、无形无象，永远能够给你生命提供无穷动力的劲儿、内劲。

5.合到一

对于内三合，合是结果。怎么得到这个结果呢？心、意、气、力之间的变化，结果是心与意合、意与气合、气与力合，这三合合出一个意合。心、意、气、力之间有无相生。也就是说，合，不管是心与意合、意与气合、气与力合，以及内三合最后合出来的那个一，是有无相生的结果。

（1）心与意合

是无心而有意，心要静，要无，无了这个心有了这个意。为什么说有无相生呢？无心的过程就是有意的过程，有意是无心的结果。有意的同时一定是无心的过程，所以这两个是"此两者，同出而异名"，一个无心一个有意，不是分开的，它们是在一个圆上的变化。一个要向下，一个就要向上，它们总是这样有无在相生，形成一气周流的一个圆的变化。大家一定要从这个角度去理解它，无心而有意，心不动意动，这两个相反相成。

（2）意与气合

意和气又是一对有无相生，无了意有了气。有无相生过程又是"此两者，同出而异名"，所以杨澄甫告诉我们"意之所至，气即至焉"。在无这个意的过程当中，就得到了这个气。

所谓无这个意，其实质是无了自以为是的想法，即无了我之意，无而生有，只有无了我意，真意才自然而生。亦如拳谚云"有意无意是真意"。在真意的引导下，"意之所至，气即至焉"，进而真气从之。

（3）气与力合

意通过得气，在我们这里能够得到一个真实、合一的结果。我们不是为了得气而得这个气，气在我们这里有一个具体的作用。气与力合的时候，无了这个气才有了这个力。这个力不是我身体之力，是自然之力。当有了自然之力，也就是说无掉了我，用气化掉了有形身体的肌肤之力，才得到了无穷无尽的自然之力。自然之力是指无掉我自己所谓的那个气和我自己有形的力，最后得到了天一地一人三合一。也就是说，气与力合最后的结果是天一地一人相合，合到一。

这个气和这个力指的是上天之气、下地之力——是上天赋我气、下地给我力，无了我自己的气与力，有了天地的气力，而且天地相合以后，气与力合，合出了一个天人合一的结果。内三合最后是合这个一。

这个"一"在我们身上的体验是顽强的生命力。顽强的生命力对于我们来说就是劲儿——最后合出了一个劲，内劲儿。也就是说，经过修为以后，真正能够达到三合，真正通过有无相生实现了合一，这个一即一气一力一劲儿。天之气、地之力一合到我这里以后，我浑身充满了使不完的内劲。内劲不是肌肤之力，而是无穷的天—地—人三合一后合出来的劲儿。

内劲怎么合？心与意合、意与气合、气与力合。合的目的是把这个我合到回无，把有形的身体、无形的内心，经过三合以后合出来一个无了这个我，有了一个充满了内劲的真我。所以，在修为过程当中，要遵循着有无相生，一层一层、一步一步地实修实证。

太极内功的修为分了三个阶段：着熟、懂劲、阶及神明。我们所传承的内功修为，把这三个阶段归结为三个步骤：第一练形求意，先要有意；第二练意得气；第三无形无意，就是全都要无了，要回到无，归到无。最后整个回到太虚而静的状态，归静了，回到了意上，这意是静，静下来了。这个静是通过修为以后得到的一个结果。这个静不是常态思维理解的动静的静，而是老子告诉我们的"致虚极，守静笃……吾以观复……归根曰静"，就是回到了最本原的状态，本原状态是太虚。我们的修为就是用具体功法不断地向着这个目标实修实证。

浑圆桩功不是合出来一个有形的抱球的形体，而是把整个的我要回无。浑圆状态是有而回无、实而回虚、浑然一气。这个结果是归根，是复命。

第十三章　五圈成球

一、五圈的真义内涵

1. "五"的含义

五圈成球是浑圆桩功的最后一个功法。浑圆桩功修成的标准是成球，最后一个功法也是浑圆桩功所修为的那个结果。成球就是浑圆一体、浑然一气成了。

现在关键是如何成球。当然我们前面的功法，从抱球势开始，到竖开横散、三夹一顶、三尖相照等，都是围绕着成球展开的。最终要运用五圈的修为达到成球的结果。也就是说，最后这个五圈成球的功法，关键在五圈。

五圈，顾名思义，五个圈。为什么是五个圈呢？这就需要我们对"五"有一个认知。中国文化就是太极文化、阴阳文化。中国的汉字里的数字，除了代表数字以外，还有太极阴阳文化内涵。在面对每一个数字的时候，我们除了有数的概念，还要运用太极思维去理解每个数字里面所含的真义。

　　古人告诉我们，"数源于手"，五是从这儿来的。

　　每个人的手都有五指，这是人的特点，一二三四五代表五个手指。但是五个手指体现到"五"的数字里面又有它的内涵，它要体现什么呢？我们的手有大拇指，小拇指，始于大，最后归于小，一大一小体现的是对立。一个是大一个是小，这两个是完全相反的，合到了一只手上，一个开始一个结束。在一大一小之间，是大小、前后之中——中指，正因为这个指是中，才由中分出来了两端，所以五指成手。

　　这个手还有一个概念，首手相合。中国汉字同音就有它的同义，手和首都念shǒu，因声寻义，这个shǒu是开始、首要、第一。

　　作为人来说，手是很重要的。说一个人很有能力，我们会说：这个人真有一手。这个手又体现着阴阳相合，有大有小、有始有末，就体现着一个阴一个阳，而且有中。前、后、中合成一个手，所以它是阴阳的具体体现。

　　人离不开手。有了手，就有了劳动、有了创造、有了工具、有了人的智慧。手体现着阴阳，当用手去创造世界，去创造生活的时候，我们就合了道。

　　修为太极内功，特别是我所传承的太极内功，时时处处，包括对每一个字都要深刻理解其中蕴含的阴阳之道。正因为手的数字是五、是合道的，它才体现了太极文化的核心主旨。

太极文化核心的阴阳之理体现在八卦五行，太极文化就是通过八卦跟五行体现出来。离开了八卦和五行，就没有对宇宙万物，包括我们生命认知的理论基础。八卦是认识事物的本体，五行是遵循事物变化当中的运行规律，一个体、一个用。五行这个"五"就是宇宙万物阴阳变化当中，它们之间相生相克的规律。通过"五"的相生相克，就会认知整个宇宙万物当中万变不离其宗的那个运转规律、那个道。因此，由这个数字五，诞生了五行文化的基础和理论。

五行是我们老祖宗对宇宙万物进行提炼得出来的五种物质，这五种物质本身是看得见摸得着的，这样五行就不再是一个虚空的理论了。通过五种物质相生相克的关系，展示了宇宙万物阴阳之间既对立统一，又互为其根。这样，五行就从理论变成了一个可以把握的万物内在运行的规律了。

什么是五行呢？金、木、水、火、土。它们之间存在着相生相克的关系，金生水、水克火……它们之间一生一克，相互之间总是在这样变化。我们出现的所有问题都因为五行相生相克的不平衡。这就是"五"这个数字所体现出的内涵。

通过五行，才能把我们打造成一个天—地—人合一的我、一个真我。所以，宇宙万物的发展、生命和生活的每一个方面都离不开这个"五"。

首先说人怎么体现这个"五"呢？用五行理论来看我们这个人，一个阴一个阳、一个有形的身体一个无形的心。有形的身体还要分，分了一个内外。内外是怎么分的？五五分。外有五官，眼、鼻、耳、口、舌。内有五脏，心、肝、脾、肺、肾。外五官、内五脏，离不开五。生命就在这五当中体现它的相生相变的内在真义。

再说我们每天吃饭吃菜，补充生命能量。老祖宗就用五行学说归纳出酸、甜、苦、辣、咸五味。所有味道都是由这五味相生相克相变组合出来的，所以五味就涵盖了全部味道的组合。以五味比拟人生，生命是一个复杂的过程，每个人在一生当中都有五味，所以说人的一生五味俱全。你既有成功也有失败，既有顺利也有挫折，既有甜也有苦，这才是人生。没有一个人的人生只有甜没有苦的。五味又是相生相克的。什么是甜呢？苦尽甘来，你尝过了千遍苦，才能够最后得到一个甜的滋味。不经过努力、不经过刻苦，哪来的甜呢？所以你要想甜，就得做好吃苦的准备。这就是人生，这就是生命。离开了五吗？离不开五，基本的味道就是五味。

老子说"音声相和"。古人把声内这个音归纳提炼出五音，比如这个人会唱歌，说他五音好；这个人唱歌不好，会说五音不全，他发出的声音听着就不悦耳。哪五个音呢？宫、商、角、徵、羽，音也离不开五。不管多么美妙的乐曲韵律，里边就是五个音主宰出来的声。中国过去所有的乐曲，都是根据这五个音创作出来的。

我们这个世界，繁花似锦，五彩斑斓。所有你看到的这些斑斓的色彩，都可以通过五行给它归纳为青、黄、白、绿、黑五色。其他的颜色都是由于五色相生相克相互组合以后产生的。只要把握住了五个基本色彩，就把握住了所有的颜色。

还有每天吃的五谷，稻、黍、稷、麦、菽。不管是稻子、小米、黄米，不管是黍、大豆等都归纳为五谷，所以经常把大丰收叫作五谷丰登。

古人把中国的山，归纳出来五岳，东岳泰山、西岳华山、中岳嵩山、北岳恒山、南岳衡山。告诉你"五岳回来不看山"，把五岳的景色一览无余，你就览进了全部山脉的景象。所以"五"这个字非常妙，我由衷地钦佩中国老祖宗这种了不起的大智慧。这不是哪个人能拍脑袋想出来的，而是通过总结、提炼出来的一个规律性的、指导性的，不可逾越、不可违背的运变主宰。我们在修为当中也一定要遵循着这个主宰，最后才能成。

我们老祖宗从太阳和地球运作当中早就已经提炼和认识到了，气和候。一说气候，大家以为就是冷热。其实气候，气是气、候是候。我们老祖宗把五天归为一候，三候为一气，三个五就为一气。也就是说，我们老祖宗认识到了，所有宇宙事物变化的一个规律，以五天为一个起始，五天就会发生变化。中医讲，这一副药五剂，吃五天。也就是说，你吃了这副中药，五天会发生一个变化。五天、五副以后，中医再根据你的脉象进行增减、调整。

一年有二十四节气，一气为一节。三候为一气，六气为一季，一年分四季，是春夏秋冬。每一季里面有六气。整年二十四节气，每五天一候，一年有七十二候。一年有四季、六气、七十二候。一年的变化离不开这七十二个候的变化。你把握住了七十二个候的变化，就把握住了所有运行变化的内在规律。《西游记》里孙悟空七十二变是七十二个候的变化，这七十二个候就涵盖了所有的万变。

五行理论是合道的，是中国文化的基础。古人就是告诉我们，只要抓住了"五"，就能够抓住事物的全貌和本原。

作为太极内功的修为，一样离不开"五"。八卦五行，对应着修为的八门五步。八门为体，掤、捋、挤、按、采、挒、肘、靠；五步为用，进、退、顾、盼、定，一个体一个用，一个八一个五，八五一合十三，合出来一个太极势。这五步对应的就是五行——金、木、水、火、土。五为中定——为中、为定。土位处中而定的话，整个运行——相生相克，就能够自如合一地运转起来。根子就在这个"中定"上、在"土"位上。

从中医角度讲也是如此。阴阳二气能不能阴平阳秘，离不开脾胃这个"土"位的中定主宰。它不中定了，其他的运行就会出现不平，出现问题。不是这个多了就是那个少了，就会出现各种症状。所以要调的时候，就是调这个土位。抓住这个"土"来调金与木、木与火、火与水之间的内在变化，土的中定使其运行达到一个平和平衡的往来。

除了五味、五色、五音，我们将方位分了五方，东西南北中。太极拳内功修为当中，分了上下、前后、左右、内外，最后合到一个"中"上。时时处处离不开这个"五"，这是太极内功修为的关键。

我们的生活和生命处处体现着"五"的作用，大家可以在生活当中去理解它、去把握这个"五"的真义。它体现在阴阳五行学说中，是一个事物内在的运变规律，是万事万物的内在主宰。掌握了"五"，就能够让我们达到一个分阴阳合太极的状态。

2.圈的含义

除了五行这个主宰，具体来说，我们运用什么来修为呢？用圈的概念。对于太极拳，特别是我传承的太极拳内功，圈是一个很重要的概念。《杨氏太极拳老谱》当中专门有一章叫作《太极圈》。在《太极圈》一文中，讲到"退圈容易进圈难，不离腰顶后与前。所难中土不离位，退易进难仔细研。""退圈容易进圈难"。我在这里再强调一下：一个退一个进，这两个是完全相反的动作。但对于太极内功的修为来说，退圈容易进圈难。圈是不以人的意志为转移的一个真实，在我们生活、生命当中，它是一个无形的范围。我们时时处处离不开圈。这里我们所说的圈不是拿笔在纸上画一个圆，而是指对立统一出来的一个范围。

在人际交往中，离不开朋友圈，一个圈又一个圈。朋友圈，不是把几个人搁在一块一起画个圆，而是大家有一个共同的爱好、愿望和追求，聚合到一起，就形成了一个圈。这个圈有男有女、有老有少，是不同而合，但不同当中一定要同出一个一来。我的朋友圈里最大的有八九十岁的，年轻的有二三十岁的，年岁完全不一样，平时生活习惯也不一样，有爱吃酸的有爱吃辣的，但是我们有一个共同的追求，都想用太极来证这个道。所以，不同的人追求在一个点上，才形成了圈。

退这个圈很容易，说走就走了。我不参加活动、不参加研讨，就自动退出来了。可是要进来可不容易，你进到人家这个圈里面，人家接受不接受你？能不能够让人家认可你是同道而相谋？你能不能进去，由这圈里面的人来决定，所以退圈容易进圈很难。现在社会当中，同事之间有一个个小圈子，公司里面也是一个个圈子，演艺界也是一个圈又一个圈。每拍电视剧和电影的时候，他们相互之间拉着一起进圈。你不是这圈的人想进来很难的。所以生活当中、事业当中、生命当中，离不开圈。

从太极内功角度来说，要想阴阳相济、内外相合，就得要合到一个圈里面。如果说你是一个圈，他是一个圈，你用你的圈对他的圈，他用他的圈对你的圈，你们俩不是斗就是顶。现在通过太极内功修为，首先是要把你的圈、他的圈合到一个圈上。合到了一个圈上，你和对手就合起来了，这样你才能够把握住整个运行的变化，所以必须得进圈。

现在问题是进圈难。在面对对手时，我得让对手和我合在一个圈里面来。怎么合呢？无非是对手进到我的圈里，或者是我进到对手的圈里，这两种方式实现起来都比较困难。我要想让对手进到我的圈里边来，我让他进来他就进来吗？他不进，他知道一进我的圈就被我的圈包围了，被我所左右了，你拉他也拉不进来，所以不是生拉硬拽的事。我进人家的圈，对手肯定不让我进。

我们怎么才能进呢？唯一的办法就是"弱"，没有了我，没有了我的想法，才能够按照对手的想法，和对手的想法相生相合。无了我的想法，才有了对对手想法的理解。和对手的想法相合了、合一了，也就是我进了对手的圈。所以我们要想进人家的圈，就得把这个"我"无掉，把我的想法、意念、自以为是彻底放下，放得越干净越容易进到那个圈里边去了，所以这是一个对我的改造。太极内功修为的核心，就是要把这个"我"舍掉，要实而虚，有而回无。当我把这个"我"舍掉，把这个实的意虚掉以后，就有了一个无我之我，虚而实的我。看着虽然是实，但是是虚的，这样的一个我就可以进到任何一圈当中去了。

通过这个修为，把自己形成这样一个无我的浑圆一体，你就可以以一应万，以无我而进万圈。所谓"进圈难"完全可以通过修为由难转易。所以太极内功的修为，圈是非常重要的概念。

3.圆、环、圈、球的关系

圆和球，由圆开始到最后修为成球。如何由圆到球？环和圈。这就需要对这四个概念有一个完整认知。太极内功当中一直强调圆。在常人看来，圆是一种形状——圆形，是看得见摸得着的。但是我们需要从太极内功的角度，运用太极思维对圆的特性加以认知。圆固然是一个形状，但正是这个形状体现出了始终如一的特性。圆上任何一点既是始又是终，随便一点都是，每一个节点都是一，都是开始结束……而且是同一个一。从太极内功修为的角度来说，圆是"三无"——无缺陷、无凹凸、无断续。我们的修为是要修出这种"三无"特性，而不是追求一个外形。这是对圆的认知。

环是太极内功修为当中一个重要概念，也是我们民族文化当中的一个核心理念。庄子讲"得其环中，以应无穷"，得到了一个环中就能够应对宇宙万物所有的变化。

过去古人都佩一个玉做的璧，这个璧是圆形的，中间是空的。环不是我们理解的画一个圈，那是圆，不是环。环是一个中空的璧，有两个圆，一个外圆一个内圆，一个外环一个内环，中间是虚的。所以虚实相结合的一个状态，才是环。环分了内环、外环，之间是实的，这是环的真义。

太极内功要以环而得中。通过这个环，环出一个中来，所以《太极拳论》就告诉我们："能得枢纽环中窍，自然动静互为根。"一虚一实，它们互相之间有根了。环虽然跟圆有关系，但它又不等同于圆。

从圆和环的关系来说，圆的性质在环当中都有体现，通过环和中，就将环与圆紧密地结合在一起了。

对于环而言，关键是实中虚——中空。处中就要空，有环、有中才能以应无穷。为什么要求这个中呢？就是因为虚实相合以后，合出一个虚空体、中空状态。因为有了这个中空，就可以左右整个环的各种各样的变化。

　　修为浑圆桩功也一样，离不开环中。五圈成球，离不开这个环和中。中就是我，就是我自己的身心，这个我就是中。因为我们在站的过程当中，分了上中下，上是天，下是地，人是中，天地之中。修为浑圆桩功干什么？天—地—人三才合一。怎么就天—地—人三才合一了呢？站出了这个中，中是空。空什么？空我。我们不是把这个我站实了，而是通过这个功法的修为要把这个我站虚了、站无了、站空了。空了这个我，天—地—人才合了一，才成了浑圆一体、浑然一气的状态。如果站了半天，越站"我"越实，越站越用力，越站越强化这个我，就违背了环中之理。不管你愿意不愿意，每个人都处在天地之中，你就是中，只不过你这个中不空。通过修为就是要把这个中修空了。这个我意没有了以后，跟天—地—人相合了以后，合出来一个一气周流。那个状态是无法用语言形容的，你就真的回到了宇宙万物一气周流的本原当中来了。所以"能得枢纽环中窍，自然动静互为根"，一虚一实、一动一静，是相互合一的。这是环。

　　圈是一个无形的圆，不是画出一个有形的圆来，它是一个范围。我们经常说羊圈，不是说就给羊画一个圆圈，而是把羊圈起来了。所有的羊都圈在一块，不出这个圈。

　　进圈不容易，退圈很容易。我们既要进圈，又要不出圈，这才是我们的修为。我们凡事都要画一个圈，圈是徼。老子讲"常有欲，以观其徼"，就是有了圈，有了一个边儿。做任何事千万别出圈，离开了这个圈就会受到惩罚、受到挫折。人都要有一个无形的约束，有一个边儿。你要在这个约束里面去自由地发挥。

　　我们时时处处在圈里面，只要不出圈，就可以充分发挥我的自由。这就是我们对圈的概念的理解基础上的修为。

　　关于圈，太极拳的前辈李亦畬大师专门写有一首歌诀，叫《太极体用歌》。他将太极体用归结到一个圈一个环："妙哉太极拳，运行法自然。着着太极图，绵绵如玉环。"一开始他就告诉你，太极在体用当中要遵循道法自然的原则。"着着太极图"，一个圈接一个圈，这些圈实际上"如玉环"，绵绵不断。也就是环和中，一个空一个不空、一个实一个虚，它们之间相互在发生着内在的主宰作用。

　　我们由圆通过环中找到了"着着太极图"，最后是成球。球是圆的体，是球体。如果说圆是一个平面，球就是一个立体。浑圆一体就是要形成这样一个球的概念——成球。浑圆桩功修为一开始就是抱球势，处处都是球、离不开球。我们假借这个球，是因为球这个概念是真实的、好理解的。有人说浑圆不好理解，浑圆就是全，由里到外、由上到下、由左到右，全都符合的这个圆，就是球。

我们借助球的概念就对浑圆有了一个比较好的理解、认知和把握了。大家一定要注意，我们是借球修意，是为了求出一个球之意，不是求出一个球之形。这个球之意怎么去体悟、把握呢？这就需要通过五圈成球功法来实现。

二、浑圆成一球

浑圆桩功最后一个功法是五圈成球，这是前面所有功法最终要追求的一个结果。因为每个人对球都有一个完整的概念，而球符合了浑圆所有的内涵和品质，所以我们就借球来修为浑圆，修为浑圆一体。

我们所有的修为，其主旨就是完善我自己，重新把我自己打造成一个最自然、最完整、最圆满的我，这样一个我一定是合乎道的我，合乎"人法地，地法天，天法道，道法自然"的我。只有把自己修为成这样一个合乎自然法则的我，才能够在面对宇宙万物纷繁变化时，保持住自己的独立性、完整性，达到人生圆满的结果。

宇宙万物当中只有球是圆满的、自然的、完整的，因此它是永恒的。在整个宇宙当中，不管是地球，还是其他星球，都是圆的，因为圆才永恒。要想让自己达到自然、

完整、完满的话，就要把自己修为成一个具有球的特性的
我。我们的目标就是成球。当然我们不是把自己修成一个
看得见摸得着的有形的球，而是要符合球的特性。

　　什么是球的特性呢？《太极拳经》上说得很清楚，
"一举动，周身俱要轻灵，尤须贯串"。要达到"气宜鼓
荡，神宜内敛"，就要"无使有缺陷处，无使有凹凸处，
无使有断续处"。太极拳修为，最终的结果是通过拳来修
为这样一个太极的球。把自己修为成这样一个最自然、最
完整、最圆满的球的话，我们不是从形上去找，而是符合
球的特性，也就是三无——无缺陷、无凹凸、无断续。我
们所有的功法都是为了要实现这个目标。

1.五圈成球诀

　　如何修为出这样一个自然、完整、完满的球呢？要运
用具体的功法。浑圆桩功功法，从第一个抱球起势到竖开
横散、三夹一顶、三尖相照、人随球浮、内外三合等，都
是为了最后达到成球这个结果。前面这些功法都是基础，
最后一个功法就是要成这个球。就像做菜，各种材料——
肉、菜都具备了，最后要合出一盘美味佳肴。

　　如何做到五圈成球？根据多年修练的体悟，我把具
体修为法提炼为《五圈成球诀》："成球先成圈，成圈横
竖明。三横合一竖，合一中定灵。中开中又散，五圈一

球成。"

第一句，"成球先成圈"。你要想成球先得要成圈。也就是说，成球从成圈开始入手。

第二句，"成圈横竖明"。你要想成圈，必须先得明白什么是横、什么是竖。只有找到了横与竖，而且找到了它们之间的内在关系，我们才能成这个圈，能够成了圈才能够最后说球。

第三句，"三横合一竖"。三横一竖。只有三横和一竖相合才能够成这个圈，才能够最终成球。三横合一竖以后，合了这个一了。

第四句，"合一中定灵"。中定灵这个"灵"字很妙。杨氏太极拳的前人杨健侯在《太极拳约言》当中很清楚地告诉我们，就是求得一个灵。这个灵两个含义，灵魂是生命万物的主宰，一个人如果只有躯壳，没有内在灵魂主宰的话，是没有生命的。对于我们太极内功修为来说，核心就是求中定。有了中定，就有了生命的主宰。有了这个主宰，才能够应万变。在中定的主宰下，你在面对各种变化的过程当中，才能产生灵性的、灵活的灵动。以灵去应万变，是最自然的，因为这个灵魂本身是合道的，不是我以为的，是自然而然产生的。所以说只有三横合了这一竖，最后合了一，合出来一是中定。

拿住了中定，你就能够透过现象找到本质，抓住所有变化里面最根本的主宰。所有宇宙万物的变化，无非一开一合、一聚一散。不管事物怎么变，不管你所看到的外在变化有多么的复杂，其实都是一开一合、一聚一散的表象。只要拿住这个中定，在面对所有复杂的开合、聚散的时候，无非是中开中合、中聚中散。拿住这一个中，就能够去应对所有的变化。

第五句，"中开中又散"。有中能够去开合、聚散的话，最后，"五圈一球成"。

有了这个口诀，在五圈成球功法修为当中，就有了一个遵循、有了一个指导。

怎么成呢？找点、连线、成面，最后成体——点线面体。我们修为当中离不开这几个步骤。也就是说，最后成这个球，是球体，也就是立体。从几何形状来说，一个体具有六个面，有前有后、有左有右、有上有下。对于太极内功而言，体是八个面。要把自己打造成一个太极体、浑圆体，必须是八个面。也就是拳论上说的"立身须中正安舒，支撑八面"。"立身"第一个意思表示自己身体的状态是站立。第二个意思是按照太极阴阳学说，确立自己的身心。要想把自己打造成一个完整体，"中正安舒"是核心要素。我们做到了"立身中正安舒"，才能够达到"支撑八面"，这样才能够把自己打造成一个符合太极阴阳之道的、自然的、完整的、圆满的浑圆体。

八面，除了有上下、左右、前后六面以外，从太极内功的角度还有一个内和外——就形成一个完整的球。也就是说，前后、左右、上下、内外，一个体分了这样八个面。作为一个球来说，有没有这八个面呢？有，也没有，因为球本身有上下左右前后，但是由于它是一个球，它又不分上下左右前后，它是合一的状态。浑圆桩功修这个球的时候，要通过上下、左右、前后、内外去求这个合一的状态。我们要分出来，要分得很清楚，在这个分的过程当中要由圈来成这个体。

（1）先成圈

通过五个圈最后才能够成这个球，因此"成球先成圈"。我们要想成这个圈，就得要有竖和横。一定有一竖和一横，才能够成一个圈、成一个环，所以必须要找到一横和一竖。

在讲无极桩功的时候，我们一直强调这一竖。这一竖是百会—膻中—会阴这条虚中线。这条虚中线是我们的生命线，因为这条线不以我的意志为转移，没有任何感情色彩、没有分别、没有好恶，与生俱来，本身俱足。不管你愿意不愿意、承认不承认，它都在主宰着你，时时处处伴随着你，你每一时每一刻都离不开它。这条线是上通天、下连地，是天地之间的一条连通线。现在要把这条线和我们有机地联系上。人是天地万物之间的一分子，是宇宙万物的灵性的主宰，所以才成为了三才之一。人居于天地之间，只有跟天地相合，我们的灵性才真的能够合天合地。合了天之道、合了地之道，天道、地道、人道，最后合为一道，这样我们就回到了生命最自然、最完整、最圆满的状态。

如何能够和天地相合？这是许多人孜孜不倦在追求的一个目标，但是很少人能够找到具体修为方法。天地人怎么就合一了呢？我所传承的太极内功很明确地告诉你，在你自己的身上要和天地相合，要合出这条虚而实、无而有的虚中线。这条线是天地之间本原的连线，天地之间只有这一条线。这条线不因有我而存在，不因无我而不存在。现在我用百会—膻中—会阴这条虚中线来体会天地之间的这条生命线。我在这里，虚中线在这里。我走了以后，这条线依然存在。因为我在天地之间，在任何地点，这条线都会把我和天地合成一体。它的重要性体现在这里。这条线是先天的、自然的、本原的，它属于有。这条线不但有，而且是永恒的，永远不变。天地之间这条线是不变的，因此它是静的。我们现在不认识这条线，不知道在天地之间、你我之间应该找到这条生命线，通过修为要把这条线给竖起来。这是一竖。

三横一竖的一竖指的就是这条生命线。这一竖找到了，要想形成球还得找三横。这个球有多少横呢？如果竖是一的话，横是无数，因此横属于无。横属于无，有无限的横；竖属于有，竖只有一。横是无，用万来代表。竖是一，横是万。竖在天地之间是永恒的、是定的；可变的是横，不管长短、大小，它总是可以变。因此，竖如果是静的，横就是动的。横与竖的关系很清楚地告诉我们，一个有一个无，一个是——一个是万，一个是静一个是动，一个是不变的，一个是可以万变的。横和竖要非常明确地确立起来，最后才能够形成一个自然、完整、圆满的球。

竖是一、横是万。这一竖找到了，怎么去找到这个横呢？怎么找到这个万呢？太极内功修为告诉我们，不用去找万，它虽然是无，但是我能够通过有去回无。也就是说，我们在横上去找出一个有，由有最后归到这个无上。

（2）找三横

怎么有呢？只要有三横就够了。有了三个横就能够找到无限个横。能够找到这三横，再合上这一竖的话，就能够成圈而成球。中国的数字，不但有数的概念，还有理、有象，所以它是理象数。我们说的一不是一个，这个一是一切。也就是一是不是有一呢？有一，如果这个一代表一切的话，有了这个一，一就是一切的无。这里面有深刻的阴阳之理。为什么说找到三横，三横加一竖，就能够成圈从而成球？这就需要对三有一个明确认知。三就是一切，三就是万。这个万通过三去求得，因为从太极阴阳之理来说，所有的万物是由三生的，万物由三而得。

"道生一，一生二，二生三，三生万物"，一二三就是宇宙发展的一个本原的、不以人的意志为转移的、存在万事万物当中的内在的变化规律。不管事物怎么变，就是一二三，一二三就能够产生所有了，就生出了一切。只要抓住了一二三，到了三，三就生万物，三就生了万。这是古人运用太极阴阳学说，高度概括出来的宇宙万事万物运转的本原的规律。

老子所告诉我们"万物负阴而抱阳"，一个阴一个阳是二，但是"冲气以为和"，就产生了三生万变。所以，"道生一，一生二，二生三，三生万物"，这是宇宙万物的本原规律，不管在生活当中、生命当中，你时时处处都要遵循这个法则。认识事物的发展规律，抓住事物的运行轨迹，你就找到了事物变化的根本趋势。

我们常人能看到的事物都是一个。不管看什么，看到的快就是快，慢就是慢，大就是大，小就是小，看到的都是一。但是，每一个一都是由两个不同的部分合出来的。这个二存在于事物的内在，你看不见它，但是通过内功的修为要开天眼，要看到存在于事物内部的那个真相。什么是开天眼呢？常人看到的都是表象，我们不用肉眼，用慧眼看，就能够抓住事物内在变化的本质——所有事物的内在都存在两个完全对立的力量、两种因素。常人看到一就是一，我们通过一能够抓到两个，而且这两个是完全对立的；这个事物看似是一个整体的不变，但是内在总是在发生着变化。所有外在事物的变化，其根本原因是内在对立的两个部分的冲和，它们的互相变转，它们的分而合，产生了内在的动力。所以我们要由一明确地认知内在之二。

二分出来以后，就会发生各种各样的变化。事物是万变的，一会儿大一会儿小，一会儿多一会儿少，一会儿顺利一会儿曲折，一会儿失败一会儿成功，所有这些变化都是因为内部两个对立的力量、两个对立的因素相互冲和产生的。这种复杂的变化，你怎么去把握、认知它？老祖宗告诉我们，这两个之间是对立的，两个端点是有，我要能够把这两个端点一手拿住。功夫难就难在这一手上。生活当中，我们说一个人有功夫，会说他真有一手。他是一手，你是两手。你的两手在变化当中无法把对立的两端抓起来，总是顾此失彼，顾前不顾后。我们则要用一手把两端全抓起来，这一手一抓，你怎么变都在我的掌控当中。这一手在两者之间，在两个端点之间，这就是前人告诉我们的。我们的修为就在两者之间去求功夫，功夫不是下在上，也不是下在下，不是下在左，也不是下在右；不是下在前，也不是下在后，而是下在上下、左右、前后之间，在两者之间那个点上。只要找到了这一点，你就可以一手托两家。把前和后都抓在这一手当中，你就能够掌控前和后各种各样的变化。上下左右也是如此。你只要把这一点找到，就找到了所有的变化。

有前有后再加上这一点——这一点是中、中定——一二三。有前有后、有了中，这就是三。万物都分前后、分上下，分两个，分一个阴一个阳。我们不只是分出来阴阳，还要把它们合到一起，合出来一个中。因此，万物所有的变化都是这三个，上中下、前中后、左中右。分出来上和下合到中，前和后合到中，左和右合到中，不离开这个中。这一个中不但把前和后抓住了，把上和下、左和右也抓住了，因此你站住一个中抓住了一个万，万变不离其中。这就是中国人的智慧，这就是太极思维的核心。我们的修为就要从三上去求全部。在五圈成球的过程当中，这一竖是先天的、是一、是不变的，我们再去寻求这三个横，这三个横从上下中求。

五圈成球不是离开有形之身去求，我们要借助有形之身来寻求一个无形的球。这是我们修为一个很重要的途径。我们借这个身来修这个球，这一竖有了，再找这三横。三横一定是上中下，上在肩，下是膝，中是胯。作为人来说，分出来这样三个横，肩一横、胯一横、膝一横，这三横分出来了上中下，完整了。所以三横一竖就是全部，就是有无，就是一而万，以一应万，就是一切。

你在生活、事业当中，找到了这三横一竖，就能够在天地之间，上通天下通地，把自己合成一个完整的我。

（3）横竖明

要想成圈就得要"横竖明"，分清楚横竖，要把三横和一竖合起来。一竖是天地之间，它是永恒的、不变的，横是要变化的，我们要用横去合这个竖。上边肩这一横跟这一竖合了一个交点——在竖上的一点，胯上这一横合了一点，膝上这一横合了一个点，就合出来三个点，都合在竖上了。竖是一，最后三合一合到这个一上。三点怎么能合一？这一竖是先天的、是不变的，但是依然分有三，所以永远可分、永远分三。也就是说，这一竖上要分上中下。所以三生万物，揭示了宇宙万物变化的最本原的规律。

既然分了，有分就要合。这三点上中下要合，执两用中。分出来一个上和下，最后要把天地相合、上下相合。我只要拿住中这一点，就把上下两端合到一上了。我传承的心法是假修真、反向求、层层分，永分无疑。永分无疑就永远要分三，永远要有分有合。一分为三，三合而一，总是合到一个中上。

三横合一竖，这一竖还要合。一竖分出来三，这三个点最后合到一点上，这就是歌诀"合一中定灵"所说的

"一"。三横和这一竖合一，合出来一个中定——有了中，定在了这个中。也就是说，虽然是三，分出来横和竖这个二，二又合出一个三，最后三又归一，还要合到一上。这个一就是这个三所生的一切，是由三所产生的一个结果。这个结果的一是万，是无限，是有而回无。有了三以后就有了一切，合的一就是这一点。

（4）定在中

这一个点是圆的中。如果这个圈是环，这一点就是环之中，所以我们要想成球，必须"得其环中"。只有"得其环中"了，才能够得一而应万，才能应万变，这个万变是因为得一以后产生的结果。所以说太极的修为严格遵循了太极阴阳之道。太极阴阳之道一个重要的核心，就是一和万、环和中的关系。

庄子说："得其环中，以应无穷。"只要得到了这个环和这个中——中和环是合二而一的，是一个整体，就能够应对宇宙万物的无穷的变化。你所看到的和看不到的，所有事物的变化，无非是一个中一个环之间的关系。这样一来，在面对宇宙万物变化的时候就变得非常简单了。所有变化的表象都通过一个环一个中就能够把握、认知、预测、遵循。太极拳的内功修为就是遵循着太极的环中之理，"得其环中，以应无穷"。具体内功修为当中，又把它提炼为"能得枢纽环中窍，自然动静互为根"。只要把握住了环中这个窍，就能够在万事万变的过程当中动静互为根。一个动一个静、一个变一个不变，这两者之间是密不可分的。找到了根，你就拿住了动静变化的根本。这个根就是中。

人感觉累的原因是缺乏定。外在事物变化太快、太乱，你没有定，它乱你也乱，你跟着它乱。你没有定心、没有定力，所以你就累。要想不累就要忙而不乱，要有定力，要定得住。你定不住的原因不是你想不想定，而是没有得中，没有把自己搁在中上。你不是患得就是患失，不是患多就是患少，总是在这两者之间来回跳跃，一会儿想多一会儿想少，一会儿贪生一会儿怕死，你缺的是中，你没把这个定定在中上。你定到中上以后，再去面对两端的状况，就会从容不迫。所以关键问题是定，定的关键是中。只要把中定了，就有了生命的主宰。尽管外在每天都在变，但是当站在中定上面对时，你会从容地、微笑地看着所有的变化。这就是功夫。

这个中定是怎么求得的呢？由浑圆而求。在五圈成球功法修为当中，我们遵循了"三横合一竖，合一中定灵"，合到了一上、合到了一点上。在站的时候，你找到了这一竖没有，找出来这三横没有，三横和一竖交出来三个点，在这一竖上三点是不是上下相合、相随，合为一个中。你会感觉到，这个一二三最后就合到了一个点上，而我们求得的浑圆体就因这一点而得中定。

（5）成五圈

我们所有的修为都是由点、线、面，最后成体。要成这个体，非五圈不可。成体要先成圈。先说横圈，第一个圈是肩圈，第二个圈是胯圈，第三个圈是膝圈。有人曾问我："为什么是这三个部分来成圈呢？"因为这是由人的生命运行规律所决定的。人要面对所有的变化，相应去行动坐卧走。所有的变化实际上归根结底离不开三个圈的变化，上肢的变化离不开肩，下肢的变化离不开膝，肩和膝在行动坐卧中是至关重要的枢纽关节。肩圈、膝圈通过修为最后要合到胯圈上。这个胯圈既是下盘又是上盘，是把上下合起来的一个枢纽。我们的修为不是为了就成一个球，而是要完整、自然地运用它，这就离不开这三个圈。

人的衰老过程，先从肩开始——五十肩。人一到50岁，肩就出问题了，肩周炎来了，抬不起胳膊了，抬起胳膊摸不着自己的耳朵了。因为肩是一个枢纽。接着膝盖不听使唤了，迈台阶这个膝受滞碍了，路走多了膝盖疼了。最后老化的是胯，人老以后，挪不动步了，原因在胯。这三者要通过修为减缓它们的衰老，要把它们合成一个完整的状态。

横圈三圈——肩、胯、膝三个圈，合到一个竖圈上。

这个竖圈是一，但是，我们要一分为二，因为只有分为二以后才能成为一个球体。怎么分为二？一个前后的竖圈，以这条虚中线为直径的话，前后都成圈，同时还有一个左右的竖圈。也就是说竖圈有两个圈，一个正圈、一个侧圈。再加上三个横圈——肩圈、胯圈、膝圈，最后合成一个五圈成球——五圈合成一个完整的球体。

怎么去理解这个球？用自己的身体来做圈，形成一个球的话，我就是这个球，球就是这个我。这个球横竖合到一个中点上，定在这个中上，这个中是球心、中心。

《杨氏太极拳老谱·人身太极解》当中第一句话就告诉我们："人之周身，心为一身之主宰。"这不只是一句理论上的空话，我们通过修为以后真的要找出一个中定的心来。这个心是虚的、空的，但是它确确实实能够主宰着我这个球。也就是说，球所有的变化都是由中而变，球的心的开合就左右和决定着整个球的鼓荡开合。所以有了这一个心、定于这一个心，就可以应对开合的万变。

我成了这个球，又找到了这个点，此时不管球怎么变，其大无外，这个球你说多大就有多大；其小无内，因为开是由这一点向外开，无限大，向内合到这一点上又无限往里小。有大有小，最后要合到无大无小，有而回无。这就是"太"。太是无大，没有了大了，也没有了小。所以太极本无极。因为大小的变化永远没有一个极限，所以我们在站的过程当中要站出中，由中开由中散，所有的变化都由中定来主宰。

中本身是空的，是虚的，当你真的能够把它定下来的话，它就空而不空了。所有的变化都由它的开合、它的聚散来主宰。我们找到了这个中，定在这个球心，由它定出来球的五个圈的变化。我们说一个点决定着万点的变化，通过五圈相交成十二个点，是不是就这十二个点呢？不是。我们是用这一个点，来体会五圈相交出来的这些点，进而来体会球上的无限变化。只要有了这一点，就能够决定无数个点的变化。杨班侯告诉我们"发落点对即成功"，由哪儿发？由中点发，由一这一点发，可以落到无数的点上，每一个点都是由这个点发出去的目标点。因此你要把中定下来，中定了以后，剩下就是找你想发到哪儿去的那一点。发点、落点最后合到一点上，发落就成功了。

五圈最后形成一个球，这个球是通过站桩形成的一个球的觉知，真觉实感，并不是一个外形。但是最后成的球是不是就局限在有形的身中呢？不是，最后我就是球，球就是我。是借我来成这个球。成了球以后，成球而无我。无我以后，天—地—人合成一个完整的太极球。不是说让我成为一个球，是无我以后成为一个太极球。

这个球和我是什么关系？我永远是球的心，我就是心，心就是我。我们形成了这样一个包含宇宙的太极球，我就在这儿，我就是一个点，这一点是空是无，是空而有。也就是说，只有把自己无了以后，才有了真正的这个球。无我之后，我才成了球当中的那个心。空了这个我，空出来这个球的心。

如果把这一点打开来看，把这个我、这个心、这个球放大，里面就是两个对立的部分，一个阴一个阳。阴阳一合以后，合出来一个球。我们把球再拿出来看看，还是一个阴一个阳。所以无限可分，永远是一个阴一个阳。它们的分而合，形成一个完整的一的状态。这个一是圆，这个圆是一个完整的球。也就是说，最终通过桩功的修为，我们要让自己形成这样一个无我的、完整的浑圆球。这个球是合乎天地之道的。天—地—人合成一个完整的太极的浑圆球，这是我们修为的目的。

问　答

学员A： 在练功的时候，感觉左右比较容易对称，可是前后比较难想象。因为练功时对前面比较有感觉，而后面很难觉知。请问老师，对于这种不对称，在练功的时候，怎么样克服？谢谢！

李光昭： 这个问题很现实。一个完整的球一定是有上有下、有前有后、有左有右，最后合出来一个无凸凹、无断续的完整状态。当然它是一种意、一种觉知，但是它一定是有前有后的。我们的修为，首先是具有太极思维，就是从太极的角度去思考和理解前和后的关系，去理解虚和实、有和无的关系。要改变我们的常态思维，因为常态思维认为，我们看得见就是有，一站到那儿，前面我看到了，我的眼睛看不见后头。我们通过修为就是要把前和后这两个"同出"，有前就有后。在修为过程当中怎么才能做到这一点呢？我们的心法要假借，要反向求，要假修真。也就是说，这是一个有形的我，还有一个应该跟它完全一样、相反相成的我。我们要想把那个没有的我修出来，就要在虚上求它的真实，把那个虚我求真。不但把它在我们现在的修为当中修真了，它永远要跟你相随相伴，你永远要跟它，这两个一抱一负，密不可分。当你往那儿一站的时候，马上意识到这是有形的我，后面还有一个无形的我。我们要用意把它求真实，这样才形成一个完整的我。

　　具体到修为过程当中，这两个我此两者同出，就是前和后这两个是同时变化的。当这个有形的我向前的话，后头那个我，后为前，它也同样要向前，当左边这个我向前的话，右边这个我也还要向前，这样它才是一个完整体。也就是说，前和后、左和右、上和下，就形成了一个中，在两者之间的一个中。这个中在变化过程当中，前和后、左和右是同时要变的。我们形成一个球以后，这个球本身不是一个死球，它是一个鼓荡变化的球。因此，在站的时候，这个意要站出一个内动鼓荡。这个球形不动，但是里面一定是左右、前后、上下同时在发生着鼓荡的变化。我们的意就要动起来。通过无极桩功、浑圆桩功的修为，就是要修为出这样一个球来。这个球是一个完整的球，是可大可小、随时可变的一个球。这个变不是形变，是内变。我们站出这么一个球，是要在行动坐卧走当中去应对所有的变化。在所有的变化过程当中，这个球要保持住相对不变的完整状态。

学员B：我觉得对这个理论有的时候需要反反复复地去琢磨。听老师的讲课，是真的听进去了，可好像又不是真的理解。最近翻看以前的笔记，不能说懂，还是似懂非懂。这是个人体验。

我觉得静心真是很难，尤其在开始站的时候，这个心就不知道跑到哪儿去了。我以前很努力想静下来，就是静不下来。有一天不知道怎么了，我什么都不管了，心反而比较容易静下来。像对待顽皮的小孩儿，你跟他说这样子、那样子，他就是不听你的话，你不理他，他没趣了（也不见得每次），也就静下来了。我后来跟同学讲起来，他打了一个比方：你前门开了后门开了，他要进来你就让他进来，从前门进来从后门出去，你不要理他，最主要的是不要请他喝茶。你一请喝茶，就糟糕了，他就坐着不走了。所以我觉得这个对我挺有帮助的，说出来与大家分享。

李光昭：这个体悟非常好，你谈到了自己一个很真实的体会和收获。我们修为的一个核心主旨，是要让自己的身心俱静，要让自己静下来。确实如同学所说，如果用意去静它，你越用意越静不下来。静下来是回到自然状态，也就是拳论上讲的，"有意无意是真意"，就是在有无之间。我们不去管它、不去在意它。你越在意静越静不下来，所以你不在意静，它该走就走了。

同时，在修为当中，怎么让我们不在意静不下来这个事？要有一个意念的转移。要想无这个意，就得把在静上下功夫的这个意挪开，真正地静下来。什么是静下来呢？动和静这两个是"此两者，同出而异名"的，要想有了这个静，必须从动上去求。也就是说，我们本来很在意这个静，现在不再在意这个静，把这个意转移到另外一个动上去。那个意动起来以后，这个静之意就达到了静。这是我们修为的一个很重要的方法。实际上，要让自己静下来，还静不下来，关键不在静和不静本身，在于你的意。所以我们修为要牢牢抓住意。

浑圆桩功是身外求意。当我们把意由自己的身体、由自己的心里，转移到球上的时候，意在球不在我——由于球意的动得到了一个我的身心俱静。在这个修为过程中，要做到有形的我，包括无形的心，都要虚、要空、要无。

身外的球之意是虚、是无，我们就要让它虚而实、无而有。这样做的目的，就是用球意的意动，让我的身心的意俱静，达到这样一个修为的结果。

学员C：刚刚的讨论我觉得蛮受启发的，老师讲到意在球，这个球是一个虚的，意在球的时候，你就可以静下来。我想问一个关于这个球和虚我关系的问题。因为球是虚的、它是身外的，这个虚我也是虚的，我不知道这个虚我在哪里。在修为的时候，我可以感觉到虚我是一个很重要的概念，不同的阶段我对这个虚我有一些不同的理解、一些想象，有的时候我觉得这个虚我好像就在我的脑后面，它坐在那里像一个佛一样看着，是一个观察者，它在观察着我的一切、我的人生、我的世界。有的时候，我又觉得这个虚我好像就是我想象出来的一个形象、一个虚设的形象，好像是一个影子在那里，但是又不觉得它在做什么，所以就觉得这个虚我有的时候有灵魂，有的时候没灵魂。刚才您在讲到意在球的时候，我就想这个球又是什么，它跟虚我是一个什么关系？这就是我的问题，请老师解答。

李光昭：这个问题提得非常好，也是我们修为很核心的一个问题。太极拳的内功修为，其核心是对我的改造，就是对既有的我、现在的我、有形的我，包括无形的心的改造，要重新塑造一个新我。为什么要重塑一个新我？因为现在的你、现在的我，不符合自然的、先天的那个道。

拿住这个我不放的话，用自以为是的想法，用我自己的想法去指挥现在这个我，往往事与愿违，背道而驰。所以我们现在要重新打造一个真我。

什么是这个真我呢？就是一个合道的我。什么是合道的我？真我是虚实两我。有一个看得见摸得着的我，和我的想法、我的意识，也就是我的心发出的意识，这是一个方面。我们要寻求另外一个我，那个我跟这个我完全相反。那个我和这个我怎么相反呢？这个我有我自己看得见摸得着的有形的身体，有我自己的意识和意念；那个我是无了这个有形的身体，无了我自己的意识。我们说在修为当中把这个我要无掉，并不是说像变魔术一样，这个我隐身了、看不见了，它还在这儿。同时我们要找到另外一个虚的我。在常人的思维里一个实我、一个虚我，肯定是两个我。是不是呢？是的，一个实我、一个虚我，一个看见的我、一个看不见的我。但是我所求的、通过修为要打造出来的那个我是一个我，是虚实一体、虚实同体的我。一个实的我、一个虚的我，我们现在缺的是看不见的那个虚的我。那个虚的我通过修为以后在哪儿？那个虚的我就在这个我，就是这个我。不是在这个我之外还有一个，这个是实的我，那个是虚的我。我们是虚实同体、有无合一，我们要修为的真我就是这个我、是这个我的实跟虚相合——虚实同体。通过我们的打造以后，那个虚我就在这儿，实我就在这儿。为什么实我还在这儿？因为这个实我依然是看得见摸得着的，但是这个看得见摸得着的实的我，跟没有虚实同体之前的那个我已经不一样了。摸到的是实，这个实也是虚，这个虚也是实，虚实是合一的。所以我们的修为最终是要重新打造一个新的我、一个真的我，真的我是虚实同体、虚实合一的。

现在我们是虚实不合的，实的就是实的，身也实，心也实；身实拿着这个身体去用力，心实拿着自己的想法去面对一切的变化，这都是实的表现。我们说还有一个虚的我，我们要找到那个虚的我，那个虚的我不以你的意志为转移。有这个实就有那个虚，只是你没有去认识它、找到它，更主要的是你没有把这个实的我和那个现在你还没找到、没有认识到的虚的我合起来——虚实同体，这两个合起来才是要求的那个真我。并不是这个我外面还有一个我，就在这一里面是两个我合起来的，而且它们永远是可分可合。这是实的，实里面有虚；这是虚的，虚里面还有实，所以我们所要求得的这个我一定是就在这个身上，把它虚了，实能够转虚，就找着了虚实同体的那个我。

当然在修的过程当中，明明它是实的，怎么才能够让它虚了呢？不是形上的问题，是意上的问题。意是两种味道，同样一个有形的身体会出现虚实两种味道的变化，而且它们相互能变转。你看到的这个胳膊，它说虚就虚、说实就实。形没有变，怎么能出来一个虚一个实呢？凡此皆是意，就是滋味变了、意变了。我们就要用意把那个虚我跟这个实我同体合一，合出来一个我。

　　要想修为这两个我合一，只有一个法门，意的修为。但是现在的难题是，我们过这条河的船是意，要把自己渡到彼岸去，但是我们对意没有一个真正的认知和把握，没有这条船。因此，要想渡过去，找到那个虚实同体的我，就得先要造这个船——找这个意，要得这个意。得这个意难点在哪儿？在意跟这个身体分不清。我们首先要分清，要忘这个形得这个意。也就是说，要真正尝到意的滋味。尝到了意的滋味，你要能抓住它、运用它。怎么做呢？把意转移到虚空处去求它。意本身是虚的，它只在虚处存在，它的属性是虚，看不见摸不着，我们要把它真实了。在修为的过程当中，怎么把意真实呢？我们假借一个球，这个球是假的、是虚的、是没有的。我们往这儿一站，抱一个球，这个球是没有的、是空的、是虚的，但是我们要把这个球抱真实了，无的有了、虚的实了，这本身就是一个意的虚实变转。你抱出一个真实的球，找到一个真实的滋味的话，这个球无就生了有、虚就生了实，这样你对意的虚实的把握就有了一个心知肚明的真知，你就得了这个意，忘掉了自己的形。

　　意，你越想放开越放不掉。把意转出去，意在球上，得了这个意就忘了这个形，这个形就真的身心俱静了。通过意的转移，得到一个身心俱静的我。虽然这个我还是实的，还是有的，但是它已经无了原来的那个我，有了这样一个新我。借助球之意就把我进行了改造、重塑，打造了一个新的我。所以我们说球之意是借球之意来把实我、虚我合一，合到一体上。用意这只过河的船把我们渡到彼岸，彼岸是虚实合一。

这个问题我分了两个部分，首先，我们不是在这个我之外再找到一个虚我，我们是把那个虚我认知以后，跟这个我合到一上。这个我就是实我，这个我就是虚我，是虚实同体合一的我。其次，要想达到这个目标，就要用意修为，借身外的球意。当球意真实以后，这个身、这个心就实而虚、动而静、有而回无。虽然它还有，但是它回无了；虽然它是实的，但是它已经能虚了。从而通过球意修为出一个虚实合一同体的新我。

学员D：我觉得很有感触，澄清了我很模糊的一些东西。在听的过程中，有一个词一直在我脑子里转，就是回家。就好像我们的身和心在修为之前走散了，通过修为这只船，把我们渡到彼岸——回家了，达到了身心合一。谢谢老师！

李光昭：也谢谢你，特别是你刚才关于身心的体悟。实际上我们先要分，万物本原的规律就是一个阴一个阳，"一阴一阳之谓道"，不管你承认不承认，有一个阴就会有一个阳，只是我们有的时候只看到阳，找不到阴。不管你找到找不到，它都在那儿，它不以你的意志为转移。这是道，这是本原。现在我们是分而不合。每个人都有一个阴一个阳，一个有形的身一个无形的心，现在的问题是身心不合，你的身体不听从你心的指挥。我们现在要让我们的心发出一个指令，让我们的心不用力松下来，你做不到。这是一个要解决的问题——身心不合，我们最终要让它合。

身心不合的根本原因在于，我的心和道心、和那个本心、和自然宇宙万物的本原之心不合。我拿住我的心去处理所有的问题，去指挥我的身体，往往也是背道而驰的。

我们的最终目的是要合到本原的、宇宙万物的那个本心、那个道心。我们就得要无掉我的心。我心无了以后，才合了那个本心、道心，用那个心再翻回头来指挥我们这个身体。我们的身体这个时候再身心相合，有形的身和无形的心就都合了宇宙本原规律的那个本心。这是我们一步一步的修为层次。

学员E： 我有一个问题想问老师，也是我的体会。身和心之间，我现在修炼了一段时间，我能让它有些地方，比如说站桩的时候没有太多的感觉，有的地方想放松一些，但还是有点紧。因为身体有感觉之后，那个心虽然不是想其他的东西，但是总是会不停地调整，好像要调整这个身体，不是很静。我的问题是，这个心如果有感觉的情况下是完全不去管，还是根据桩功去调整它？我在想，心静是完全都不想，还是说你还是要想那个桩，时时刻刻都要保持桩的中正？

李光昭： 这是一个更深刻的问题。我们说求的是静心、身心俱静，但是对于静的理解会产生两种不同的认知。如果从常态的思维去理解，静就是不动，静甚至就是没有动、静下心来就是什么都不想、什么都没有了，这个理解不能说错。但是我们从道、从本原，以及从太极内功阴阳之理的角度去理解的话，没有绝对的静。我们的目标是追求静。静是虚到极致，但是道告诉我们静没终点，静极复动，静而生动。也就是说，现在开始我要静，静到极是极静了，实际上这是动。物极必反，这是太极思维，也是老子的思想。"反者道之动"，就是一到这儿就要反。这样说来，宇宙万物，包括我们自己的身心，只有相对的静，没有绝对的静，所有的静都会伴随着动。在修为过程当中，我们要追求的静，是向着极静去追求、进军，但是永远不可能有一个离开动的静独立存在。从这个角度去认知的话，我们的修为是永远在求静的过程中，而且我们还要承认，常人认为的绝对的静是不存在的。这样我们就不会拿着绝对的静作为标准了。我们永远在求静的路上，一层一层地去寻求新的味道，我们的修为是这样一个过程。修静，包括静心、身心俱静。我们追求的是一个能够生出动的静，能生出一种灵性的动的静，而不是一个死的静，不能生成动的静。动和静永远是相生相伴的，它们是互为其根的。

现在的问题是，我们的心不静，身也不静，每天想各种各样的事，今天这个病毒来了，刚刚要好转，马上又来了，总是在变。我们的身心受到外界变化的影响也总是在变、总是在动。要让自己的身心静下来，我们不可能让外在的这个动别动、别变了，这是不可能的，我们左右不了，它不以我们的意志为转移。既然管不了，就不要太在意和管它，这样我的心、我的意就不在外在的变化上了。只要你的心、你的意放在外在的变化上，你的身心就会随它总是在动。外在本身是一刻不停地在动，你也跟着一刻不停地动，它一会儿高你就跟着高，它一会儿低你就会跟着低，你总是变动无居，所以身心俱累。我们既然管不了外在的变化，就让自己静下来，看着它的变。你可以关照，关照的目的是你只是该看的看到了，但是让自己的身心定下来了。我们要练的是不随你变。我虽然看到了你的变，我也知道你在变，我也管不了你在变，可我能让自己不变，不随你变而变。怎么让自己做到这一点呢？我们说我们的身心没有绝对的不动。说这个人心也不动，意也不动，意识意念都不动，那这个人就没有生命了。他是活人，他的心不动，意就得动，实际上我们是用动意而静心，一个动一个静。

　　怎么修这个动意和静心呢？生活当中例子比比皆是。当你读到一首好诗，看到一篇好的文章，看到一幅好的字画的时候，你的意是在这个字画上、在这首好的诗上，你的意和诗的意境完全合一了，那个时候你的身心是静的，你忘掉了别的。实际上因这个意动，你得到了一个身的静、心的静。我们在生命运转过程当中，最难的是让自己的身心静下来休息一下。我们太累心、累身了，我们要让它休息。休息的方法很多，钓鱼就是休息，当钓鱼的时候，不管是海钓还是河钓，你会集中意，把意住在鱼上。鱼漂在水面上的一举一动，你的意都会关照着它。随着鱼漂的动，你的意有各种各样的反应，但是你现在把自己的身心都忘了，统统放下了。所以钓鱼不累身心，反而使自己的身心得到了放松和休息。

比如下棋，下棋动脑子吗？动脑子，更是要意，不动意怎么下棋，车马炮到底应该怎么走，要动意。把意动在了车马炮上，你就把别的都忘掉了。这时候因为动了这个意，你的身心反而放松了。

我们所有的修为实际上就是动意而静心。我们现在就要学会动什么意，学会怎么动意。下象棋会有对手。我们的修为是借假修真，无生有。我们在任何时候都能够创造出一个让我动意的环境。没有鱼，我坐在这儿要钓鱼，要钓出来那个鱼的真实感觉来。因为不是所有的环境下你都能背着一根鱼竿去钓鱼，但是我们要找到这种意的活动，从而达到自己身心俱静。如果能够把握住这样一个"凡此皆是意"的修为法门，你就可以独立守神、独立不改，不再依赖任何的环境，不再依赖意之外任何的有形的对象，进入到一种无为的修为当中来。你才真的进入到一个无而生有的、虚而能够实的境界，在自己生命运行轨迹当中时时刻刻都能够让自己身心静下来。

　　只有抓住了意的修为才能够让我们的身心静下来。浑圆桩功九个功法都是让你求这个意，借助球之意让自己的身心俱静下来。我们现在还有一个有球，得到了一个意以后，连这个球都不需要了。我们随时都有一个到处都是球、到处都是球之意的真实，随时都可以让自己的身心俱静下来。

　　学员F：老师，我再问一个问题。练浑圆桩的抱球，我有时候有这种感觉，有点像气球撑起来一样。太极拳里面有掤劲，浑圆桩把虚的球站实之后，会自然产生一种掤劲，是这样的吗？

　　李光昭：是的。这个球意真实以后，球是虚而实。怎么这个意虚而实了呢？真实的一种味道就出来了，这个味道一方面就产生了一个掤的感觉。因为球充了气，空而不空，所以它是一个有弹性的球，它是内抱外撑，有了一种掤的感觉，也就是掤的意真实了。这是一个意的虚而实的真实结果。

　　另一方面是你抱出了一个无而有的球、虚而实的球。你会得到一个什么感觉？你会感觉到这个球的分量——一个沉甸甸的有分量的球。这个意的真实怎么体会球的沉呢？并不是跟这个形、跟这个身心没有关系了。这个球之意翻回头来作用在自己有形的身体上、自己的身心上，这个球的意是有反应的，不是跟这个身体没有关系了，因为你所抱出这个球的沉之意是身心的反应。也就是这个球意在身心的反作用。你既然感觉它沉，你就要在身体里面抱出来一种沉的意念来统领自己的身体，去完成这个抱球的作用。身体有抱球的真实，可抱的又是一个虚的球，因此球的沉的感觉作用在自己的身心上，就产生了一个沉的球的真实的滋味、一个感觉。这样，球之意、我之意，两意合一，虚的实了、实的虚了，实中出来一个虚之意，虚中出来一个实的意，虚实合一，最后合的是一意。也就是把虚的能够实了，同时实的也虚了。那个虚之意翻回头来能够作用和主宰有形的身心。

学员G： 老师讲通过抱球出沉这一点，我觉得非常妙。为什么呢？我们用这个球，它是一个虚的球抱出一个沉的感觉，所以我们是从虚里面找到这种感觉的，而不是去拿一个真的球去沉，真的球你抱在手里感觉到它的沉，那是被动的。但是如果你用虚的去感觉它的这个沉，这个虚里面找到的感觉，那个才真正起作用。我们要修的就是出沉的感觉，沉就是要沉下心来、定下心来——一种静心的感觉，这个只有通过修这个虚的意才能够得到，而不是真的拿一个球去抱着。

李光昭： 你的体悟非常准确、非常好。我们所有的修为包括借助球意，就是要让我们实的心、身都能够静下来，让有和无、实和虚能够合到一个真实、合一的状态，这是我们修为的目的。

怎么达到这个目的呢？让自己的身心都松下来、沉下来、静下来。我们经常说，人生如品茶。品茶，关键在品。其实内功修为就是在品。拳修如品茶，人生也如品茶。我们喝茶，喝的是茶里面不断变化的那个味道、那个滋味，那个滋味不是喝出来的到底是苦还是甜的味道，而是喝出来那个无形的、非常美妙的、无法用语言说清的、能够入心的味道，在品的过程当中就要让自己整个静下来。只有静下来以后，你的意才能随着茶的变化而变化。我们说茶吸取了天地之精华，品的时候是让茶释放出来它里面的精华，这个精华是一种气——天地之气，它吸收的精华之气又让我们品出来了。这个品离不开嘴，但是一定是心品，一定要静下来。所以拳修就要像品茶一样，让自己的身体放下来，让自己的心静下来，让自己的气沉下来，让自己的意专起来。

很多人虽然也是追求这个目的，但是修为的方法、法门是实上求实，要抱球就真的要抱一个，今天抱木头球，明天抱石头球，后天抱铁球。我们抱的球是虚的，是没有的，我们抱这个球完全是体会球之意的变化。他们在抱的过程当中，一开始抱的是一个充了气的皮球，后来真的抱了一个铁的球、实的球。同样一个形，球的分量在变化，在不断产生着各样各种的变化。我们在这个变化过程当中，在意的动的变化当中，不断地去品它里面的滋味。在变化过程当中，我们的心依然是静的。面对外部的变，身始终是松的，心始终是静的，气始终是沉的，意始终是专的。不管它怎么变，我们在专注地品它的这个变。这是我们修为很重要的一个入门之法。在修为当中就要把握它，把虚的修实了，假的修真了。

很多人会问，在生活当中，在遇到外在侵犯的时候，这个有什么用吗？其实在生活当中，面对外面的各种各样的变化时，我们为什么还要用现在实而虚的修为法门去面对、解决所有的问题呢？是因为我们知道能够把没有的变成了有，把虚的找到了实的，都是意的变化。当面对一个真实的、真有的、外在的、具体的事物，我们就能够把它有而回无、实而变虚。我们今天能无而生有，将来遇到一个真有，就能把它有而回无。我们现在是抱着一个没有。将来真的抱住一个有，我们就会如同没有一样。我们今天是抱虚若实，明天就会抱有若无。这是在打造一个体。在用的时候，虽然面对的是实的、是有的、是重的，但是我们能够做到举重若轻，做到化实为虚，做到有而回无。这是我们修为的一个路径，一个体、一个用。我们今天打造出这样一个体，明天就能够用这个体面对宇宙万物各种各样的变化，由体而有用。以今天我们修为的这个体来应对明天和现实当中各种各样的真实的需要，这是我们修为一个很重要的认知。

学员H： 我来说一下我的感受。老师教我们要慢、止、无，然后又讲知止而后有定，定而后能安，安而后能虑，虑而后能得，这个我觉得收益很大。

我记得有一次我女儿晚上很不高兴，觉得不能够管到自己。我就想到了老师说的要慢、要止、要无。我就跟她说你要先慢，然后她说我慢下来了。我又想到老师曾讲，在我不在人、在内不在外。我就说只有你能够做到让你自己静下来，能够慢下来。你就先慢三秒，然后你再停三秒。我说你深呼吸，她就照着去做了。我就说我管不到你，只有你自己可以管到自己。我又说如果你情绪很坏的时候，是没办法能够想清楚的，一定要静下来。后来她就慢慢静下来了。静下来她就比较安心，就回屋了。第二天她告诉我：谢谢你昨天跟我这样子讲。我昨天实在是有些失控。其实什么事都没有，都是我自己多心，想的不对。

通过这件事，我很感谢老师，至少让我家里少了很多纠纷，比较平安。对我自己来说，因为我心不放下的时候，练功也练不成。以前我也是心静不下来，现在开始练功的时候就先想到老师讲的第一个要点中正安舒，尽量让自己做到。老师又讲到支撑八面，我就知道有前就有后、有左就有右。我自己照着老师教的东西慢慢就想这些，就不会乱想了。这对我是帮助比较大的。

我觉得老师讲的有无相生是很大的学问。因为我们常常抱住一个东西不放，永远没有办法得到一个新的。把这些旧的东西丢掉后想一个新的，我才会有进步。总之，老师的课对我的人生有很大的帮助。现在我面对生活、身边的人，都可以比较放得下，比以前放得下很多事情，自己也比较开心一点。谢谢！

李光昭：说得非常好，能结合自己的生活、生命，对自己有一个重新的提升，这很不容易。其实我们修为的目的不是就为了练一个功，而是要让它指导我们的人生、完善我们的人生、完美我们的人生，能够让我们的生活永远处在一个完整完美的境界当中，这是我们修为的主旨。

她谈到一个很重要的问题，就是慢的问题。刚才我讲终极是静，但是没有绝对的静，如果有的话也是瞬间的，马上就是动，所以动和静是永远相生相伴的。我们修为求静的过程当中，要牢牢抓住刚才她说的这个修为的法门——慢下来。我们能做的是慢下来，慢是我们在追求静的过程当中一个很重要的修为法门。

现在人活着很累，为生活奔波，孩子要上学，要面对各种各样复杂的变化。产生各种各样的矛盾，就是因为总感觉到追不上、跟不上整个社会大潮的变化。整个大潮的变化非常快，一日千里，这种变化我们改变不了，我们能做到的就是让自己慢下来。怎么让自己慢下来？我们又不可能不随着社会节奏去走，我们离不开这个社会、离不开这个人世间。我们处在这个大潮中唯一能够让自己慢下来的地方在哪儿？这个慢表现在中定上。社会在快变，而我们要让自己在快变的过程当中相对的不变，守住一个不变。我们所说的这个不变、这个中定是一种滋味。我们通过无极桩功、浑圆桩功找到了这么一种身心俱静中定的滋味，它讲求中正安舒。你现在把这个滋味尝到以后，就要把这个滋味作为中定的味道守住。怎么守住它呢？就是在所有的变化当中，让这个滋味不变，保持住一个不变的滋味。我们站桩站出来这个味道了，球意真实了，身心俱静了，下一步就要动起来。现在唯一能够做到的是在动的过程当中，一直保持住这个滋味去动，你就不一样了。你拿住了这个滋味、这个意，在动当中它爱怎么变就怎么变，该快则快、该慢则慢。你根本不去想它，你就是被这个大潮冲着走都没有问题。你能够守住的就是不管怎么快，不管怎么慢，不管怎么动，都是一个中定状态下的动，因为你守住了一。

　　拿住中定是一件很美妙的事，你可以在各种快慢变化当中去小口慢品每一个点的变化的味道。你既不是跟它去抗衡，也不是远离它，你是品它。就像散步，你能不能够拿住这个桩态，拿住浑圆一体、浑然一气的中定状态去走？我为什么要走？走是为检查中定的不变。在走的过程当中，我们会遇到各种各样外在的变化，一会儿有风了，一会儿快了、一会儿慢了。你去品在这个变化过程当中品里面不变的滋味是不是还在保持，你就能让自己慢下来了。在快当中你能够慢，动当中你能够静。把它运用到生活当中，把我们所修为的拳和道，和我们的生活、生命紧密地结合成一体了，就有体而有用了。

后　记

　　《浑圆桩功》是"光昭太极拳道丛书"功法篇"静出动势"中最后一个功法。《浑圆桩功》与已经出版的《桩功概论》《无极桩功》这三本书组成了"光昭太极拳道丛书"功法篇中静桩功的功法体系。这三本书是"分而合之"的关系。《桩功概论》既论述了桩功的基本内涵及重要性，又简述了"无极桩功"和"浑圆桩功"的基本要素和功法。可以说，《桩功概论》是修习静桩功的理论根基，《无极桩功》《浑圆桩功》对两个静桩功的具体特点、内涵真义、习练方法等进行更加翔实、更加具体、更加完整的阐释，是静桩功修为的主要法门。这三本书的出版发行，意味着太极内功修为功法体系的完善和完整。

　　修习静桩功既要路子对、方向明，又要讲究方式、方法。首先，要明理。主要是明桩功之理，明修为内功的路子和方向。其次，要分异同，明确修习静桩功的侧重点。

要厘清无极桩功和浑圆桩功的相同点和不同点。无极桩功和浑圆桩功的共同点：都是以意的修为为总抓手。不同点：无极桩功是练分，浑圆桩功是修合；无极桩功是身内练意，浑圆桩功是身外求意；无极桩功是忘形得意，浑圆桩功是得意出沉；无极桩功是"修路"，浑圆桩功是"通车"……因此，我认为，修习太极内功要先学无极桩功，再学浑圆桩功。之后，无极桩功和浑圆桩功可每天都站，交替练习。

祝愿太极内功修为者站一辈子桩，一辈子站桩，尽享太极内功之美妙滋味！

图书在版编目（CIP）数据

浑圆桩功 / 李光昭著 . -- 北京 ：华龄出版社，
2025. 1. -- ISBN 978-7-5169-2861-5

Ⅰ. G852.1

中国国家版本馆 CIP 数据核字第 2024JG4479 号

策划编辑	南川一滴	责任印制	李未圻
责任编辑	高志红	装帧设计	武守友

书　　名	浑圆桩功	作　者	李光昭
出　　版	华龄出版社 HUALING PRESS		
发　　行			
社　　址	北京市东城区安定门外大街甲 57 号	邮　编	100011
发　　行	(010) 58122255	传　真	(010) 84049572
承　　印	北京七彩京通数码快印有限公司		
版　　次	2025 年 1 月第 1 版	印　次	2025 年 1 月第 1 次印刷
规　　格	880mm×1230mm	开　本	1/32
印　　张	14.5	字　数	273 千字
书　　号	ISBN 978-7-5169-2861-5		
定　　价	55.00 元		